기독교 세계관이란 무엇인가?

기독교세계관이란 무엇인가?

초판 1쇄 발행 2003년 5월 29일
개정증보판 5쇄 2022년 2월 3일

지은이 이승구
펴낸이 유동휘
펴낸곳 SFC출판부
등록 제104-95-63000
주소 (06593) 서울특별시 서초구 고무래로 10-5 2층 SFC출판부
Tel (02)596-8493
Fax 0505-300-5437
홈페이지 www.sfcbooks.com
이메일 sfcbooks@sfcbooks.com
기획·편집 이의현
디자인편집 최건호
ISBN 979-11-87942-32-0 (03230)
값 15,000원

잘못 만들어진 책은 언제든지 교환해 드립니다.

기독교 세계관이란 무엇인가?

이승구 지음

SFC

개정증보판 서문

2003년에 처음 나온 이 책의 개정판을 2005에 내었고 거의 매년 한 쇄를 찍어 꾸준히 독자들의 사랑을 많이 받았습니다. 그 동안 이 책을 읽고 같이 공부해 주신 사람들께 깊이 감사를 드립니다. 이제 2014년이니 이 책이 이 세상에 나온 지도 벌써 10년이 넘었습니다. 그럼에도 이 책에서 논하고 있는 기독교 세계관이 우리 기독교계에서 널리 인식되거나 진정한 성경적 세계관에 근거한 활동을 확인하기란 아직도 매우 희귀한 일이라고 여겨집니다. 이 책을 진지하게 읽는 사람들도 드물고, 더 나아가 이 책에 근거해 활동하는 사람들은 더 적다는 증거이겠지요. 그래서 앞으로 더 많은 사람들이 이 책을 읽고 사유하며 이에 근거한 기독교 세계관적인 실천에 힘써주기를 바란다는 뜻에서 개정증보판을 내기로 하였습니다.

이번에 재개정하면서 내용은 이전의 판과 동일하지만 성경 인용은 개역개정판을 따라 바꾸었습니다. 그리고 소위 '영성'(spirituality) 문제에 대하여 기독교 세계관적인 접근을 하는 장을 덧붙였습니다. 영성이 창조

상태에서는 제대로 표현되고 추구되었지만, 타락한 사람은 그 영성의 상태와 추구도 타락했다는 점을 기독교 세계관의 틀에서 접근해 보았습니다. 이는 소위 영성에 대한 잘못된 논의들을 일소(一掃)할 수 있는 좋은 길이라는 생각때문입니다. 구속받은 사람들의 영성 추구에도 타락한 인간성이 개입될 수 있으므로 구속받은 그리스도인의 영성도 잘못될 수 있다는 것을 의식해야 합니다. 그래서 우리는 우리가 추구하는 소위 영성의 문제를 비롯하여 모든 것에서 오직 성경과 성령님의 인도하심이 필요하다는 점을 분명히 해야할 것입니다.

당연한 말이지만, 세계관은 책을 읽고 생각하는 것만으로 다 표현되는 것이 아닙니다. 그럼에도 책을 읽고, 특히 성경을 읽고 생각하는 것이 없이는 기독교 세계관의 실천은 불가능합니다. 부디 이 땅에서 이런 책들과 성경을 부지런히 읽고 진정한 기독교 세계관에 충실하게 생각하고 그에 근거해서 활동하는 사람과 여러 일들이 많이 일어나기를 기대합니다. 기독교 세계관의 기초가 되는 이 책과 이것의 실천편이라고 할 수 있는 『기독교 세계관으로 바라 본 21세기 한국 사회와 교회』(서울: SFC, 2013), 그리고 기독교 세계관적인 교회론이라고 할 수 있는 (이전에 『한국 교회가 나아갈 길』[서울: SFC, 2007]로 나왔던 책의 증보판인) 『성경적 교회를 지향하여』(SFC, 2014, 근간), 그리고 좀더 많은 성도들과 대화하기 위해 아주 간명하게 논의한 『거짓과 분별』(서울: 예책, 2014) 등의 책과의 대화가 더 깊어지기를 원합니다.

주님의 도우심으로 한국 교회와 성도들이 진정으로 성경에 충실하게 생각을 하고, 교회를 이루며, 성경에 충실한 활동을 이 세상 한 가운데서 감당해 나가기를 바랍니다.

2014년 9월 23일
합동신학대학원대학교 연구실에서

들어가는 말

개혁주의적 관점에서 기독교 세계관을 정리하는 일은 얼마나 복된 일인지 모른다. 아마도 그보다 더 복된 일은 이를 실천하며 사는 일일 것이다. 이 일은 벌써 오래 전부터 하고 싶었던 작업 중의 하나였다. 즉, 필자가 귀국하면서부터(1992) 하고 싶었던 작업이라고 할 수 있다. 그러나 그 내용에 대한 고민은 그보다 훨씬 더 오래 전부터 준비되고 있었다. 이렇게 오랫동안 준비된 책이라면 정말 잘 준비되어서 모든 사람들을 만족시킬 수 있는 성격의 책이어야 할텐데, 여전히 부끄럽기 그지 없다. 이전에 십수 년이나 20여년 준비된 책을 읽을 때 느끼던 것과 같이 오랜 세월에 걸쳐 사상과 내용과 표현이 영글어서 읽을 만한 책으로 나와야 하는데, 여러 가지 일 때문에 바쁘다는 이유로 오랫 동안 작업하지 못하고 있다가 그동안 강의하고 논의했던 것들을 조금 가다듬고 좀더 엄밀하게 표현해 보려고 노력했지만 항상 도상(途上)의 실존인 우리의 존재와 같이 아직까지 '도상에 선 책'(a book on the way)임을 깊이 느끼게 된다. 그러므로 이 책은 개혁주의 입장에서 본 기독교 세계관에 대한 확정적인 선언이라기보다는 개혁 신앙을 가진 한 사람의 세계관을 "외현화"해 본 것일 뿐이다. 우리가 같이 읽고 토론하고 대화할 수 있는 토대가 되도록 이를 감히 여러 사람[江湖諸賢] 앞에 제출한다.

  이 책을 쓰게 된 직접적인 동기는 그동안 기독교 세계관 세미나와 강의를 진행하면서, 1984년에 우리말로 번역했던 아더 홈즈의 『기독교 세계관』과 여러 다른 교재들을 학생들에게 읽히고 그 내용을 같이 토론하는 과정에서 **좀더 명확히 개혁파적인 성격을 지니고 있는** 좀더 분명한 성격을 지닌 책을 **우리말**로 쓰고 싶다는 바람이었다. 그동안 필자와 함께 수업하거나 세미나에 참여하셨던 사람들은 강의실에 있었던 소리의 되울림을 경험할 수 있으리라고 생각된다. 부디 이 책의 독서가 강의실이나 강연할 때의 생생함을 되살리면서 그것을 좀더 차분히 정리하는 기회가 되기를 바란다. 또한 이것이 우리의 논의의 좋은 출발점이 되었으면 한다. 기독교 학문 연구소와 관련된 학자들, 그리고 여러 기독교 단체에 관여하는 사람들이 함께 토론하며 기독교 세계관의 성격을 분명히 하는 일에 기여하고, 우리의 학문과 각 활동 영역에 기독교 세계관에 근거한 참된 기독교 학문과 실천이 나타날 수 있기를 간절히 바란다.

  흔히 기독교 세계관 논의에서 원론(原論)은 어느 정도 이해되고 논의되었는데 각론(各論)이 잘 안 되어 있다는 말이 회자(膾炙)되곤 했었는데, 오늘날에는 그것조차도 이중으로 도전받고 있다고 할 수 있다. 즉, 한편에서는 기존의 기독교 세계관 논의는 전통적이면서도 무의식적으로 계몽주의적인 기독교라는 일정한 전통속에 있고 그러한 특정한 성질을 가지고 있는 것이었으므로 그런 세계관 논의를 벗어 버려야만 한다는 도전이 나타나고 있고(소위 "기독교 세계관 비판" — 약칭하여 이른바 "기세 비판"), 또 한편에서는 각 분과 속에서 깊이 있는 논의를 하는 중에 우리의 논의는 과연 기독교 세계관에 근거한 논의인가를 의문시하게 하는 상황, 또는 특정 분과에서 과연 기독교적 접근이라는 것이 있을 수 있는가 하는 회의가 나타나고 있다. 이 두 가지 도전은 한편으로는 잘못하면 기독교와 기독교 세계관의 성격을 바꾸어 버리게 할 수 있는 상황 앞에 우리를 세우는 것이며, 또 한편으로는 우리 스스로를 깊이 반성하여 진정한 기독교 세계관적 생각과 실천을 하게 하는 좋은 기회가 되기도 한다. 저자는 이런 상황을 오히려 좋은 기회로 여긴다. 우리가 처음부터 착실하게 기독교 세계관을 다시 한번 정리하여 외현화하며, 그런 기독교 세계관에 근거한 작업과 활동을 하고 그런 기독교 세계관에 근거한 삶을 살 수 있도록 할 수 있는 기회라는 말이다. 다시 말하지만 기독교 세계관은 이론이 아니다. 이는 세계관은 전이론적(pre-theoretical)이라는 이전 학자들의 언급을 지적하는 것일 뿐만이 아니라, 기독교 세계관을 자신의 세계관으로 삼고 그에 근거해 살지 않으면 아무 의미도 없는 것이라는 말이기도 하다.

부디 이 책의 내용과 제시 방식이 우리의 좋은 토론 거리를 제공해주어서 보다 많은 이들과의 대화 가운데서 개혁파적 세계관이 더 두드러지기를 바란다. 또한 여러 다른 사상을 가진 그리스도인들과의 대화를 통해서 진정한 기독교 세계관이 제시되고 의식화되며 그런 세계관에 근거한 활동이 활발하게 되기를 기원한다. 그 결과 우리 나라에 진정한 기독교 세계관에 근거한 삶과 실천적 활동, 이론적 활동들이 풍성히 나타날 수 있기를 원한다. 즉, 우리의 삶과 활동이 참으로 기독교적인 것으로 나타나게 되었으면 한다. 이 책에서 제시한 모든 것이 사라져도 우리 가운데 진정한 기독교와 기독교 신앙, 그리고 진정한 기독교인이 있게 된다면 그것으로 족하다.

그러나 그것을 위해서는 이런 논의의 과정이 반드시 필요하다는 것을 다시 한번 강조하고 싶다. 이 책의 세계관적 논의는 세계관 자체를 위한 논의가 아니라, 결국은 이를 통해 진정한 기독교, 워필드가 말한 바 "정상에 이른 기독교"가 있도록 하기 위한 것이다. 물론 이 책에서 저자가 제시한 이 논의를 비판할 수는 있고 또 마땅히 비판해야만 하지만, 제발 우리는 성경적 기독교, 정상(正常)에 이른 참된 기독교를 없애려고 하거나 그것을 다른 것으로 변질시키려고 하지 않는 이들이 되었으면 한다. 중고등학생, 대학 신입생과 대학생들, 신앙 생활을 처음 시작한 이들, 기독교적 관점에서 학문을 하고 할 계획을 가진 이들, 그리고 기독교적 관점에서 모든 실천적인 일을 하려는 모든 사람들이 이 책을 진지하게 읽어 주기를 바란다. 또한 오랫동안 기독교 세계관 문제를 가지고 고민하던 이들도 이 책을 통해 의미있는 토론을 이어가 주기를 바란다.

그 일을 위해서는 교회라는 맥락에서 이 내용이 깊이 있게 토론되고 적용되어야 할 것이다. 교회라는 맥락을 떠나 개인들이 개별적으로 노력하는 것만으로는 무엇인가 의미 있는 결과를 내기 어렵다. 바르고 진정한 교회 안에 속하여 하나님 백성으로서의 삶을 같이 누려나가는 성도들만이 이 땅위에 진정 기독교 세계관에 따른 삶과 활동을 내어 놓을 것이기 때문이다. 그러므로 이 책은 어떤 의미에서는 간접적이기는 하지만 우리 교회들로 하여금 참된 교회가 되도록 하려는 목적을 지닌 책이라고 볼 수도 있다. (따라서 이 책은 저자의 다른 책들인 『교회란 무엇인가』[서울: 여수룬, 1998]나 『성령의 위로와 교회』[서울: 이레서원, 2001; 개정판, 2005]과 함께 읽는 것도 유익할 것이다.)

개혁파적 입장에서 기독교 세계관을 제시하는 책을 마무리하면서 그 동안 나에게 개혁주의를 이해하고 그것을 실천하고 그것의 진작을 위해 살아 가게 하신 여러 은사님들께 감사드리지 않을 수 없다. 늘 도전을 주시고 여러 번역서의 서문을 친절히 써주시던 박윤선 목사님, 원칙을 잘 가르쳐 주시고 그 원칙에 늘 충실하신 최낙재 목사님, 따뜻한 사랑을 보여 주시고 늘 참 사랑을 실천하도록 유도하시는 신복윤 목사님, 성경을 사랑하시고 성경에 대한 참으로 지적인 사랑을 일으키시는 김성수 교수님과 같은 자상한 선생님들과 잘 뵙지는 못했지만 늘 가까이 느끼게 되는 개혁신학을 바르게 이해하고 특히 교회와 예배라는 맥락에서도 개혁주의적 목회를 실천한 모범을 보여 주시는 김홍전 목사님, 개혁신학의 원칙을 잘 천명하신 박형룡 박사님의 신학적 지도가 없었다면 이런 작업의 근원이 불가능했을 것이다. 또한 우리 사회 속에서 기독교 세계관 제시와 실천의 도전과 좋은 모범을 보여 주셨으며, 우리에게 기독교 철학과 기독교 세계관의 틀과 선지자적 비관주의(prophetic pessimism)를 가르쳐 주신 기독교 세계관의 실천가 손봉호 교수님과 우리 시대의 기독교적 선비 이만열 교수님께 대한 감사를 잊을 수 없다. 늘 따뜻하게 격려해 주시고 이끌어 주시는 손길에 대해 감사드린다. 이 책을 쓰는 동안 늘 저자와 함께 대화해주시는 기독교학문연구소와 한국성경신학회, 그리고 한국개혁신학회의 여러 교수님들께도 감사드리지 않을 수 없다. 또한 저자와 함께 신학적 관점에서 이런 내용을 늘 토론하는 국제신학대학원대학교의 여러 지체들과 언약교회의 지체들과 이 책이 출산되는 기쁨을 같이 나누고 싶다. 이 책이 하나님의 허락하심 아래서 낳을 귀한 열매를 기대하면서 말이다.

주께서 이 책을 이 땅에서 하나님 나라를 잘 증시(證示)해 나가는 성도들과 교회의 도움을 위해 사용하여 주시기를 바란다.

2003년 4월 8일
국제신학대학원대학교 연구실에서

차례

개정증보판 서문 5

들어가는 말 7

제1장_ 기독교 세계관이란 무엇인가? 15

제2장_ 중생과 중생자의 세계관: 기독교 세계관의 출발점 35

제3장_ 기독교 세계관의 기초로서 하나님 나라 이해: 기독교 세계관의 신국적 토대 53

제4장_ 하나님과 하나님의 창조: 기독교 세계관의 존재론적 토대 95

제5장_ 인간의 창조와 그 상태의 변화: 기독교 세계관의 인간론적 토대 123

제6장_ 기독교적 진리 이해: 기독교 세계관의 인식론적 토대 143

제7장_ 기독교 가치 이해: 기독교 세계관의 가치론 토대 173

제8장_ 기독교 세계관의 실천: 기독교 세계관적 직업관 193

제9장_ "영성" 문제에 대한 기독교 세계관적 접근: "영성"과 성경적 경건 221

제10장_ 기독교 세계관에 대한 요구와 기독교 세계관의 요구 253

마치는 말 279

참고 문헌 288

제1장

기독교 세계관이란 무엇인가?

1. 이끄는 말: "세계관이란 무엇인가?"

일반적으로 세계관(world-view)은 이 세계를 바라보는 눈, 즉 세상을 보는 관점(perspective)을 지칭하는 말이다. 이 세상이 어떻게, 어떤 방식으로 있다고 보는가에 관한 문제가 세계관의 문제이다. 이를 좀더 구체화하면서 월터스는 "한 사람이 사물들에 대해서 갖고 있는 기본적 신념들의 포괄적인 틀"이라고 잠정적으로 정의한 바 있다.[1] 이렇게 세계관이란 왈쉬와 미들턴이 말하는 대로 "지각의 틀(perceptual framework)이며, 사물을 인지하는 방식"이고,[2] "삶에 대한 시각(vision of life)"이요, "삶

---

1. Albert M. Wolters, *Creation Regained: Biblical Basics for a Reformational Worldview* (Grand Rapids: Eerdmans, 1985), 양성만 옮김, 『창조, 타락, 구속』(서울: 기독교학문연구회, 한국기독학생회출판부, 1992), 13.

2. Brian J. Walsh and J. Richard Middleton, *The Transforming Vision: Shaping a Christian World View* (Downers Grove, Ill.: IVP, 1984), 황영철 옮김, 『그리스도인의 비전』(서울: 한국기독학생회출판부, 1987), 18.

을 위한 시각(vision *for* life)"이다.³ 또는 호페커가 말한 바와 같이, "실재에 관한 어떤 사람의 전제들과 확신들의 총합으로, 이는 삶에 대한 그의 전체적 관점을 표현하는 것이다"라고 말할 수 있다.⁴ 그러므로 이 세상에 사는 사람은 누구나 세계관을 가진다.⁵ 이 세계에 대한 그 나름의 관점, 그 나름의 이해가 각자의 세계관이다. 그러므로 제임스 사이어와 같이 "어느 시대의 세계관의 수는 그 시대에 사는 의식적 존재의 수만큼이나 많을 수 있다"라고도 말할 수 있고, 그것들에 대해 심각하게 성찰한 후에는 그 다양한 세계관들이 일정한 유형들로 구분이 가능함을 고려하면서 "세계관의 수는 무한하지 않다"고 할 수 있다.⁶ 그런데 대부분의 사람들에게는 이 세계관이 전혀 문제(*a poria*)가 되지 않는다. 그저 나름의 관점에서 나름의 이해를 가지고 이 세계 안에서 주어진 삶을 살고 있다. 그들에게는 세계관에 대한 질문과 탐구가 없다. 그리고 그것도 문제가 안 된다. 그러나 이런 상태에서도 세계관은 존재한다. 그런 "의식되지 않는 세계관"을 일상적 세계관 또는 생활 세계의 세계관이라고 한다. 또는 내재적 세계관, 암묵리의 세계관(implicit world-view)이라고 한다.

---

3. Ibid., 37. 그들은 이런 용어와 개념이 토론토의 Institute for Christian Studies의 제임스 올타이스(James Olthuis)에게서 온 것이라고 밝히고 있다.

4. W. Andrew Hoffecker, "Preface: Perspective and Method in Building a World View," in *Building a Christian World View*, vol. 1: *God, Man, and Knowledge*, edited by W. Andrew Hoffecker and Gary Scott Smith (Phillipsburg, New Jersey: Presbyterian and Reformed Publishing Co., 1986), ix.

5. 물론 세계관(*Weltanschauung*)이란 말을 전문적으로 처음 사용한 빌헬름 딜타이(Wilhelm Dilthey)는 생활 세계(*Lebenswelt*)에서 발생하는 이런 전이론적인 수준의 것을 '세계상'(世界像, *Weltbilt*)이라고 했다. Cf. Arthur F. Holmes, *Contours of a World View* (Grand Rapids: Eerdmans, 1983), 이승구 옮김, 『기독교 세계관』(서울: 엠마오, 1985), 56. 그러나 이 글에서 우리는 이렇게 구분하지 않고, 딜타이의 '세계상'을 '암묵리의 세계관'(implicit world-view)으로, 딜타이의 '세계관'을 '현시된 세계관'(explicit world-view)으로 표현해 볼 것이다. 모든 사람이 다 세계관을 가지고 있다는 사실에 대한 지적으로는 Hoffecker, xi을 보라.

6. James W. Sire, *The Universe Next Door: A Basic Worldview Catalog* (Downers Grove, IL.: IVP, 1988, 2nd edition), 김헌수 옮김, 『기독교 세계관과 현대 사상』(서울: 한국기독학생회 출판부, 1995), 272, 274.

세계관에 대한 질문과 탐구는 이런 생활 세계에 있는 의식되지 않는 세계관을 의식하는 것 또는 그것을 **문제 삼는 것이다**. 즉, 단순하고 소박하게 생각할 때는 매우 당연하게 여겨지는 것을 좀더 구체적으로 묻거나 우리의 암묵리의 세계관을 검토하고 평가하는 일이 세계관의 문제이다. 이는 무의식적 세계관에 문제를 제기하는 문제 제기이다.[7] (철학을 하는 이들은 이것이 철학적 질문과 무엇이 다른지를 물을 것이다. 기본적으로는 크게 다르지 않다. 그러나 세계관에 대한 질문과 탐구는 전문적 철학자가 하는 작업 같이 복잡하고 기술적일 필요는 없다. 이에 대해서는 홈즈가 제안한 '철학자들의 철학'과 '세계관적 철학'의 구별을 참조하고 사용할 수 있다. 그가 말하는 세계관적 철학은 "철학자들의 철학의 결과를 세계관과 세계관 내의 특정한 주제들을 형성하고 평가하는 데 사용하는 것"이다.[8] 그러므로 세계관은 좀더 일반적인 것으로 철학에 비하면 덜 이론적이다. 왈쉬와 미들턴은 아예 "세계관은 실재의 전체성에 대한 전이론적(前理論的) 견해"라고 하고, 철학은 "실재의 전체성에 대한 이론적 견해"임에 비해서, 각 학문 분과는 "실재의 어떤 측면에 대한 이론적 견해"라고 말한다.[9] 월터스도 "철학과 신학은 학문으로서 학문적이며 이론적인데 반해서 세계관은 그렇지 않다. 세계관은 …… 전학문적이다"라고 말한다.[10] 물론 암묵리의 세계관, 비의식적인 세계관에 대해서는 반드시 이렇게 말해야 한다. 그러나 현시화된 세계관은 전문적인 철

---

7. Cf. Wolters, 125.

8. Cf. Holmes, 66.

9. Walsh and Middleton, 212.

10. Wolters, 21. 또한 같은 책의 p. 126도 보라. 양성만 선생님은 "과학적"이라고 옮기신 말을 "학문적"이라고 고쳐 인용하였다. 독일어 *Wissenschaft*를 염두에 둔 이 말은 문맥상 다 가능한 것이나 "과학적"이라는 말에 담긴 오해를 방지하기 위한 것이다.

학 같이 이론적이며, 학문적이지는 않으나, 어느 정도는 이론적이고 학문적이기까지 하다. 그러므로 홈즈와 같이 전문적 철학자나 신학자가 하는 전문적 철학이나 전문적 신학과 비교되는 세계관적 철학과 세계관적 신학을 말하는 것이 더 옳을 것이다.) 그러므로 외현화된 세계관은 세상이 실제로 있다고 보느냐, 그냥 그렇게 보이는 것일 뿐이라고 보느냐, 그렇게 보이는 그것 자체가 의미 있고 중요하다고 보느냐, 아니면 별로 의미 없는 것이라고 보느냐 등의 복잡한 문제를 묻는다. 따라서 외현화된 세계관은 그저 관점의 문제만이 아니라 그가 가진 관점에서 이해한 내용을 어느 정도는 포함하지 않을 수 없다.

그렇다면 기독교 세계관(Christian world-view)이란 그리스도인이 가진 세계관(Christian's world-view)을 뜻한다. 이는 그리스도인이 이 세계를 바라보는 관점과 그 관점에서 그리스도인이 이 세상을 이해한 내용, 그 둘을 다 포함한다. 따라서 여기서는 일차적으로 그리스도인이란 어떤 존재인가, 그런 그리스도인은 어떻게 존재하고 생각하는가 하는 것이 근본적인 문제이다. 그러므로 구체적인 내용보다는 그리스도인이 이 세상을 보는 관점이 보다 중요한 질문으로 드러난다. 그리스도인의 세계관도 일반적으로는 그저 그의 의식 가운데 암묵리의 세계관(implicit world-view)으로 있을 뿐, 외현적인 세계관(explicit world-view)으로 명확히 드러나 있지 않은 경우가 많다. 그러므로 기독교 세계관을 문제 삼고 논의하고 말하는 것은 결국 그리스도인 안에 있는 그의 이 세상에서의 삶을 인도하는 세계관을 좀더 명확히 하고 외현화 시키려는 것이다. 즉, 그리스도인 안에 암묵리에 있는 세계관을 이끌어 내려는 것이다. 그러므로 건전하고 바른 교회에서 하나님의 말씀의 바른 도리와 하나님의 경륜에 대해 잘 배워온 신실한 그리스도인들은 기독교 세계관 공부를 하거나 이에 대해 연구한 일이 없어도 평소에 자신들이 힘써 해 오던 바가 바로 기독교 세계관 운동을 하는 사람들이 말하고자 하는 바라고 느끼게 되는 일이 많다(특히 세상과 우리의 삶 전체에 미치는 하나님의 주권을 강조하는 개혁주의 사상에 충실한 교회의 교우들에게는 더욱 더 그렇다. 예를 들어서, 카이퍼의 칼빈주의는 결국 기독교적 인생관과 세계관에 충실하며, 그에 대한 깊은 탐구로 이끌기 때문이다). 그러므로 기독교 세계관을 말하고 주장하는 것은 이전에는 없던 어떤 새로운 것을 말하거나 주장하는 것이 전혀 아니다. 그것은 그저 성경이 말하고 있는 복음의 도리에 충실한 사고를 깊이 있고 폭 넓게 하자는 것, 또는 그렇게 해 오던 바를 좀더 명확히 언표하고 외현적으로 드러내 보자고 하는 것일 뿐이다(그렇게 외현화하는 것을 때때로 "세계관을 가진다"고 표현하는 일이 있다. 그러나 이제까지의 논의를 함께 해 온 사람들은 이 말이 그렇게 좋은 표현이 아니라는 점에 쉽게 동의할 수 있을 것이다. 세계관을 외현화하지 않아도 이미 그 세계관은 암묵리에 그 안에 있기 때문이다. 이런 뜻에서 손봉호 교수는 "세계관이나 그 배경을 이루는 종교적 신앙이 항상 의식될 필요는 없다. 오히려 의식되지 않은 세계관이 구체적인 삶과 행동에 더 큰 영향을 끼친다"라고도 표현한 일이 있다.[11] 의식 있는 신실한 기독교인의 경우에는 더욱 더 그러하다). 그렇다면 우리는 왜 기독교 세계관을 명확히 외현적으로 표현하려고 하는가?

---

11. 손봉호, "추천의 글", in Brian J. Walsh and J. Richard Middleton, *The Transforming Vision: Shaping a Christian World View* (Downers Grove, Ill.: IVP, 1984), 황영철 옮김, 『그리스도인의 비전』(서울: 한국기독학생회출판부, 1987), 4.

2. 우리는 왜 기독교 세계관을 외현화 시키려고 하는가?

1) 우리가 지지할 수 없는 이유들

일반적으로 사람들은 대개 두 가지 동기에서 세계관을 외현화한다(이런 외현화를 때로는 "세계관을 가진다"라고 표현하기도 한다). **첫 번째 동기는 단순한 호기심이다.** 일반적으로는 이것이 어떤 질문을 하고 탐구를 해 나가는 일에 있어서 상당히 중요한 동인이다. 여유와 호기심이 없이는 실용적이지 않은 연구나 탐구는 이루어지기 어렵다. 그러나 호기심 그 자체에 이끌려 가면 우리는 끝없는 방황을 할 뿐, 어떤 진전이나 유의미한 열매를 내기가 어렵다. 물론 이 세상에서 아주 놀라운 발견을 하거나 굉장한 것을 이룬 이들은 다 이 호기심 자체에 의해서 움직여 나갔음을 무시해서는 안 된다(그러므로 우리는 어떤 뛰어난 사람들의 호기심에 가득찬 시도들에 대해 개방적이어야 하고 그런 시도의 여지를 항상 열어 두어야 할 것이다). 그러나 그리스도인들이 그들의 세계관을 외현화시킬 때 그것이 그저 호기심에 이끌려 하는 작업이어서는 안 된다. 그 이상의 어떤 본유적인 동기가 여기에 작용해야만 한다.

두 번째 동기는 이 세계 내에서 느끼는 불안(anxiety or dread)이다. 자신을 이 세상 안에 내던져진 존재(*das Geworfenheit*)로 느낄 때 가지는 그런 불안 때문에 사람들은 여러 가지 안전 장치와 안전 보장을 마련하려고 한다. 그런 안전 보장에 대한 추구 중의 하나가 **이 세계의 정체를 확인하고 그 안에서의 자신의 위치를 확인해서 안심하려는 것이다.**

그러나 모든 불안과 염려를 다 하나님과 그리스도께 맡긴 그리스도인들은 이런 호기심과 불안이라는 동기가 작용하여 그들의 세계관을 외현화시키지 않는다. 또한 그들의 존재 방식과도 일치하지 않는다.

2) 기독교 세계관을 드러내고 외현화하는 진정한 이유들

그렇다면 그리스도인들은 왜 그들의 세계관을 명확히 하는 일을 해야 하는가? 그 첫째 이유는 그리스도인은 자신들의 존재뿐만이 아니라, 이 세계와 그 과정에 대해서도 깊이 생각하고 바르게 반응해야 하는 일로 부름을 받았기 때문이다. 신약 성경이 그리스도인들에게 요구하는 일 가운데 하나는 "깊이 생각하라"는 것이다. 자신이 이전에 어떤 존재들이었으며, 이제 그리스도인이 된 후에 어떤 사람들이 되었으며, 따라서 하나님과 세계와 자신들과 다른 사람들과, 다른 피조물들에 대해서 어떤 관계를 유지하고 어떻게 해야 하는지를 깊이 생각하라는 것이다. 이런 요구에 의하면 그리스도인이 자신들의 세계관을 잘 표현하는 일은 그리스도인 됨의 중요한 한 측면이기도 하다. 그리스도인은 아무 생각 없이 사는 것이 아니라, 하나님께서 우리에게 요구하시는 바를 인지적인 측면에서도 잘 드러내야 한다. 그러므로 기독교 세계관을 진술해 보려는 노력도 우리가 사는 이 세계에 대한 하나님의 진리를 바로 알고 드러내려는 노력의 일환이다. 이것이 기독교 세계관의 이론적 동기(theoretical motive)이다.

둘째로, 그리스도인들이 자신들의 세계관을 명확히 하는 이유는 이 세계가 바로 그들이 관련하여 살고 활동해야 하는 세계이기 때문이다. 즉, 세계 안에서 실천과 활동이라는 실천적 동기(practical motive)가 작용해서 그리스도인들은 그들의 세계관을 외현화한다. 그래서 아더 홈즈는 "세계관은 행동의 지침으로서도 필요하다"라고 말한다. 또 이와 연관된 세계관의 필요성으로 "사유와 삶을 통일시키기 위해서, 선한 생활을 정의하고 인생의 희망과 목적을 찾도록 하기 위해서"라는 이유도 말한다.[12]

---

12. Holmes, 16, 13–14. 그러므로 홈즈는 우리가 세계관을 필요로 하는 이유를 다음 네 가지로 제시하는

아마도 이와 비슷한 이유에서 월터스는 "나는 세계관이란 우리 삶의 인도자의 기능을 한다고 믿는다"라고 말한 듯하다.[13] 브라이언 왈쉬와 리처드 미들턴도 자신들이 기독교 세계관에 대한 강의를 하고 이에 대한 책을 쓰는 이유를 다음과 같이 표현하고 있다: "우리의 목표는 성경에 충실하면서 동시에 세속 사회에서 그리스도인으로서 순종의 삶을 살도록 유도하는 통일된 기독교 세계관을 학생들이 계발할 수 있도록 도움을 주기 위한 것이다."[14] 왜냐하면 그들에 의하면 "하나의 세계관은 그 세계관을 가진 사람이 세상에서(in the world) 지향해 나갈 세계의 모델(model of the world)을 제공"하는 것이기 때문이다.[15] 그러므로 우리는 이 세상 안에서 제대로 된 실천, 바른 실천(ortho-praxis)을 위한 이론적 작업으로 기독교적 세계관을 명확히 드러내며 표현하려 하는 것이다. 왜냐하면 "기독교 사상의 영향력은 기업과 정치, 문학과 예술, 학문과 교육, 가정과 삶 전체의 도덕적 성격, 그리고 온 세상의 모든 부분에까지 미쳐야만" 하기 때문이다.[16]

그러므로 기독교 세계관을 외현화하는 이 작업은 철저히 이론적이며 또한 동시에 실천적인 것이다. 마치 이상적인 신학이 아주 이론적이면서 동시에 아주 실천적인 학문이듯이 말이다. 이론적 관심과 실천적 관심이 동시에 작용하지 않으면 참된 그 무엇을 결코 내어놓을 수 없다. 그러므

것이다. (1) 사유와 삶의 통일을 위해서, (2) 선한 생활을 정의하고 인생의 희망과 목적을 찾도록 하기 위해서, (3) 사고를 인도하기 위해서, (4) 행동을 인도하기 위해서 세계관이 필요한 것이다(16). 우리는 이중 (1), (2), (4)를 실천적 동기나 필요로, (3)을 이론적 동기와 필요로 말한 것이다.

13. Wolters, 16.

14. Walsh and Middleton, 11.

15. Ibid., 37.

16. Holmes, 30.

로 우리는 기독교 세계관을 명확히 표현하는 일에 있어서도 철저히 이론적이려고 해야만 하고 동시에 실천적인 관심을 반영해야만 한다.

기독교 세계관의 이런 실천적 성격에서 나오는 또 하나의 이유로 이 문제 투성이의 어려운 시대에 현대 정신의 혼란 상황 가운데서 그리스도인들은 자신들을 위해 그리고 이 혼란에 빠진 동료 인간들을 위해 참으로 정합적이고 바른 세계관을 제시해야 할 필요성과 사명을 그 어느 때보다 더 심각하게 느껴야 한다는 점을 말하지 않을 수 없다. 특히 오늘날 유행처럼 번져 가는 포스트모던적 상황 가운데에서는 이런 상황과 시대적 요청이 기독교 세계관을 더욱 명확히 현시하도록 하는 것이다.

3. 기독교 세계관의 특징들: 그 관점의 특성들을 중심으로

앞으로 우리가 충실히 드러내고, 표현하며, 외현화하려고 하는 기독교 세계관은 과연 어떤 특징을 가지는 것인가? 이것도 여러 측면에서 여러 가지로 제시할 수 있겠지만, 여기서는 그런 세계관을 가능하게 하는 기독교적 관점이 과연 무엇이고, 그런 관점의 특성들이 무엇인가를 중심으로 다음 세 가지 특징을 생각해 보기로 하자.

1) 중생자의 영적인 세계관

첫째로, 기독교 세계관은 중생한 사람들의 영적인 세계관이다. 기독교 세계관은 중생한 그리스도인들이 가진 세계관을 외현화한 것이다. 그러므로 기독교 세계관은 중생하지 아니한 자들의 다양한 세계관들과 대립적이고, 반립적인(anti-thetical) 세계관이다. 그 둘 사이에는 타협과 절충의 여지가 전혀 없다. 이때 그리스도인들은 다양한 비기독교적 세계관들이 어떤 점에서 함께 기독교 세계관에 반립하여 서 있으며, 어떤 점에서 각기 다른가 하는 문제에 아주 민감해야만 한다. 그렇지 않으면 상당히 다른 것들을 그저 뭉뚱그려 동일시하는 실수를 범할 수 있고 이건 실수에 대해 비판을 받기 쉽기 때문이다. 그러므로 모든 비기독교적 세계관을 깊이 탐구하고 기독교적 세계관과 비교하는 일이 언젠가는 있어야만 한다.

일단 여기서는 기독교 세계관을 다른 모든 세계관들과 구별하는 하나의 요소로 기독교 세계관은 진정한 의미에서 초자연주의(supernaturalism)의 입장을 갖지만, 다른 세계관들은 결국 자연주의(naturalism)나 반초자연주의(anti-supernaturalism)의 입장을 갖는다고 말할 수 있다.[17] 여기서 형식적으로는 기독교적으로 보이지만 실제로는 기독교적이지 않은 입장들이 과연 어떤 것인지가 잘 드러날 수 있다. 형식적으로 기독교적으로 보이려는 입장들은 대개 초월과 초자연을 말하고 인정하기는 하지만 대개는 그 초월과 초자연이 참된 초월과 초자연이 아니든지, 아니면 자연 내에 있는 초월이나 초자연적인 경우가 많다. 그러므로 진정한 기독교적 입장만이 참된 초자연주의를 지지하는 것이다. 그리고 이런 진정한 초자연주의는 그저 자연적인 것을 넘어서는 것을 인정하는 정도가 아니고, 중생한 그리스도인이 인정하는 성경의 하나님과 그 성령의 역사를 인정한다. 그런 의미에서 이는 영적인 세계관이기도 한 것이다. 중생이 성령의 능력 가운데서 일어나는 것이기에 또한 중생에서 발생하는 모든 인지적 변화도 성령의 능력 가운데서 발생하며, 이 세계

---

17. 진정한 의미의 초자연주의의 성격에 대해서는 B. B. Warfield, "Christian Supernaturalism," in *Biblical and Theological Studies* (Philadelphia: Presbyterian and Reformed Pub. Co., 1968), 1–21; *idem, Calvin and Augustine*, ed., by Samuel G. Craig (Philadelphia: Presbyterian and Reformed Pub. Co., 1956), 502, 503, 507 등을 보라.

관에 따라 행할 수 있는 능력도 성령에 의해서만 주어지는 것이기에 중생자의 세계관은 영적인 세계관일 수밖에 없다. 기독교 세계관의 기원과 진술 과정과, 그리고 그 결과가 모두 다 성령 안에 있기 때문이다. 그러므로 기독교적 관점은 근본적으로 영적 관점(spiritual perspective)이다.

2) 성경적 세계관

중생자의 영적 관점은 결국 이 세상을 성경의 빛에서 바라보고 해석하도록 한다. 월터스토프가 잘 표현한 바와 같이 "진정으로 기독교를 받아들인다는 것은 성경의 세계관을 채택하는 신앙인이 된다는 것이다."[18] 그러므로 기독교 세계관은 성경적 관점(bibilical perspective)을 가지고 세계를 보는 성경적 세계관일 수밖에 없다. 월터스가 말하는 대로 "우리의 세계관은 성경에 의해서 형성되고 점검되어야 한다."[19] "성경이 하나님의 말씀임을 믿는다면, 우리는 성경에 근거해서 형성한 세계관을 가져야할 의무가 있다."[20] 그러나 이는 그리스도인들은 그저 성경만을 보거나 그 자료만을 사용해서 세계관을 구성한다는 뜻이 아니다. 그리스도인들은 성경과 이 세상에 주어진 하나님의 일반 계시 모두를 다 중시하며, 다 사용하여 그들의 생각을 정리할 수 있다. 그러나 그들이 이 작업을 할 때 그들은 성경이 가르치는 바와 성경이 제시하는 관점으로 이 세상의 일반 계시를 해석한다. 성경 계시의 조명을 받은 사람만이 일반 계시를 비로소 제대로 해석할 수 있기 때문이다. 그러므로 그리스도인의 관점은 근본적으로 성경적 관점(biblical perspective)이다.

---

18. Nicholas Wolterstorff, "Foreword," in Walsh and Middleton, 9.

19. Wolters, 18.

20. 손봉호, "추천의 글", in Wolters, 5.

그런데 우리의 관점이 진정으로 성경적이기 위해서는 우리는 먼저 성경을 제대로 이해해야만 한다. 그러므로 무엇보다 먼저 성경이 과연 어떤 책인지를 분명히 해야만 한다. 만일 어떤 사람이 성경을 그저 인간의 최고 지혜를 집대성한 책으로 여기면서 그렇게 이해한 성경에 근거해서 그의 세계관을 구성한다면 그것은 진정한 의미에서 성경적 세계관도 아니고, 기독교 세계관도 아니다. 그러므로 성경에 대한 이해에 있어서 어떤 구분선을 사용하느냐에 따라서 성경적 세계관이 제대로 된 것일 수도 있고, 그렇지 못한 것일 수도 있다.[21] 성경은 하나님의 말씀을 포함하고 있다(contain)는 구자유주의(old-liberalism)적 입장을 가지고 있다면, 진정한 성경적 세계관을 가질 수 없다. 그렇다면 성경은 철저히 인간의 말이지만 성령께서 역사할 때에 하나님의 말씀이 된다(become)고 하는 바르트주의의 입장에 서서 성경의 관점을 말하는 것은 과연 성경적 관점이라고 할 수 있을까? 필자는 그럴 수 없다고 생각한다. 객관적으로 성경이 하나님의 말씀이며, 성령의 내적 증거가 있을 때에 이 객관적 하나님의 말씀을 주체적으로도 받아들이게 된다는 것이 바른 입장이다.[22] 그러므로 성령의 사역에 의해서 성경을 제대로 받아들인 사람은 성경이 객관적으로 정확 무오한 하나님의 말씀이라고 생각하지 않을 수 없다. 이런 입장은 성경에 대한 역사적 비평(historical criticism)과 이를 포용하는 모든 비평 이론들과 성경에 대한 그런 접근들을 승인하지 않는 것이다. 후

---

21. 여기까지의 논의는 기꺼이 받아들이면서도 이하의 논의에 대해서는 기꺼이 동의하려하지 않는 사람들이 있을 것이다. 소위 "비평-이후의 시대"(post-critical period)에 살면서 이 글의 주장과 같은 주장을 할 수 있을까 하고 생각하는 사람들과의 깊은 대화가 있기를 바란다. 이후의 논의는 이제까지의 논의의 자연스러운 결과가 아닐까?

22. 이점을 칼빈의 견해와 관련하여 잘 설명한 논문으로 머레이의 "칼빈과 성경의 권위"를 보라. John Murray, *Calvin on Scripture and Divine Scripture* (Grand Rapids: Baker Book House, 1960), Chapter 2, 나용화 역, 『칼빈의 성경관과 주권 사상』 (서울: 기독교문서선교회, 1976), 제2장.

에 성경의 내용을 가지고 작업할 때에 구체적으로 어떤 태도를 취해야 하는 지가 여기서 규정된다고 할 수 있다. 성경을 정확 무오한 하나님의 말씀으로 받아들이는 것은 성경적 관점의 토대라고 할 수 있다.

이런 무오한 성경에 근거해서 세상을 보는 이는 이 세상을 하나님의 피조계로 보며, 그 피조계가 일정한 역사적 과정을 거쳐 왔다고 본다. 피조된 이 세상의 역사적 과정 가운데서 제일 중요한 것은 그 피조계의 타락과 구속이다. 그런데 그 구속도 역사적 과정을 거쳐 이루어진다. 따라서 성경적 세계관은 구조적으로는 역사적 구조를 가질 수밖에 없다. 결국 성경적 관점은 구속사적 관점(redemptive historical perspective)이 된다.

3) 신국적 세계관

그런데 성경이 제시하는 구속사는 결국 하나님의 나라(kingdom of God), 즉 '하늘 나라'[天國, kingdom of heaven]를 지향하고 있으며, 그 하나님의 나라의 실현과 관련된 것이다.[23] 하나님 나라가 실현되는 때를 종말(終末, eschaton)로 여기던 히브리적 관점에 의하면 예수 그리스도 안에서 그 하나님 나라가 이미 이 땅에 임하였을 때부터, 즉 예수 그리스도께서 친히 가르치시며 메시아적 사역을 하실 때부터 '종말'의 시기이다.[24] 그러므로 이런 입장에서는 신약 성도들의 관점은 결국 이런 의미에서의(즉, 그리스도 예수 안에서 이미 종말이 임하여 왔다는 의미에서의) 종말론적 관점(eschatological perspective)일 수밖에 없다. 이런 관점의

---

23. 이 점은 후에 좀더 상세하게 논의될 것이다. 우선은 다음 글을 참조하라. 이승구, "하나님 나라", 『개혁신학에의 한 탐구』 (서울: 웨스트민스터출판부, 1995), 51-65.

24. 이에 대한 가장 분명한 설명은 다음 책들에 나타나 있다. Geerhardus Vos, *The Pauline Eschatology* (Grand Rapids: Baker Book House, 1979), 특히 제1장; Adrio Koenig, *The Eclipse of Christ in Eschatology: Toward a Christ-Centered Approach* (Grand Rapids: Eerdmans; London: Marshall Morgan & Scott, 1989).

세계관도 종말론적 세계관이다. 시기적 특징을 밝혀서 이렇게 말할 수 있는 기독교적 관점은 그 내용에 있어서는 그 종말의 시기에 이미 임하여 왔고, 그러다가 그리스도의 재림에서 극치에 이를 그 하나님 나라 중심의 관점일 수밖에 없다. 그리스도인은 이제 모든 것을 신국적(神國的) 관점에서 바라본다. 그의 판단 기준은 신국의 가치이고, 그의 모든 것이 천국을 중심으로 하고 있다.

4. 기독교 세계관의 기본적 구조 - 그 역사적 성격

이미 기독교 세계관은 근본적으로 역사적 세계관이고, 따라서 구속사적 관점(redemptive historical perspective)으로 이 세상을 보는 것이라고 말했다. 이것을 거듭 강조하는 것은 기독교 세계관의 기본 구조가 역사적 과정의 성격을 지니고 있기 때문이다. 이 역사적 과정의 내용은 후에 기독교 세계관을 구성하는 일에 있어서 좀더 상세히 설명하면서 이 틀에 따라서 세계에 대한 이해를 제시할 것이다. 우선 이 역사적 과정을 간단히 더듬어 봄으로써 기독교 세계관의 기본 구조와 틀을 고찰해 보기로 하자.

1) 창조(Creation)

기독교 세계관은 하나님께서 이 세계를 창조하셨다는 사실을 받아들임으로 시작된다고 할 수 있다. 창조 사실은 기독교 세계관의 근본적 기초이다. 이 세상이 그저 있게 되었다거나, 우연히 있게 되었다고 하는 이들은 기독교 세계관을 가진 이라고 할 수 없다. 그러나 창조를 받아들인다는 것이 과연 무엇을 의미하는지는 좀더 조심스럽게 물어야 한다. 한마디로 말하자면, 역사적 창조(historical creation)를 받아들여야 성경적 의미의 창조를 받아들이는 것이다. 만일에 창조란 그저 이 세상이 여기 있음에 대한 신앙적, 신학적 의미를 표현하는 말일뿐이라고 하는 사람들이 있다면, 그는 성경적 의미의 창조를 받아들이지 않는 사람일 것이다. 그에게는 창조가 개념이나 의미일 뿐 전혀 역사적 사실일 수는 없기 때문이다. 더 나아가서 창조의 사실을 받아들이지만 이 세계가 창세기의 창조 기사가 기록하고 있듯이 그런 과정을 거쳐서 창조된 것은 아니라고 생각하는 이들에 대해서 어떤 입장을 취해야 할 것인가? 바로 여기에, 우리가 위에서 어느 성경관을 받아들이냐의 문제가 매우 중요한 선결적인 조건이라고 말한 이유의 한 측면이 드러난다. 창세기 기사에 대한 역사 비평과 문학적 비평을 용인하는 입장에서 창조를 받아들이는 이는 과연 성경적 세계관의 토대인 창조를 받아들인 것일까? 필자는 이에 대해서도 "아니오"라고 말하는 입장을 견지해야만 한다고 본다. 물론 이 세계가 창조되는 것을 본 사람은 한 사람도 없다. 그렇기 때문에 창조는 역사의 한 부분일 수 없다고 말하는 것은 너무나 인간 중심적인 태도가 아닌가? 확인할 수 없는 것이라도 하나님께서 그렇다고 계시하셨다면 그것까지를 역사적인 것으로 받아들여야 한다. 선진들도 믿음으로 증거를 얻었고, "믿음으로 모든 세계가 하나님의 말씀으로 지어진 줄을 우리가 아는 것이다"(히 11:2, 3). 그러므로 역사적 창조를 받아들이지 않으면 — 어거스틴의 말대로 창조와 함께 시작된, 즉 "시간과 함께 하는"(*cum tempore*) 창조를 받아들이지 않으면 그것은 진정한 의미의 창조를 받아들이지 않는 것이다.

2) 타락(Fall)

따라서 타락에 대해서도 같은 말을 해야 한다. 즉, 역사적 타락(historical fall)을 믿지 않는 이는 실제적으로 타락을 믿는 이로 여길 수 없다고 말하는 것이다. 현재 살고 있는 이 시간과 공간과 같은 시간, 공간 내에서 오래 전 역사의 어느 순간에 인간의 타락이 일어났다. 그러므로 역사적 타락이 없이 창세기 3장의 이야기는 그저 모든 사람에게 일어난 일에 대한 상징적 표현이나 신화적 표현이라고 보는 것은 기독교 세계관의 두 번째 구성 요소를 상실한다. 또 인간의 타락은 사실 이 시공간 내에서 일어난 것이 아니라 영원에서 영혼의 타락으로 이루어진 것이라는 생각도 옳지 않다.

그러나 창세기 3장 이야기를 역사적으로 받아들인다고 해서 그것이 역사적 타락을 받아들인 것은 아니다. 그 사실성은 받아들이고, 그 안에서 온 인류의 타락이 일어났다는 것을 받아들이지 않으면 역사적 타락을 인정하지 않는 것이기 때문이다. 실지로 펠라기우스(Pelagius)와 그를 따르는 이들은 창세기 3장의 역사성은 받아들이면서도 그로 말미암아 인간성 전반의 타락(fall)이 일어났다고는 생각하지 않았다. 따라서 그들은 인간이 다 노력해서 하나님의 뜻에 따를 수 있으며, 그렇게 자신들의 노력으로 하나님의 뜻을 따름으로서 구원에 이른다고 믿었다. 이런 펠라기우스주의는 이미 오래 전에 정죄되었음에도 불구하고 역사 속에서는 계속해서 인간의 온전한 (전적인) 타락을 믿지 않고, 인간의 타락에도 불구하고 십자가에서 이루신 그리스도를 의지하면서 인간에게 남아 있는 힘을 이용해서 최선을 다하면 구원을 받을 수 있다고 하는 생각이 계속 나타난 것이다. 이는 온전한 의미의 타락을 받아들이지 않는 것이므로 온전한 기독교 세계관의 한 요소를 불분명하게 하는 입장이다.

3) 구속(Redemption)

그처럼 "죄와 허물로 죽은"(엡 2:1) 우리를 영적으로 다시 살리려면 죄 문제를 해결해야 하는데, 이는 그리스도가 십자가에서 죽으심으로서 이루어진 "구속"을 통해서만 가능하다. 그러므로 예수님께서 신약 성경이 기록한 대로 이 세상을 살다가, 성경대로 죽으셔서, 성경대로 사흘 만에 부활하시고 승천하셨다는 사실을 역사적으로 믿는 일이 일차적으로 중요하다. 또한 이 삶과 죽음과 부활, 승천이 결국 구속을 이루는 메시아적 사역의 중요한 부분이었다고 성경대로 믿는 것이 구속을 믿는 것이다. 이 구속은 결국 죄 문제를 해결해서 우리로 하여금 예수님께서 이 세상에 도입해 들이신 "하나님 나라"[天國]의 백성으로 만들어 주는 사건이다.

4) 극치(Consummation)

예수님께서 가져오신 그 "하나님 나라"는 예수님의 재림에서야 그 나라의 극치에 이른다. 그 때까지는 이 세상 안에서 "하나님 나라"가 성장해 가고 그 영향력이 온 땅에 미쳐 나간다. 그러나 궁극적으로 그 나라를 가져오실 분은 하나님이신 예수 그리스도이시다. 그러므로 예수님의 가시적이고, 인격적이며, 물리적인 재림을 믿어야 한다. 그리고 그 재림이 하나님 나라를 극치에 이르게 하며, 하나님께서 이 세상을 창조하신 그 목적을 종국적으로 이룰 것이라고 믿는다. 따라서 기독교 세계관은 이런 과정을 거쳐 극치에 이를 하나님의 나라, 피조계의 미래를 바라며 이를 중심으로 한 세계 이해를 제시한다.

5. 결론

기독교 세계관이 이러한 특성과 이런 구조를 가지고 있다는 것을 살핀 우리에게 남겨진 과제는 무엇인가? 그것은 (1) 이 세계관의 구체적인 형상을 그려내는 것과 (2) 이런 세계관에 근거한 각 학문을 하는 구체적인 방법의 제시와 그 실천,[25] 그리고 (3) 이런 세계관에 근거한 활동과 삶일 것이다. 이 세 가지 과제 가운데서 첫 번째 일(즉, 구체적인 기독교 세계관의 형상을 살피는 일)을 하려고 한다. 물론 이는 이미 우리가 위에서 인용한 바 있는 여러 책에서 시도된 일이다. 그러므로 다시 정리를 해야 할 필요가 무엇이냐고 반문할 사람이 많을 것이다. 그러나 이제 구체적 정황 가운데서 교재로 사용할 만한 기독교 세계관 책의 발간을 위해서 일종의 재정리 작업이 필요하다는 의식에서 다시 이 어리석은 일을 감행한다. 이 일에는 우리의 입장을 정합성 있게 드러내는 것과 우리와 다른 세계관들을 비교하는 일을 포함한다. 여기서는 그 중의 첫 번째 것을 중심으로 정리하는 일을 하기로 한다. 때때로 다른 입장들과 비교를 할 것이나 일차적으로는 우리의 입장을 잘 제시하는 방식으로만 비교하려고 한다. 왜냐하면 필자의 경험에 의하면 먼저 우리의 입장을 잘 정리하고 난 후에 다른 세계관의 입장과 비교하는 것이 독서나 강좌를 통해서 기독교 세계관을 명확히 하려는 이들에게 비교적 혼동을 일으키지 않기 때문이다. 그리고 이런 정리 작업을 통해서 소위 그리스도인들 가운데서 다양하게 나타날 수 있는 다양한 "기독교 세계관들" 가운데서 어떤 세계관을 "기독교 세계관"으로 제시하고 나아가야 하는지가 비교

---

25. 이에 해당하는 것이 북미의 Institute for Advanced Christian Studies 주관 아래 칼 헨리(Carl F. H. Henry)가 편집하고 있는 기독교 세계관 시리즈(Studies in a Christian World View) 일 것이다. 그 서론은 아더 홈즈가, 심리학에 대해서는 메리 슈튜어트 반 류벤이, 철학에 대해서는 얀델이 써내었다. 또 다른 시리즈로는 Harper San Francisco에서 1989년과 1990년에 내었고, 한국 IVP에서 1995년도에 번역 출간한 경영, 심리학, 역사, 문학, 사회학, 음악, 생물학 각 분과에 대한 *Through the Eyes of Faith* 시리즈를 보라. 그리고 단행본으로는 Chalcedon Group에서 밴틸의 입장에서 각 학문 분과를 다룬 *Foundations of Christian Scholarship: Essays in the Van Til Perspective*, ed. Gary North (Vallecito, California: Ross House Books, 1979)과 그리스도인인 교수들이 각 학문 분과에 대해 논의한 *The Reality of Christian Learning: Strategies for Faith–Discipline Integration*, edited by Harold Heie and David L. Wolff (Grand Rapids: Eerdmans, 1987)을 들 수 있을 것이다.

적 선명하게 드러나리라고 생각한다. 필자가 제시할 입장은 결국 이원론적 세계관들과 대조되는 통합적 전망의 개혁주의적 세계관(reformational worldview)이다.[26] 즉, 이 정리 작업은 이 개혁주의적 세계관이 구체적으로는 어떤 방향을 추구하고 나아가야 하는지를 제시하는 것이다.

그러나 여기서 제시하는 개혁주의적 세계관은 무오한 것이거나 절대적인 것도 아니고, 그래서도 안 된다. 여기서 제시하는 기독교 세계관은 항상 성경과 이에 근거한 일반 계시를 더욱 깊고 폭넓게 연구한 결과에 의해서 수정될 수 있는 개방성을 지닌다. 엄격한 의미에서 영감되지 않은 인간의 모든 활동은 항상 오류 가능성을 지니고 있고, 따라서 항상 개방성을 가져야만 하기 때문이다. 여기서 우리는 다음과 같은 왈쉬와 미들턴의 말을 유념할 필요가 있다.

> 만일 어떤 한 세계관이 문화를 지배하게 되면, 그 세계관은 다른 시각들이 그 사회 속에서 서로 겨룰 수 있는 여지를 남겨 놓아야 한다. 만일 그렇게 하지 않는다면, 그것이 하나의 세계관으로 타당한지를 의심할 이유를 갖게 되는 것이다. 전체주의적 성격을 갖는 그런 시각은 하나의 이데올로기가 된 것이다. 우리는 삶의 시각이 언제나 제한되어 있음을 인정해야 한다. 세계관은 언제나 —다른 세계관에 의해서라 할지라도— 수정과 순화를 받아들일 태세를 가지고 있어야 한다.[27]

그러므로 필자가 제시하는 기독교 세계관이 항상 성경에 대한 더 바

---

26. 이 점에 대한 강한 강조와 간략한 설명을 위해서는 Wolters, 22–23을 보라.
27. Walsh and Middleton, 46.

르고 깊은 연구와 이에 근거한 일반 계시에 대한 연구의 빛에서 수정되어 점점 더 성경적인 세계관이 되기를 소망하는 것이다. 이런 의미에서 개혁파 신학과 교회에 대해 하던 말을 변용해서 개혁된 세계관은 항상 개혁되어야 한다는 말을 할 수 있다. 월터스가 말하는 대로 "지속적인 개혁이란 성경에 의해 늘 개혁되고(행 17:11; 롬 12:2을 보라) 전통을 무반성적으로 따르지 않는 것이다."[28]

---

28. Wolters, *Creation Regained*, 12.

제2장

중생과 중생자의 세계관 :
기독교 세계관의 출발점

앞 장에서 기독교 세계관의 특징을 무엇보다도 중생자의 영적인 세계관이라고 말했다. 이를 명확히 하기 위해서는 중생이 무엇이며, 중생의 결과로 의식과 영혼의 기능이 어떤 변화가 일어나서 기독교 세계관을 갖게 하는지를 살펴야만 한다. 그러므로 이번 장에서는 중생이 무엇이며, 중생의 세계관적인 의미가 무엇인지를 생각해 보기로 하자.

1. 중생이란 무엇인가?

중생(重生, regeneration)이란 인간 존재의 타락을 전제로 하고, 이렇게 타락한 존재가 하나님과 관계를 가지며 살기 위해서 그에게 요구되는 영혼의 변화를 지칭하는 말이다. 이 용어는 신약 성경에서 조금은 폭넓게 사용되었고, 이런 용례에 따라서 신학에서도 상당히 폭넓게 사용되다가, 17세기에 이르러서 약간 제한된 의미의 중생 개념이 나타나기 시작했다.[1] 이렇게 제한된 의미로 사용된 중생은 시간 안에서 사람들이 구원으로 변화하는 첫 단계를 지칭하는 말로 사용되었다. 이런 의미의 중생의 개념에 의하면, 사람들은 중생에 의해서야 하나님과 제대로 된 관계를 가질 수 있다. 따라서 중생하지 않은 사람들은 하나님과의 관계성이 바르지 아니하므로, 이 세상에 대해서도 궁극적으로는 바르지 못한 개념을 가진 것이 된다. 중생하지 않은 사람들은 참된 의미에서 하나님과의 관계를 가지지 않은 사람들이며, 따라서 이 세상을 하나님과의 관계에서 바라보지 못하는 자들이다.

중생에 대한 신약 성경의 가르침 가운데서 요한복음 3장에 나타나고 있는 예수님과 바리새인 니고데모와의 대화는 중생의 필요성과 방법, 그 성격들을 잘 표현해 주고 있다. 바리새인이요, 유대인의 관원인[2] 니고데모는 예수님을 찾아와 가르침을 받고자 했다. 그가 밤에 찾아온 것 때문에 그의 연약한 마음, 교만함, 다른 이들의 눈치를 살핌 등을 추론하고 그를 비판할 필요는 없을 것이다.[3] 또 그가 밤에 찾아 온 것이 그가 어두움과 육에 속해 있으며, 이 어두움으로부터 구원받는 것을 보여주려는

---

1. 이런 개념의 변화에 대해서는 Louis Berkhof, *Systematic Theology* (Grand Rapids: Eerdmans, 1939), 466f. 을 보라.

2. "관원"(ἄρχων)이라는 요한 복음에서 흔하지 않은 표현은 아마도 산헤드린의 회원으로 유대인을 다스리는 자란 뜻에서 사용된 것임에 틀림이 없다. Cf. Leon Morris, *The Gospel according to John, NICNT* (Grand Rapids: Eerdmans, 1971), 210, n. 3; Ernst Haenchen, *John, Hermenia*, vol. 1 (Philadelphia: Fortress Press, 1984), 199; J. H. Bernard, *The Gospel According to St. John*, vol. 1 (Edinburgh: T & T. Clark, 1928), 100; and D. A. Carson, *The Gospel According to John* (Leicester: IVP; Grand Rapids: Eerdmans, 1991), 186.

3. 이와 같은 점들을 추론하고 이로부터 니고데모를 비판하는 예로 John Calvin, *The Gospel According to St. John*, Part One, trans. T. H. L. Parker, *Calvin's New Testament Commentaries*, A New Translation (London: Oliver and Boyd, 1961; Repr. Grand Rapids: Eerdmans, 1978), 61; Donald Guthrie, "John," *New Bible Commentary* (Leicester: IVP, 1970), 935 등을 보라. 그러나 "우리가 아노니"(οἴδαμεν)라고 말한 것으로부터 그가 한 집단의 대표자로 예수께 물으러 왔다는 점은 잘 생각하는 것이 좋을 것이다. Cf. Haenchen, 199.

상징적인 일이었다고 보는 해석은[4] 요한이 신비한 분위기를 묘사하기 위해 창작한 것이라는 불트만의 해석과 비슷하게 이 일의 역사성보다는 요한의 구성을 더 중시하려는 이상한 해석이라고 생각된다. 그가 예수님과 함께 방해받지 않는 조용한 시간에 많은 시간을 내어 깊이 대화를 나누기에 좋은 시간이 밤이라고 생각했을 수도 있기 때문이다.[5]

그가 이렇게 찾아와 가르침을 받으려고 한 것은 예수님께서 행하시는 표적을 보고서 그를 하나님으로부터 보내심을 받은 선생님으로 인정했기 때문이었다. 그러나 예수님께서는 그가 어떤 태도와 자세로 예수님을 찾아와서 배우고자 하는지를 잘 알고 계셨다. 후에 예수님께서 하시는 말씀에 비추어 볼 때에 바리새인인 니고데모는 이제까지의 자신의 존재와 자신의 사유와 바리새인으로서의 활동에 예수님의 가르침을 조금만 더 받아 더하기만 하면 종교적으로도 완성되고, 자신들이 이제까지 기다려 오던 하나님 나라도 잘 준비하는 것이 된다고 생각한 듯하다. 그러므로 자신에 대한 평가는 이제 하나님에게서 오신 선생님이신 예수님에게서 그의 가르치심을 받으면 되는 존재라는 것이었다. 그렇게 되면 하나님 나라에도 들어갈 수 있고, 그 나라 백성으로 활동할 수도 있다는 것이다. 이것은 니고데모와 같이 예수님께 대해 우호적인 태도를 나타내 보인 바리새인들의 공통적인 태도였을 것이다. 그들은 상당히 종교적인

---

4. C. K. Barrett, *The Gospel According to John* (London, 1955), *ad loco.*: "it is perhaps more probable that he intended to indicate the darkness out of which Nicodemus came into the presence of the true light (cf. vv. 19–21)." See also E. C. Hoskyns, *The Fourth Gospel*, ed. F. N. Davey (London: Faber & Faber, 1947), 211; Barnabas Lindars, *The Gospel of John, The New Century Bible Commentary* (London: Marshall, Morgan & Scott, 1972; reprinted by Grand Rapids: Eerdmans, 1987), 149; and Carson, 186.

5. 같은 의견으로 Morris, *NICNT John*, 211; George R. Beasley-Murray, *John, Word Biblical Commentary 36* (Waco, Texas: Word Books, 1987), 47을 보라. Morris는 밤 시간을 이용해 율법을 공부하라는 랍비들의 권고와 이를 연관시키는 이들도 있음을 인용하기도 한다(B. Gerhardsson, *Memory and Manuscript* [Lund, 1964], 237, in Morris, 211, n. 4). 그러나 모리스와 비슬리-머리 모두, 아주 이상하게도, 위의 상징적 해석도 요한이 염두에 두고 있었을 수도 있다고 하는 중도적인 입장을 표한다.

자신들의 생각과 삶과 사고방식, 그리고 지금 자신들이 생각하는 세계관이 그런 대로 괜찮다고 생각했다. 카슨이 말하는 바와 같이, "니고데모가 다른 바리새인들과 같다면, 그는 자신의 전 생애가 씻겨지고 그의 마음이 변혁되며, 다시 태어날 필요가 있다고 생각하기는커녕, 자신이 많이 회개해야 하리라고 생각하지도 못할 정도로 자기 자신의 순종의 질에 대해 너무 확신이 있었을 것이다."[6]

니고데모의 이런 마음을 잘 아시는 예수님께서는 그에 적절한 도전을 니고데모에게 던지셨다: "진실로 진실로 네게 이르노니 사람이 거듭나지 아니하면 하나님의 나라를 볼 수 없느니라"(요 3:3). 여기서 하나님의 나라를 본다는 것과 5절에 언급된 하나님 나라에 들어간다는 것은 같은 것이다(*pace* Westcott). 그런데, 칼빈이 잘 지적하고 있는 바와 같이, 여기에 나타나고 있는 "하나님 나라라는 말로부터 [지금 하나님이 계신] 하늘(heaven)을 생각하는 이들은 잘못된 것이다."[7] 니고데모와 같은 배경과 확신을 가진 유대인에게는 "하나님 나라를 본다"는 것은 이 세대 끝에 나타날 그 나라에 참여한다, 즉 영원한 부활 생명을 경험한다는 것을 의미했다.[8] 요한복음에서는 하나님 나라라는 말이 많이 나타나지 않고, 오히려 영생이라는 말로 대치되어 나타난 예가 더 많다.[9] 특히 이 구절에서는 하나님 나라와 영생의 동일성이 잘 나타나고 있다. 그러므로 예수님께서는 여기서 사람이 거듭나지 아니하면 유대인들이 기다리던 그 하나님의 통치에 참여할 수 없다고, 즉 그들이 고대하는 영생에 들어갈

---

6. D. A. Carson, *The Gospel According to John* (Grand Rapids: Eerdmans, 1991), 195.

7. Calvin, 63.

8. Carson, 188.

9. Morris, *NICNT John*, 214; G. Vos, 「성경신학」, 410.

수 없다고 아주 단정적으로, 그리고 엄숙하게 선언하시는 것이다. 이것은 배우러 찾아 온 이 사람에게 엉뚱한 말씀을 하시는 것이 아니라, 그 사람이 가진 기본적인 마음의 자세를 아시고서 그에 적절하게 반응하시는 것이었다. 그는 이전에 나다나엘에게 "빌립이 너를 부르기 전에 네가 무화과 나무 아래 있을 때에 보았노라"고(요 1:48) 말씀하신 "친히 모든 사람을 아시고, 또 친히 사람의 속에 있는 것을 아시는" 분이었던 것이다(요 2:24-25). 이 예수님을 잘 보고 그에게서 배웠던 베드로가 먼 훗날에 말하는 대로 "모든 것을 아시는" 분으로서(요 21:17) 그는 "거듭나야만 하나님 나라를 볼 수 있다"고 말씀하시는 것이다. 니고데모와 같은 바리새인들이 강조하는 "율법에 대한 헌신적 준수나 유대교의 개정된 제시가 필요한 것이 아니라, 급진적인 중생이 필요하다는 것이다."[10] 모리스가 말하듯이, "그는 한 문장으로 니고데모가 대변하는 모든 것을 쓸어내시면서 그가 하나님의 능력으로 다시 만들어져야만 한다는 것을 요구하신 것이다."[11] 왜냐하면, "자신이 자기 자신의 노력으로 하나님 나라에 들어가기에 적합하다고 생각하는 것은 자연인의 항존적 이단이기" 때문이다.[12] 그러나 예수님은 거듭나야만 한다고 말씀하신다.

여기서 "거듭난다"라고 번역된 말(γεννηθῇ ἄνωθεν)은 문자적으로는 "다시 난다"(to be born again)라고 이해할 수 있고, "위에서 난다"(to be born from above)라고 이해할 수도 있는 말이다. "아노뗀"(ἄνωθεν)을 공간적으로 해석한 "위에서 난다"는 말은 3:31과 19:11에서와 같이 "하늘로부터 난다", 즉 "하나님으로부터 난다"는 의미를 담고 있고, "다시 난

---

10. Morris, *NICNT John*, 209.

11. Morris, *NICNT John*, 212.

12. Morris, *NICNT John*, 218.

다"는 번역은 이를 시간적으로 해석한 "처음부터"(from the beginning)라는 말로부터 나온 것으로 여겨진다.[13] 예수님과 이를 희랍어로 옮겨 적고 있는 사도 요한은 이런 애매성을 의도적으로 사용한 듯하다. 여기서 말하는 것은 다시 남이면서 동시에 위로부터 나는 남이라는 것을 표현하기 위해서 말이다.[14] 여기서 이 장의 주제인 중생(重生)의 성격이 제시되고 있는 것이다.

그런데 예수님께서 여기서 말씀하시는 이 '다시 남'은 니고데모가 처음에 이해한 바와 같이 육체적인 다시 남이 아니다. 이를 육체적으로 이해한 니고데모는 "사람이 늙으면 어떻게 날 수 있사옵나이까? 두 번째 모태에 들어갔다 날 수 있사옵나이까?"라고 반문했었다(4절). 그는 예수님께서 말씀하신 바 영적 출생의 의미를 이해하지 못하고, 따라서 하나님 나라에 참여하기 위해서는 중생이 필요하다는 것을 믿지 못했던 것이다.[15] 또는 린다스가 표현하는 바와 같이, 기원의 문제는 도외시한 채

---

13. 이에 대한 설명으로 Lindars, 150f.을 보라. "위로부터"를 "하나님으로부터"로 이해하는 것과 관련해서 그는 요 1:13; 요일 2:29; 3:9; 4:7; 5:1, 4, 18 등의 구절들을 인용하고 있다. "하나님으로부터"의 해석을 강조하는 견해로 Beasley–Murray, 45, n. b도 보라.

14. 이와 비슷한 관찰로 다음을 보라. Morris, *NICNT John*, 213; Morris, *Expository Reflections on the Gospel of John* (Grand Rapids: Baker, 1990), 88f.; Carson, 189; C. H. Dodd, *The Interpretation of Fourth Gospel* (Cambridge: Cambridge University Press, 1953), 303; William Barclay, *The Gospel of John*, 2 vols (Edinburgh, 1956), *ad loc*. 그는 아예 두 개념을 연결시켜 번역한다: "unless a man is reborn from above."

여기의 "아노펜"(ἄνωθεν)을 "위로부터"라고 보는 이는 다음과 같다: Erasmus; Edwin A. Abbott; R. Schnackenburg, *The Gospel According to St. John*, vol. 1 (London: Burns & Oates, 1968), 367f.; Bernard, 102; Guthrie, 936; Lindars, 151f., Beasley–Murray, 45, n. b; Haenchen, 200.

이에 반해서 칼빈은 "위로부터"라고 해석하는 에라스무스에 반해서 희랍어가 아닌 아람어로 대화하는 니고데모가 분명히 "다시"라고 생각한 것으로 보아서 예수님은 애매성 없이 분명히 "다시"라는 뜻으로 말씀하셨다고 한다(Calvin, 63f.). 이와 같이 "다시"로 번역해야 한다는 견해를 표하는 이들은 다음과 같다: B. F. Westcott, *The Gospel According to St. John*, 2 vols. (London: Murray, 1908), vol. 1, 136; R. Bultmann, *The Gospel of John* (Oxford: Blackwell, 1971), 135.

15. 모리스 같은 이는 이로부터 더 나아가서 이런 오해가 고의적인 것이었다고 말한다. 즉, 자신과 같은 이를 갓 회개하고 유대교로 처음 들어온 이방인 개종자와 같은 이로 여기는 이런 대화의 방식이 싫어서 그

출생의 문제에만 집중한 것이다.[16] 그러자 예수님께서는 자신이 말씀하시는 다시 남이 육체적인 남이 아니라, 영적인 남이라는 것을 밝혀 주기 위해서 다시 매우 강조하면서 말씀해 주시기를 "진실로 진실로 네게 이르노니 사람이 물과 성령으로 나지 아니하면 하나님 나라에 들어갈 수 없느니라"라고 하셨다(5절). 이는 니고데모가 말하는 바 "어떻게"에 대한 예수님의 대답인 셈이다. 이런 대답을 주시고는 답답하시다는 듯이 "육으로 난 것은 육이요 영으로 난 것은 영이니 내가 네게 거듭나야 하겠다는 말을 놀랍게 여기지 말라"(6~7절)는 말씀도 덧붙이셨다. 어머니 태에서 난 것은 육적으로 난 것이고, 여기서 예수님의 말씀은 성령으로 나는 것이 니고데모가 생각하는 바와 같이 어머니 배에 다시 들어가서 두 번째로 육체적으로 태어나는 것을 뜻하지 않는다. 그러면 두 번째의 남, 즉 중생은 참으로 성령으로 나는 것이다(이때 오해하지 말아야 할 것이 있다. 그것은 어머니에게서 난 사람은 그저 육일뿐이라고 생각한다든지, 성령으로 나야만 영이 된다고 생각해서는 안 된다).

5절에서 "물과 성령으로" 라고 하셨던 말씀은 6절에 있는 "성령으로 난 것"이라는 말씀에 비추어 볼 때에 결국 중언법(重言法, hendiadys)적 표현으로 성령으로 남을 좀더 부연해서 설명하는 말로 이해할 수 있다.[17]

는 오해하기로 했다는 것이다(*NICNT John*, 214f.; *Reflections*, 91). 그러나 그렇게까지 나아가는 것보다는 예수님의 영적인 의도를 육체적으로 이해했다고 보는 것이 좀더 자연스러울 것이다.

16. Lindars, 151.

17. 이와 비슷한 입장을 취하는 이들은 다음과 같다. Calvin, 65; Hugh Odeberg, *The Fourth Gospel* (Uppsala, 1929), 48, 63; Morris, 216–18.
이에 대한 다른 이해들로는 다음과 같은 것들이 있다. 이하의 논의와 이 다른 이해들을 비교해 보면 왜 우리의 해석을 본문에 대한 바른 해석인가가 잘 드러나게 될 것이다. (1) 물로 나는 것을 육체적, 물리적 출생으로 보고, 성령으로 나는 것을 중생으로 보는 이해(위에 언급한 Odeberg가 이런 시사도 준다); (2) '물'을 기독교적 세례에 대한 지칭으로 이해하는 것(Luther; R. Brown, *The Gospel According to John*, vol. 2 (New York: Doubleday 1971), 139–41, 그러나 그는 p. 144에서는 좀더 조심스러운 태도를 나타내며 성령의 활동을 강조한다; 그리고 문맥상 성령에게 강조점이 있음을 드러내면서도 조심스 여기서 물은 칼빈이 잘 말하고 있듯이 "성령의 내면적으로 깨끗하게 하심과 일깨움을 의미할 뿐이다."[18] 이런 주해가 옳다고 생각되는 또 하나의 이유는 "물과 성령"이라는 말씀이 혹시 그 말씀을 인용하고 있다고 생각되는 구약의 말씀이 있기 때문이다. 그것은 하나님께서 이스라엘을 바벨론 포로에서 회복시키실 때에 대해 예언적으로 말씀하시는 에스겔 36:25-28의 말씀이다.

> 맑은 물을 너희에게 뿌려서 너희로 정결하게 하되 곧 너희 모든 더러운 것에서와 모든 우상 숭배에서 너희를 정결하게 할 것이며 또 새 영을 너희 속에 두고 새 마음을 너희에게 주되 너희 육신에서 굳은 마음을 제거하고 부드러운 마음을 줄 것이며 또 내 영을 너희 속에 두어 너희로 내 율례를 행하게 하리니 너희가 내 규례를 지켜 행할지라 내가 너희 조상들에게 준 땅에서 너희가 거주하면서 내 백성이 되고 나는 너희 하나님이 되리라

이 예언의 말씀에서는 이스라엘이 하나님 백성으로 회복됨을 설명하면서 하나님의 신이 그들 가운데 주어져서 하나님의 율례와 규례를 지키게 되는 것과 그들의 마음과 영의 변화, 그리고 그들 안에 있는 죄와

럽게 이런 견해를 시사하는 Guthrie, 936과 Lindars, 152; 이를 세례 요한의 세례와 연관시켜서 제시하는 Beasley-Murray, 49), 심지어 성령께서 물, 즉 세례를 통해서 중생을 이루신다고 생각하기도 한다 (Chrysostom, cited in Calvin, 64; Giuseppe Ferrarro, *Lo Spirato nel vangel di Giovanni* [Brescia: Paideia, 1986], 59-76, cited in Carson, 192); (3) '물'을 세례 요한의 세례로 이해하는 것(F. Godet, *Commentary on the Gospel of St. John, with a Critical Introduction*, trans. M. D. Cusin, vol. 2 [Edinburgh: T. & T. Clark, 1887], 49-52; Westcott, 1: 108-109); (4) 위의 (2)의 변형으로 '물과'(ὕδατος καὶ)라는 말이 기독교적 세례를 의미하므로 후대에 덧붙여 진 것이라는 견해(J. Wellhausen; R. Bultmann, 138f., n. 3; 그리고 요한 자신의 삽입이라고 보는 Bernard, 104f.). 그러나 버나드 자신도 잘 증거 하듯이 이에 대한 사본상의 증거는 그야말로 전무하다.

18. Calvin, 65.

더러움을 제거하는 것을 연관시켜 설명한다. 특히 그들의 죄 문제를 해결하는 것을 물 표상(water-imagery)을 사용해서 설명하고 있다. 물리적인 물이 이스라엘의 윤리적 더러움과 죄 문제를 제거하거나 씻을 수 없다는 것은 명백하다. 이는 물 표상을 사용해서 성령께서 우리 안에서 우리를 새롭게 하시는 과정을 표현하는 대표적인 예라고 할 수 있다. 여기서 물은 성령께서 하시는 죄를 정결케 하시는 사역의 표상으로 사용되었다. 바로 이와 같은 의미의 연관이 "물과 성령으로"라는 헨디아디스(hendiadys) 용례에서도 나타나고 있다고 생각하는 것이 옳다. 그러므로 "물과 성령으로" 거듭난다는 이 말은 성령께서 죄를 정결케 하시는 사역을 통해서 우리를 거듭나게 하신다는 뜻으로 이해해야 할 것이다.

중생은 성령으로 우리의 존재가 위에서, 즉 하나님으로부터 영적으로 출생한다는 것을 뜻한다. 그리고 그것은 우리가 그 전에는 영적으로 죽어 있다는 것을 전제로 한다. 칼빈도 이 본문의 가르침 중의 하나가 인류의 부패한 본성에 대한 가르침이라고 한다.[19] 타락한 사람들은 "태어날 때부터 하나님 나라에 대해서는 외인들이고, 따라서 하나님께서 중생으로 우리를 변화시켜 주시기 전까지는 하나님과 우리 사이에 계속적인 대립이 있는 것이다."[20] 그러므로 "허물과 죄로 죽었던" 존재가 이제 성령의 사역으로 영적으로 산 존재가 되는 일 — 그것이 중생이다. 칼빈이 잘 드러내고 있듯이, 이 중생이라는 말로 그는 "어느 한 부분의 변화가 아니라, 본성 전체의 갱신(the renewal of the whole nature)을 의미한다."[21] 즉, 여기서는 존재 전체의 변화, 인간성 전체의 변화가 의도된 것이다.

---

19. Calvin, 60, 66f. See also p. 63: "… there is nothing in us that is not defective; …corruption must be spread everywhere."

20. Calvin, 63.

21. Calvin, 63.

이는 영혼의 부활이라고 할 수 있다. 그러므로 예수님께서 니고데모에게 요구하신 것은 그와 같은 지식과 은사와 이해와 지위와 능력을 가진 이라도 이런 중생을 거쳐야만 하나님 나라에 들어갈 수 있고, 그 나라 백성이 될 수 있다는 것이다. 영적으로 새롭게 태어나는 일이 없이는 그 누구라도 하나님 나라와 관련이 없다는 준엄한 선언이 여기 있다. 하나님 나라가 임하기를 준비하던 사람들이라도 그 영혼이 새롭게 되는 과정을 거쳐야만 한다. 자신들이 이제까지 지녔던 그 성향과 그 인식과 그 태도를 그대로 유지하고서는 하나님 나라에 들어 갈 수 없다는 말이다.

그런데 이 일은 성령께서 친히 영혼에 사역하여 일어나는 것이기에 우리의 의식과 상관없이 이루어지는 일이고, 우리의 노력과 상관없이 이루어지는 일이다. 이것을 예수님께서는 다음과 같은 식으로 표현하셨다: "바람이 임의로 불매 네가 그 소리를 들어도 어디서 와서 어디로 가는지 알지 못하나니 성령으로 난 사람도 다 그러하니라"(8절). 이 말씀은 성령으로 중생하는 일 그 자체는 우리가 의식할 수 없는 일이라는 것이다. 마치 우리가 바람 그 자체는 알 수 없고, 또 어디서 오며 어디로 가는지를 알 수 없는 것과 같이 말이다. 물론 뒤에서 말할 바와 같이 바람 때문에 일어나는 현상들, 즉 바람 부는 소리나 바람이 일으키는 결과들을 주의해 보면 바람이 부는 것에 대해서 말할 수는 있다. 바람의 힘은 느낄 수 있지만 그 기원과 원인은 감추어져 있다는 말이다. 칼빈은 이런 해석이 크리소스톰과 시릴의 해석이라고 하면서 자신은 이에 반대하지는 않지만,[22] 좀더 분명한 의미로는 예수님께서 성령의 중생시키시는 일을 자연 현상인 바람과 비교하시는 말씀이라고 한다. 그러면서 칼빈은 이렇게 묻는다: "이 세상의 잠정적인 삶에서도 하나님께서는 우리로 그 능력

---

22. Calvin, 67.

에 대해 놀랄 정도로 놀랍게 역사하시는데, 천상적이고 초자연적인 삶에서 일어나는 하나님의 은밀하신 사역을 자신의 정신의 이해력으로 측정해서 보지 못하는 것은 믿지 않으려고 하는 것이 얼마나 불합리한가?"[23] 칼빈의 이런 해석도 흥미롭다. 그러나 이 비교를 통해서 그 기원과 원인의 신비, 그리고 그 힘과 결과의 가시성을 드러내려고 했다고 보는 것이 더 자연스럽지 않을까?

모리스는 여기까지는 같은 주해를 한 후에 이로부터 "자연인은 성령과 접촉할 수는 있지만 자신 안에 있는 생명의 기원도 모르고 자신의 종국적 목적도 모른다"는 해석을 더 선호할 만하다고 말한다.[24] 그러나 중생에 대해서 말씀하시는 이 문맥의 성격상 예수님께서 중생에 대해서 말씀한다고 보는 것이 더 낫지 않을까? 이런 이해에 가장 근접하는 입장을 잘 표현한 이는 도널드 거스리이다. 그는 이렇게 말한다: "……그 겉으로는 예견할 수 없음과 불가시성이란 두 성질 모두 바람은 성령의 활동에 대한 유용한 예증 구실을 한다. 중생의 기적은 인간의 제아무리 기묘한 능력으로도 일으킬 수 없다. 그 작용은 인간의 통제 밖에 있다."[25] 그러므로 이 구절에 근거해서 우리가 언제 중생했는지에 대해서 명확하게 알 수 없다고 말할 수 있다. 따라서 언제 어떤 식으로 중생했는지를 알 수 없으면 중생한 것이 아니라고는 전혀 말할 수 없다.

그러나 언제 중생했는지 알 수 없다는 이 말은 성령으로 새롭게 나는 일의 결과가 의식에 영향을 미치지 않는다는 말은 아니다. 오히려 중생한 사람은 반드시 중생한 사람다운 모습과 태도를 드러내 보이게 된다.

---

23. Calvin, 68.

24. Morris, *NICNT John*, 220.

25. Guthrie, 936.

중생 그 자체는 의식과 상관없이 이루어지나, 중생의 결과는 반드시 의식 가운데서 의식된다는 말이다. 그렇다면 중생에서 이루어지는 의식의 변화를 생각해 보자.

2. 중생에 따르는 영혼의 기능과 정향의 변화

중생은 하나님께서 성령의 능력으로 영혼의 기능과 영혼의 정향(disposition)을 근본적으로 바꾼다. 벌코프는 "중생이란 새로운 생명의 원리가 사람 안에 심겨지는 것, 영혼의 주도적 정향이 급진적으로 변화하는 것으로 이루어지는데, 이로써 성령의 영향력 아래서 하나님을 향해 나아가는 방향으로 생명이 태어나는 것이다"라고 말한다.[26] 따라서 중생한 자의 영혼은 그 영혼의 주도적 성향이 변하여 이제 중생한 자로서 기능을 나타내 보인다. 그 중에 가장 기본적인 것이 인지적 기능의 변화이다. 이전에는 하나님의 존재나 그의 뜻을 인정하지 아니하거나 그에 대해서 관심을 보이지 않던 사람이 이제는 하나님에 대한 지식[神知識]과 하나님의 뜻에 대한 지식을 자신이 가진 지식 중에서 가장 중요한 지식으로 여기는 것이다. 하나님께서 "하나님의 영광을 아는 빛을 우리 마음에 비추셨기" 때문이다(고후 4:6). 그러므로 중생한 사람은 끊임없이 하나님을 알아가려고 한다. 그야말로 "갓난 아기들 같이 순전하고 신령한 젖을 사모하라"(벧전 2:2)는 말씀을 구현하는 것이다. 그러기에 그는 무엇보다도 하나님을 잘 알려주는 계시의 책인 성경을 읽고 그 내용을 깊이 있게 생각하며, 성경으로부터 하나님과 이 세상에 대한 이해를 더욱

---

26. Berkhof, 468.

발전시켜 나간다. 그리고 그는 이 세상 전체를 하나님과의 관련 가운데서 바라본다. 이 세상에서 하나님과 관련 없는 것은 없고, 따라서 하나님과의 관련성을 제대로 드러낸 것을 참된 지식이라고 여긴다. 그러므로 그에게는 모든 참된 지식은 하나님께서 이 세상에 대해서 생각하시며 알고 계시는 바에 따라서 생각하고 아는 것이다. 이처럼 중생한 사람은 그의 지식에 있어서 하나님 자신의 지식을 기준으로 사고한다. 따라서 하나님의 지식과 중생한 사람의 바른 지식 사이에는 유기적인 관계가 존재하는 것이다.

이처럼 인지적 내용에서만 변화가 일어나는 것이 아니고, 그의 감정과 정서도 근본적으로 변화한다. 그리하여 이전에는 하나님을 미워하거나 무관심하던 이가 이 세상에서 하나님을 가장 사랑하는 이로 드러난다. 삼위일체 하나님을 사랑하여, 그 분의 뜻을 알려 하고 그 사랑을 표현하려고 애쓰게 된다. 베드로는 예수님을 보지 못하였던 이방 그리스도인들의 예수님에 대한 사랑에 대해서 이렇게 쓴 일이 있다. "예수를 너희가 보지 못하였으나 사랑하는도다 이제도 보지 못하나 믿고 말할 수 없는 영광스러운 즐거움으로 기뻐하니"(벧전 1:8). 이 말씀은 예수님을 사랑하는 이들의 마음 가운데 있는 무한한 즐거움과 기쁨을 짐작하게 해 주는 말씀이다. 또 이렇게 하나님과 그리스도를 사랑하는 이들은 하나님을 사랑하기에 다른 이들을 사랑하는 거룩한 사랑의 감정을 가진다. 이는 인간성에 내재된 능력이나 부패한 인간성 안에 있는 사랑하는 능력을 극대화하여 사랑하는 것이 아니고, 그 부패한 인간성 안에서의 모든 능력을 부인하는 위치에서 하나님의 성령이 공급하시는 사랑을 가지고서 이웃 사람들을 사랑하는 것이다. 그는 또한 이웃 사람과 동료 인간들만을 사랑하는 것이 아니라, 피조계 일반에 대해서도 따뜻한 사랑의 마음을 가지고서 돌보는 작업을 하게 된다. 요한은 그의 서신서에서 "사랑하는 자들아 우리가 서로 사랑하자"라고 권면하면서, "사랑은 하나님께 속한 것이니 사랑하는 자마다 하나님께로서 나서 하나님을 알고"라고 말했다(요일 4:7). 사랑이 하나님에게서 난 일과 따라서 하나님을 참으로 안다는 것의 표현이라는 것이다. 따라서 사랑의 감정을 가지고 하는 지배와 다스림은 결코 이 세상을 파괴하거나 이 세상에 대해 적대적인 심정을 가질 수 없다. 그러므로 중생한 사람의 정서를 가득 채우는 것은 성령이 주시는 거룩한 사랑의 심정이다. 언제나 무엇에 대해서나 그런 따뜻한 심정이 있어야만 한다.

    그런 따뜻한 사랑의 심정은 마음과 정서의 영역에만 머무르지 않는다. 그는 하나님을, 이웃을, 피조계 일반을 사랑하기에 그 사랑에 근거해서 활동하고 움직이려는 고귀한 의지와 그렇게 움직여 나갈 수 있는 힘도 공급받는 것이다. 이렇게 중생한 사람은 이 세상에서 수동적이거나 정적인 태도를 가지고 살아가는 것이 아니라, 사랑을 실천하는 적극적인 활동을 하는 사람이 된다. 한마디로 그는 하나님께 순종한다. 그래서 요한은 그의 서신에서 "의를 행하는 자마다 그에게서 난 줄을 알리라"라고 표현하기도 했다(요일 2:29). 중생한 사람은 이렇게 하나님을 기쁘시게 할 일이 무엇인가를 추구해 나간다. 그리고 중생한 사람은 모든 일을 성령께서 주시는 힘으로 행한다. 자신의 부패한 능력과 의지력을 최대한 발휘해서 일을 하는 것이 아니고, 하나님의 성령이 주시는 힘으로 모든 사랑의 역사를 행한다. 이렇게 성령에 의지해서 하나님께 순종하여 선한 일을 행하는 사람은 그 행하는 일이나, 그로 말미암아 이루어진 업적에 대해서 전혀 자신이 이루었다는 공로 의식을 갖지 않는 특징이 있다. 성령에 의지해서 노력하는 이는 이 세상에서 가장 열심히 일하는 역동적인 사람이나, 일 자체를 위해 살아가는 이도 아니며, 자신이 이룬 일에 대해서 젠체하지 않는 사람이다. 그는 이렇게 자신의 행하는 일과 관련해서도 자기를 부인하는 사람이다. 그에게는 도무지 자기 자신에 대한 집착이라고는 없다. 그럴 수밖에 없다. 왜냐하면 그는 하나님을 너무나도 사랑하는 자이며, 그 하나님께서 주시는 힘에 의존해서 일을 해 나가는 사람이기 때문이다.[27]

이처럼 중생한 사람이 성령 하나님께서 일으키시는 중생의 결과로서 나타나는 영혼의 기능과 정향의 변화는 포괄적이고 전인격적이다. 그의 영혼 가운데서 중생의 영향을 받지 않는 것이 없다. 결국 그의 삶과 활동 전체가 중생의 영향 아래 있고, 있어야만 한다. 삶의 어떤 부분만이 아니라 삶의 전 영역이 중생의 영향 아래 노출되어야 한다.

3. 인지적 변화의 표현으로서 외현화 된 기독교 세계관과 그 성장

중생자의 의식은 중생하기 전의 타락한 의식과는 아주 다른 특성을 지닌다. 타락한 사람은 "하나님의 성령의 일들을 받지 아니하나니 이는 그것들이 그에게는 어리석게 보임이요 또 그것들을 알지 못하나니 그러한 일은 영적으로" 분별할 수 있기 때문이다(고전 2:14). 이는 예를 들어서, 예수 그리스도의 인격과 사역이나 삼위일체에 대한 내용 등과 같은 어떤 특정한 내용만을 받아들이지 않고 미련한 것으로 간주한다는 말이 아니라, 그런 특정한 종교적 내용만이 아니라 세상 전체를 하나님과 관련시켜서 생각하는 것도 어리석고 미련한 것으로 판단한다는 말이다. 오히려 그는 자기 자신이 이 세상에 대해서 파악을 해야 하고, 파악할 수

---

27. 이 점을 가장 잘 강조하여 드러내고 있는 글로 김홍전, 『중생자의 생활』(서울: 도서출판 성약, 1985), 특히 제2강, 3강, 10강을 보라. 저자는 다른 모든 강설에서도 이 점을 가장 중요하게 강조하고 있다.

있으며, 자신이 그 파악한 내용을 구성해야 할 것처럼 생각한다. 그는 기본적으로 인간을 자율적인 존재로 여기며 사고한다. 그는 반틸이 말한 바와 같이 그 의식이 "창조적으로 구성적인"(creatively constructive) 것이다.[28] 그는 하나님과 상관없이 객관적으로 존재하는 진리를 찾거나, 스스로 진리를 구성하고자 한다. 왜냐하면, "중생하지 않은 사람은 이 시공간 세계의 의미가 그 자체 안에 내재하고 있으며, 사람이 이 세상에 대한 궁극적인 해석자라고 하는 것을 당연히 받아들이기" 때문이다.[29] 이를 흔히 죄의 인지적 영향(the noetic effects of sin)이라고 말한다.

이에 비해서 중생한 사람은 처음 창조 받은 아담이 그렇게 했어야만 했듯이 하나님의 생각을 따라서 생각하는 수납적으로 재구성적인(receptively reconstructive) 의식을 갖는다.[30] 중생의 인지적 영향(the noetic effects of regeneration)이라는 것이 있음을 생각해야 한다.[31] 이렇게 변화된 의식, 특히 그 인지적 측면이 변화한 그 내용을 객관적으로 기술하는 것이 외현화된 기독교 세계관이다. 성경에 나타난 하나님의 생각을 따라 이 세상을 바라볼 때에 이 세상은 이러저러한 것이라고 정리해 나간다. 어떤 이들이 잘못 생각하는 것과는 달리 중생은 인간의 믿음에도 앞서고 인간의 그 어떤 반응에도 앞서지만,[32] 중생은 반드시 성경에 제시

---

28. Cornelius Van Til, *Introduction to Systematic Theology* (Philipsburg, New Jersey: Presbyterian and Reformed Publishing Co., 1978), 20–24, 이승구 옮김, 『개혁주의 신학 서론』(서울: 기독교문서선교회, 1995), 51–55.

29. Van Til, 『개혁주의 신학 서론』, 51.

30. Van Til, 25–29=한역, 55–59.

31. 이런 용어와 개념을 분명히 제시하는 일은 그렇게 흔하지 않다. 반틸을 따르면서 아주 분명히 이런 점을 밝히고 드러낸 예로 Robert L. Reymond, The Justification of Knowledge: An Introductory Study in Christian Apologetic Methodology (Philipsburg: Presbyterian and Reformed Pub. Co., 1979), 이승구 옮김, 『개혁주의 변증학』(서울: 기독교문서선교회, 1987), 125f.를 보라.

32. 인간의 회개와 믿음에 따라서 우리를 중생 시키신다고 생각하는 이들이 있다. Cf. Millard J. Erickson,

한 바를 믿고 그에 반응하도록 하는 결과를 내는 것이다.

따라서 중생한 사람의 의식이 성장할수록 그는 더욱 성숙한 그리스도인으로서 세계관을 가지게 된다. 하나님에 대한 생각이 더욱 풍성해지면 풍성해질수록 그의 기독교 세계관의 내용도 더 풍성해지고, 더 바른 것이 된다. 또 그가 이런 관점에서 이 세상을 더욱 바르게 관찰하고, 바르게 이해할 때 그는 더욱 더 온전한 기독교 세계관을 갖는 것이다. 이런 측면은 사실 중생, 즉 영적 출생의 결과로 그에게서 시작되는 **영적 성장인 성화의 한 측면**이다. 특히 성화의 인지적 측면은 이렇게 더욱 더 온전해지는 기독교 세계관의 정립과 발전이라고 할 수 있다. 그리하여 그의 영혼의 성화가 완성되는 그의 죽음에서 그는 기본적으로 온전한 기독교적 이해(그 일부가 온전한 기독교적 세계관이다!)를 가지고 기다리다가, 그리스도의 재림 때에 있게 되는 그의 부활과 영화 등과 새 하늘과 새 땅에 이루어지는 것과 함께 매우 온전한 세계관을 갖게 될 것이다. 그러므로 그 때까지는 기독교적 세계관이 날마다 성숙해간다고 말할 수 있다. 그 때까지는 그 누구도 온전한 곳에 이르렀다고는 할 수 없다.

그러나 세계관의 성장과 발달에 대한 이 말씀이 우리가 기독교 세계관을 위한 기본적인 지침이 없는 것처럼 생각하도록 만들어서는 안 된다. 객관적으로는 성경에 성문화된 하나님의 특별 계시와 이 특별 계시의 빛에서 해석된 일반 계시가 그 기준이고, 주관적으로는 우리의 신앙과 중생된 의식, 특히 그 인지적 측면이 그 구성 요인으로 작업할 것이기 때문이다. 성경으로부터 기독교 세계관을 구성하려고 해야 하며, 이

Christian Theology (Grand Rapids: Baker, 1985), 932f. 이에 반해서 많은 개혁과 신학자들이 다 중생이 앞서고 그 결과로 믿음과 회개가 나온다는 점을 분명히 하고 있다. 특히 이점을 한 항목으로 다루어 강조한 예로 Wayne Grudem, *Systematic Theology: An Introduction to Biblical Doctrine* (Leicester: IVP; Grand Rapids: Zondervan, 1994), 702-704를 보라.

를 이룰 수 있는 이들은 성령으로 말미암아 중생하여 성화되어 가고 있는 이들이다. 그들이 하나님과의 관련성 가운데서 그의 힘에 근거하여 성경과 성경의 빛에서 해석된 이 세상을 이해한 대로 제시해 갈 것이기 때문이다.

제3장

기독교 세계관의 기초로서 하나님 나라 이해:
기독교 세계관의 신국적 토대

중생자의 세계관은 결국 신국적 세계관일 수밖에 없다. 중생한 자만이 하나님 나라에 들어간다고 예수님께서 친히 말씀하셨다. 따라서 중생자의 세계관은 반드시 하나님 나라 세계관의 형태를 지닌다. 그러므로 이 장에서는 하나님 나라란 과연 무엇이며, 우리와 어떻게 관련되고, 우리의 세계관에 어떤 영향을 미치게 되는가를 생각해 본다.

1. 신국(神國)이란 용어와 그 의미

신국(神國), 즉 '하나님 나라'(ἡ βασιλεία τοῦ θεοῦ)라는 용어는 기본적으로 하나님의 다스리심(rule or reign)을 뜻하는 용어이다. 이렇게 하나님의 나라라는 말은 일차적으로 하나님의 다스리심과 그의 주재권(主宰權)을 뜻하고, 부차적으로 그 다스리심을 받는 존재들과 그 다스리심이 미치는 범위와 영역을 포함하는 포괄적인 개념이다.[1] 그러나 이렇게 말해도 이 말의 의미가 다 드러난 것은 아니다. 과연 이 '하나님의 다스리심'은 무엇을 의미하는가? 하나님께서 창조하신 온 세상을 하나님이 다스리시니, 온 세상이 다 '하나님의 나라'라는 말인가? 아니면 성경이 '하나님의 나라'라고 했을 때는 어떤 다른 것을 뜻하는가? 이는 아주 심각하고도 중요한 문제가 아닐 수 없다. 이렇게 중요한 문제에 대해서 우리는 성경에서 그 의미를 배우기를 원한다. 그런데 중요한 성경의 많은 용어들이 그러하듯이, 이 '하나님의 나라'라는 용어도 그것이 정확히 무엇을 뜻하는지 그 의미가 성경의 한두 곳에서 정의되어 있는 용어가 아닙니다.

구약에서는 정확히 이런 용어를 사용한 일이 없고, 신약에서 187회 정도 이 용어와 이를 달리 표현하는 '하늘 나라', 즉 '천국'(天國)이라는 용어를 사용하고 있다. 그런데 이 용어가 사용되었을 때 당대의 사람들은 이에 대해서 그 누구도 그 의미가 무엇인지 물어 본 일이 없다. 하나님 나라라는 이 용어는 그저 당시에 이 말을 듣는 사람들이 모두 그 의미를 알고 있는 양 아주 자연스럽게 사용되고 있다. 예수님께서 주로 이 용어를 많이 사용하셨고, 예수님의 제자들이나, 바리새인들도 이 용어를 다 알고 있는 개념으로 사용하고 있다. 따라서 이 '하나님 나라'라는 용어는 (1) 구약에서 이런 개념이 사용된 예를 살펴보고, (2) 이와 연관해서 예수님 당시의 유대인들이 이 용어를 사용한 의미를 검토하고, (3) 예수님과 사도들이 이 용어를 사용한 의미를 살펴봄으로써, 그 의미를 확정할 수 있을 것이다.

---

1. 이런 개념에 대한 잘된 정리로 다음을 보라: G. E. Ladd, *Presence of the Future* (Grand Rapids: Eerdmans, 1974), 134–38, 127, n. 11; H. Ridderbos, *The Coming of the Kingdom*, trans. H. de Jongste, ed. Raymond O. Zorn (Philadelphia: Presbyterian and Reformed, 1962), 24–25, 27.

2. 구약에서의 '하나님의 다스리심'의 용례와 그 의미

위에서 언급한 바와 같이 구약에는 "하나님의 나라"(מַלְכוּת אֱלֹהִים 또는 מַלְכוּת יהוה)라는 말은 거의 없다. 한번 예외적으로 나타나는 경우를 들 수 있다면 그것은 다윗이 하나님께서 솔로몬을 "여호와의 나라 위에 앉혀"(לָשֶׁבֶת עַל־כִּסֵּא מַלְכוּת יהוה)라고 말할 때이다(대상 28:5). (물론 우리말 시편에는 "주의 나라"라는 표현도 나온다[시 145:11, 12, 13]. 그러나 이것도 정확하게는 "당신님의 통치" 또는 "당신님의 다스리심(מַלְכוּתְךָ)"이라는 뜻이다. 그러므로 정확히 "하나님의 나라", "하나님의 다스리심", "여호와의 나라" 등의 말은 구약 성경에는 없는 것이다.) 그러나 보스가 잘 말하고 있듯이 "비록 아직 명확한 명칭은 없었지만 그 사상[하나님 나라의 사상]은 구약에서도 나타난다."[2] 어떻게 구체적으로 나타나고 있는지를 정리하면 다음과 같다.

1) 온 우주에 미치는 하나님의 다스리심

구약에서는 무엇보다도 먼저 하나님께서 영원부터, 따라서 창세로부터 온 세상의 왕으로서 온 세상을 다스리고 계심을 강조한다. 하나님은 이 세상을 창조하신 분이시므로 온 세상이 다 그의 주관 하에 있다(시편 95:3-7 참조). 그러므로 그는 온 세상을 다스리시는 것이다. 보스는 이를 "창조에서 시작되었고, 전 우주에 미치는 섭리로 확대되는 하나님의 통치"라고 부르며, "이는 특별히 구속적인 (하나님) 나라의 사상이 아니다"라고 말한다.[3] 이런 온 세상에 대한 하나님의 통치를 말하고 있는 다

---

2. Geerhardus Vos, *Biblical Theology* (Grand Rapids: Eerdmans, 1948), 이승구 역, 『성경신학』 (서울: 기독교문서선교회, 1985), 410.

3. Vos, 411.

음 같은 구약의 구절들을 살펴보라.

> 여호와께서 다스리시니 스스로 권위를 입으셨도다 여호와께서 능력의 옷을 입으시며 띠를 띠셨으므로 세계도 견고히 서서 흔들리지 아니하는도다 주의 보좌는 예로부터 견고히 섰으며 주는 영원부터 계셨나이다(시 93: 1-2)

> 여호와께서 그의 보좌를 하늘에 세우시고 그의 왕권으로 만유를 다스리시도다(시 103:19)

이 구절들은 하나님께서는 그 계신 곳, 하늘(heaven)로부터 온 세상을 다스리신다고 한다. 이를 하나님께서 "하늘에 그 보좌를 베푸셨다"라고 하든지 하나님께서 보좌에 앉아 계시다고(겔 1:26-27), 그리고 "하늘의 만군이 그 좌우편에 모시고 서 있다"(왕상 22:19, cf. 욥 1:6; 2:1)라고 표현한다. 또 "여호와의 보좌는 하늘에 있음이여, 그 눈이 인생을 통촉하시며 그들의 안목이 그들을 감찰하시도다"(시 11:4)라고 말한다. 이 표현은 실제로 하늘에 보좌가 있고, 하나님께서 그 곳에 앉아 계신다는 말이기보다는 하나님께서 온 세상을 통치하신다는 것을 표현하는 말로 보는 것이 더 좋을 것이다. 그래서 이사야도 "웃시야 왕이 죽던 해에 내가 본즉 주께서 높이 들린 보좌에 앉으셨는데"라고 말하며, 그 하나님의 말씀을 들은 후에는 "만군의 여호와이신 왕을 뵈었음이로다"라고 말했다(사 6:1, 5). 이렇게 하나님께서 하늘로부터 통치하셨다는 것으로부터 하나님은 여러 곳에서 왕으로 지칭된다. 다음과 같은 구절들을 보라.

> 여호와께서는 영원무궁하도록 왕이시니 이방 나라들이 주의 땅에

서 멸망하였나이다(시 10:16)

여호와께서 홍수 때에 좌정하셨음이여 여호와께서 영원하도록 왕으로 좌정하시도다(시 29:10)

지존하신 여호와는 두려우시고 온 땅에 큰 왕이 되심이로다 …… 우리 왕을 찬송하라 하나님은 온 땅에 왕이심이라 …… 하나님이 뭇 백성을 다스리시며 하나님이 그의 거룩한 보좌에 앉으셨도다(시 47:2, 6-8)

여호와는 크신 하나님이시요 모든 신들보다 크신 왕이시기 때문이로다(시 95:3)

왕이신 나의 하나님이여(시편 145:1)

이방 사람들의 왕이시여 …… 오직 여호와는 참 하나님이시요 …… 영원한 왕이시라(렘 10:7, 10)

만군의 여호와라 일컫는 왕이 이르시되 나의 삶으로 맹세하노니 그가 과연 산들 중의 다볼 같이, 해변의 갈멜 같이 오리라(렘 46:18, cf. 렘 48:15; 51:57)

(또한 "여호와께서 통치하시니"라고 옮겨진 말 중 많은 것이 "여호와는 왕이시니"라고 옮겨질 수도 있는 표현임에 유의해야 한다[시편 93:1; 96:10; 97:1; 99:1]). 또 때로는 하나님께서 친히 당신님이 왕이라고 말

씀하기도 한다: "나는 큰 임금이요 내 이름은 이방 민족 중에서 두려워하는 것이 됨이니라 만군의 여호와의 말이니라"(말 1:14하). 이렇게 온 땅의 왕이신 하나님께서는 이 세상의 통치자들을 세우시는 일에서(단 2:37; 4:17; 5:21 등)와 현세적 심판과 주재권을 발휘하심으로(렘 48:15; 51:57; 시 22:28) 나타난다. 그리고 이 왕이신 하나님의 통치는 영원하다. 이스라엘 백성도 그렇게 말하고, 심지어는 하나님의 권능을 목도한 이방의 왕도 그렇게 말하는 것이다.

여호와께서 영원무궁 하도록 다스리시도다 하였더라(출 15:18)

하나님이여 주의 보좌는 영원하며 주의 나라의 규는 공평한 규이니이다(시 45:6)

그들이 '주의 나라'(מַלְכוּתְךָ)의 영광을 말하며 주의 업적을 일러서 주의 업적과 '주의 나라'(מַלְכוּתְךָ)의 위엄 있는 영광을 인생들에게 알게 하리이다 '주의 나라'(מַלְכוּתְךָ)는 영원한 나라이니 주의 통치는 대대에 이르리이다(시 145:11–13)

지극히 높으신 하나님이 내게 행하신 이적과 놀라운 일을 내가 알게 하기를 즐겨 하노라 참으로 크도다 그의 이적이여, 참으로 능하도다 그의 놀라운 일이여, 그의 나라는 영원한 나라요 그의 통치는 대대에 이르리로다(단 4:2–3)

시온아 여호와는 영원히 다스리시고 네 하나님은 대대로 통치하시리로다(시 146:10)

2) 이스라엘의 왕이신 하나님

위 인용문들 중의 마지막 구절이 시사하듯이 온 땅의 왕이신 하나님은 특별히 이스라엘의 왕이시다(신 33:5; 삼상 12:12; cf. 삿 8:23). 그리고 이스라엘은 하나님의 나라이다(대상 17:14; 28:5; 대하 13:8. cf. 출 19:6). 그러므로 구약에서는 아브라함의 후손인 이스라엘을 특별한 의미에서 하나님의 나라로 여긴다. 보스는 이를 "신정(theocracy)이라 불리는 특별한 구속적 나라"라고 부른다.[4] 우리가 위에서 살펴 본 대로 온 세상이 다 하나님의 통치의 대상이나 그 온 땅의 거민이 다 타락하고 패역하여 하나님의 다스리심을 기꺼이 받지 않게 되었다. 이때에는 하나님의 권능의 통치는 온 땅에 미치지만, 그 사람들이 모두 하나님의 다스리심을 즐겁게 받아들이지 않는 상황이 발생한 것이다. 마치 사탄과 악한 영들도 하나님의 다스리심 안에 있으나 그들을 적극적으로 하나님 나라의 백성이라고 할 수 없는 것과 마찬가지이다. 이런 것을 전통적으로 "권능의 왕국"(*regnum potentiae*)라고 불러 왔다. 이 권능의 왕국에는 사탄과 악한 영들, 또 이 세상에 불순종하는 사람들과 그들의 세상이 포함된다. 그러므로 하나님께서 온 세상을 통치하시는 왕이라고 할 때에는 이런 권능의 왕국의 왕이시라는 뜻이 다분하다.

이렇게 모든 사람들이 하나님의 다스리심에 복종하지 않자 하나님께서는 특별히 아브람을 선택하시고 그와 그의 후손들과 언약을 맺으셔서 그들을 자신의 특별한 소유로 삼으셨다. 이렇게 특별히 세우신 이스라엘이 특별한 하나님의 나라인 것이다. 그들이야말로 구약적인 의미의 하나님 나라의 백성이었다. 그들은 구약적인 "은혜의 왕국"(*regnum gratiae*)에 속한 백성들이다. 물론 그들이 하나님 나라의 백성일 수 있는 것도 후에

---

4. Vos, 411.

예수 그리스도께서 이루실 구속 사역에 근거한 것이다. 그들도 하나님의 은혜 언약 아래에 있는 백성들이다. 은혜의 왕국은 은혜 언약 하에 있는 백성들로 이루어진 것이다. 은혜 언약의 머리가 그리스도이시듯이 은혜의 왕국의 왕도 그리스도이시다. 그러므로 이스라엘은 장차 오실 구속자 안에 예기적으로 있는 구약적인 하나님 나라의 백성이었다. 그런데 보스는 "이 구속적 나라를 처음으로 명백히 언급한 것은 출애굽 때"에 나타나는 "제사장 나라"라는 표현이라고 한다(출 19:6).[5]

그러므로 하나님을 이스라엘의 법궤 위의 시은소에 새긴 그룹 위에 계신 분으로도 언급한다(왕상 19:15; 사 6:1). 또 때로는 하나님께서 시온산이나 예루살렘으로부터 다스린다고도 표현한다(시 44:22; 99:1–2; 렘 8:19). 따라서 이 제사장 나라인 이스라엘 가운데서 왕으로 세우심을 입은 자도 자신이 진정한 왕이 아니고 하나님의 통치를 대리하며, 하나님께 속한 주권을 인정해야 한다. 그 대표적인 왕 다윗은 이런 생각을 다음과 같이 표현했다.

> 우리 조상 이스라엘의 하나님 여호와여 주는 영원부터 영원까지 송축을 받으시옵소서 여호와여 위대하심과 권능과 영광과 승리와 위엄이 다 주께 속하였사오니 천지에 있는 것이 다 주의 것이로소이다 여호와여 주권도 주께 속하였사오니 주는 높으사 만물의 머리이심이니이다 부와 귀가 주께로 말미암고 또 주는 만물의 주재(主宰)가 되사 손에 권세와 능력이 있사오니 모든 사람을 크게 하심과 강하게 하심이 주의 손에 있나이다(대상 29:10–12)

---

5. Vos, 411.

그러나 이 이스라엘은 하나님 백성됨에 충실하지 못했다. 그들도 그 나라 밖에 있는 사람들처럼 하나님께 불순종하고, 하나님과의 언약을 파기해 버렸다. 하나님께서는 이들에게 여러 모양과 여러 수단으로 현세적인 심판을 내리셨으나 그들은 하나님의 뜻을 잘 생각하지 않고 더 악한 데로 나아가 버렸다. 바벨론 포로 상태는 이 땅에 있는 구약적 하나님 나라가 무너지고 상실된 상황을 절실히 느끼도록 해주었다. 이 역사적 시기는, 보스가 표현한 바와 같이, "그 신성한 나라가 결코 모두 파기되지는 않았지만 하나님 나라를 새롭게(*de novo*) 가져온다고 말하는 것이 적절할 정도로 사라진 때"였다.[6]

3) 하나님의 미래 통치

이런 상황 가운데에 하나님께서는 그들의 죄에 대한 하나님의 심판으로 이런 일이 임했음을 선지자들을 통해서 선언해 주셨다. 그러나 심판이 하나님의 마지막 말은 아니었다. 이스라엘의 왕, 온 세상을 다스리시는 그 왕이 장차 온 세상을 공정히 심판하고 만민을 다스리시려고 임하실 것임도 선언하고 강조하는 것이다.

> 모든 나라 가운데서 이르기를 여호와께서 다스리시니(יהוה מָלָךְ) 세계가 굳게 서고 흔들리지 않으리라 그가 만민을 공평하게 심판하시리라 할지로다 …… 그가 임하시되 땅을 심판하러 임하실 것임이라 그가 의로 세계를 심판하시며 그의 진실하심으로 백성을 심판하시리로다(시 96:10, 13)

---

6. Vos, 411.

> 이 여러 왕들의 시대에 하늘의 하나님이 한 나라를 세우시리니 이 것은 영원히 망하지도 아니할 것이요 그 국권이 다른 백성에게로 돌아가지도 아니할 것이요 도리어 이 모든 나라를 쳐서 멸망시키 고 영원히 설 것이라(단 2:44)

> 여호와께서 천하의 왕이 되시리니 그 날에는 여호와께서 홀로 한 분이실 것이요 그의 이름이 홀로 하나이실 것이라 …… 예루살렘 을 치러 왔던 이방 나라들 중에 남은 자가 해마다 올라와서 그 왕 만군의 여호와께 경배하며 초막절을 지킬 것이라(슥 14:9, 16)

이러한 하나님의 통치의 실현, 또는 하나님 통치의 회복이 메시아 예언과 연관된다. 메시아는 이 하나님 나라의 회복을 위해 보냄을 받은 하나님의 대리자이다. 그 메시아 예언에 속하는 시편 22편의 한 곳에서는 다음과 같은 하나님 나라의 사상이 표현되어 있기도 하다.

> 땅의 모든 끝이 여호와를 기억하고 돌아오며 모든 나라의 모든 족 속이 주의 앞에 예배하리니 나라는 여호와의 것이요 여호와는 모 든 나라의 주재심이로다 …… 후손이 그를 섬길 것이요 대대에 주 를 전할 것이며 와서 그의 공의를 태어날 백성에게 전함이여 주께 서 이를 행하셨다 할 것이로다(시 22:27, 28, 30, 31)

구약 선지서에는 결국 이런 하나님의 나라의 출현으로 말미암아 모든 나라가 다 하나님께 속할 것이라는 기대로 가득차 있다. 그러므로 "구원자들이 시온산에 올라 와서 에서의 산을 심판하리니 나라가 여호와께 속하리라"(옵 1:21)고 말하는 예언은 오바댜에만 한정된 것이라고 할 수 없다. 모든 예언자들은 하나님의 나라가, 즉 하나님의 통치가 임할 것을 예언하고, 그것을 기다렸던 것이다. 이사야도 이렇게 말한다: "그 때에 달이 수치를 당하고 해가 부끄러워하리니 이는 만군의 여호와께서 시온 산과 예루살렘에서 왕이 되시고 그 장로들 앞에서 영광을 나타내실 것임이니라"(사 24:23).

3. 예수님 당시 유대인들의 '하나님 나라'에 대한 용례

그러면 이제 예수님 당시의 유대인들이 이 '하나님 나라'라는 용어에 대해서 어떻게 이해했으며, 과연 이 용어를 어떤 의미를 가지고 사용했는지 생각해 보자. 예수님 당시의 유대인들은 온 세상을 하나님께서 통치하시고 다스리신다는 것을 구약에서 잘 배워서 알고 있었다. 그런데 예수님 당시의 유대인들은 일반적으로는 이런 온 세상에 대한 보편적인 하나님의 통치와 다스리심을 '하나님의 나라'라고 하지 않은 듯하다. 오히려 지난 절의 마지막 부분에서 보았던 장차 임할 하나님의 통치와 심판을 '하나님 나라'라고 칭하며 그것을 기다린 듯하다. 이는 신약에 나타나는 당대 유대인들이 '하나님 나라'라는 말을 사용한 용례를 살펴보면 잘 나타난다.

예를 들어서, 예수께서 십자가에 달리신 후에 "당돌히 빌라도에게 들어가 예수의 시체를 달라"라고 한 공회원인 아리마대 사람 요셉은 "하나님의 나라를 기다리는 자"라고 하였다(막 15:43, 44). 하나님 나라를 기다린다는 것은 그 나라, 그 통치가 아직은 현존하지 않는다는 것이요, 그 나라, 그 하나님의 다스리심이 이루어지기를 바랐다는 뜻이다. 심지어 바리새인들도 하나님의 나라가 임하는 것을 기다리던 사람들이었다.

그래서 그들도 예수님께 "하나님의 나라가 어느 때에 임하나이까?"라고 물었다(눅 17:20). 물론 이는 요셉을 비롯한 당대의 유대인들이 온 세상에 미치는 하나님의 다스리심을 부인하였다는 말은 아니다. 그 권능의 왕국을 인정하되, 현재는 그런 것에 부합한 현실이 나타나 있지 않음을 보면서 그에 부합한 현실이 눈앞에 전개되기를 기대한 것이다. 구약에서 예언하신 대로 그 왕이 임하셔서 온 세상을 심판하시고, 온 세상을 그의와 공평으로 다스려 주시기를 고대한 것이다. 그러므로 예수님 당시의 유대 사람들은 "하나님의 나라"라는 말로써 장차 임하게 되는 하나님의 통치를 지칭했다고 할 수 있다. 그들은 그 나라가 이 땅에로 임하여 올 것이라고 믿었고, 그 통치가 이 땅에 가득하게 되어 이 온 세상이 하나님의 나라에 방불케 되는 날이 어서 속히 오기를 기다리고 있었다. 그들은 하나님의 나라가 어디 다른 곳에 현존하고 있다가 그 나라가 이 땅에 임할 것이라고 생각하지 않았다. 오직 하늘에서 통치하시는 하나님의 통치가 현저하게 드러나서 온 땅에 가득하게 되기를 기다렸고, 그것을 하나님의 통치요, 하나님의 나라라고 지칭했다.

    그런데 예수님 당시의 유대인들은 이 하나님 나라의 임함이 과거 구약적 하나님 나라였던 "이스라엘을 회복하시는 것"이라고 생각했다. 그래서 예수님의 제자들도 예수께서 부활하신 후에 그에게 "주께서 이스라엘 나라를 회복하심이 이때이니이까?"라고 묻기도 했다(행 1:6). 이는 그들이 기다려 오던 하나님 나라의 임함, 즉 이스라엘의 회복이 지금 이루어지느냐는 질문이다. 여기서는 이스라엘의 회복이 하나님 나라와 동일시되었다. 또 이와 비슷한 것은 "이스라엘의 위로"라는 말이나(눅 2:25), "예루살렘의 구속됨"이란 말이다(눅 2:38). 그러므로 이스라엘의 위로를 기다리던 시므온도 결국 하나님 나라의 임함을 기다린 것이고, 안나의 예수님에 대한 증언을 들은 "예루살렘의 구속됨을 바라는 모든 사람"들도 결국 하나님 나라를 기다리던 사람들이었다.

유대인들이 "하나님 나라"와 동의어적인 말로 사용한 이런 말들을 볼 때에 그들은 "하나님 나라"라는 말을 **이 땅에 임하게 되는 하나님의 통치**로 이해했음이 분명해진다. 그들이 기다린 메시아 왕국은 그런 하나님 나라의 실현이거나, 그 실현의 전조로 이해된 것이다.

유대인들의 전통적 두 세대 개념도 유대인들의 이런 하나님 나라 개념을 잘 보여 주는 것이라고 할 수 있다. 그들은 이 세대(this age) 또는 이 세상(this world)이 끝나면 '오는 세대'(즉, 來世, the age to come) 또는 '오는 세상'(the world to come)이 오리라고 믿었다. 그들이 바라던 하나님 나라의 임함은 바로 이 오는 세상이 임하는 것이었다. 이런 '오는 세대' 개념은 유대인들의 묵시 문학 가운데 자주 등장하는 용어였고, 이는 하나님 나라의 임함과 동일시되었다.[7]

물론 당대의 유대 사람들은 항상 구약에 근거한 바른 사상을 가지고 있었던 것은 아니다. 때로는 구약에 근거해서 바른 생각도 했지만, 그것에 대한 기대가 여러 가지 것과 혼합되어 나타났다. 그리하여 유대인들의 하나님 나라 개념은 다윗 왕국의 회복에 대한 기대로부터 정치적이고 이 세상적인 메시아 왕국 개념으로 발전되기도 했다. 그것이 이 역사 가운데서 이루어질 것이라고 생각하기도 했으나, 그들은 대개 그것이 이루어지는 때가 세상 끝, 즉 종말이라고 이해했다. 거스리가 잘 지적하고 있는 바와 같이 유대인들에게는 "그 나라가 오는 세대에 속하는 것으로 생각하는 경향이 있었다."[8] 즉, 오는 세상에서라야 이 하나님 나라가 임한

---

7. Cf. 1 Enoch 71:15; Pirke Aboth 2:7. 그리고 4 Ezra 와 Baruch서에는 아주 자주 이 개념이 등장한다. Cf. I. Howard Marshall, "Kingdom of God, of Heaven," in *The Zondervan Pictorial Encyclopedia of the Bible*, vol. 3 (Grand rapids: Zondervan, 1975, 1976), 804.

8. Donald Guthrie, *New Testament Theology* (Leicester: IVP, 1981), 410.

다고 보았다. 그때가 되면, 이 세상은 끝, 즉 종말에 이르고 하나님의 나라만이 있게 될 것이라고 생각했다.

4. 세례 요한과 예수님의 왕국 선포 (1)

바로 이런 배경 가운데서 세례 요한의 "회개하라"는 선포가 나타났다. 당시의 유대인들의 다양한 집단들은 그들 나름의 다른 하나님 나라에 대한 기대를 가지고 있었지만, 그들은 모두가 다 그들에게 임하여 오는 하나님 나라를 기다리고 있었다.

예수님께서도 세례 요한이 선포한 말을 꼭 그대로 사용하셔서 "회개하라"고 선포하신다. 그런데 마태복음의 기록에 의하면 그 "회개하라"는 말 다음에 나오는 말은 요한과 예수님 모두에게 있어서 "하늘 나라, 즉 천국(天國)이 가까이 왔다"는 말이었다. 예수님의 말을 중심으로 생각해 보자. 마태복음 4:17에서는 이렇게 말한다: "이때부터[요한이 잡힌 후부터] 예수께서 비로소 전파하여 가라사대 회개하라 천국이 가까이 왔느니라." 정확히 같은 것을 마가복음에서는 "때가 찼고 하나님 나라가 가까이 왔으니 회개하고 복음을 믿으라"(막 1:15)라고 표현하고 있다. 정황이 모두 같고, 이것이 예수님의 첫 선포임을 생각하면, 이는 같은 것을 표현하고 있음을 알 수 있다. '가깝게 다가온 것'은 하나님 나라요, 천국이다. 그러므로 이 둘은 같은 실재에 대한 지칭임을 알 수 있다. 물론 우리는 예수님께서 정확히 어떤 용어를 써서 표현하셨는지를 단언할 수는 없다. "하나님 나라가 가까이 왔다"고 하셨는지, 아니면 "천국이 가까이 왔다"고 하셨는지 말이다. 유대인들의 표현 습관을 생각하면 아마 천국이라는 표현을 사용하셨을 가능성이 높다고 생각된다. 그러나 또 어떤 이들은 예수님께서 천국이라는 용어를 사용하셨다면 왜 마태만 이 용어를 유지했겠는가라고 하면서, 예수님께서는 하나님 나라라고 하셨을 텐데 마태가 천국이란 변형을 만들지 않았겠느냐고 생각한다.[9] 그렇지만 우리는 그 말씀을 직접 듣지 못했으므로 예수님께서 어떤 용어를 사용해서 표현하셨는지에 대해서 무엇이라고 단언할 수는 없다.

여기서 '하나님 나라'(ἡ βασιλεία τοῦ θεοῦ)와 '하늘 나라, 즉 천국'(天國, ἡ βασιλεία τῶν οὐρανῶν)이란 용어의 정확한 관계를 정리해야 할 것이다. 위의 인용문에 비추어 보면 이 두 용어는 동의어로 사용된 것임이 분명하다. 후크마가 말하고 있듯이, "하늘 나라[天國]라는 표현과 하나님 나라라는 표현이 공관복음서에서 서로 바꾸어 쓸 수 있는 것이므로, 그 둘 사이의 의미의 차이가 없다고 안전하게 결론지을 수 있다."[10]

그렇다면 왜 마태복음에서는 하나님 나라를 하늘 나라, 즉 천국(天國)이라고 했을까? 게르할더스 보스는 마태복음이 유대인을 대상으로 하여 쓰여졌음을 생각하면서 슐러(Schurer) 등의 해석에 따라서 "하나님이란 이름을, 그것이 다양한 형태로 상당히 회피되던 것이므로 '하늘'로 바꾸어 사용하던 유대적 관습"과 관련해서 설명한다.[11] 즉, 여기서 "하늘"이라고 표현된 말은 "하나님"의 이름을 회피하려고 그것을 다른 말로 돌려 쓴 것이라고 보는 것이다. 보스는 이와 비슷한 용례로 탕자의 비유에서 탕자가 하는 "하늘과 아버지께 죄를 지었사오니"(눅 15:18, 21)라는 말과, 예수께서 비판하던 자들에게 물으셨던 "요한의 세례가 어디로부터

---

9. Guthrie, 409.

10. Anthony A. Hoekema, *The Bible and the Future* (Grand rapids: Eerdmans, 1979), 44.

11. Vos, 415. 이와 같은 견해를 표현하는 다른 이들로 다음을 보라: J. Jeremias, *New Testament Theology* 1: *The Proclamation of Jesus* (London: SCM, 1971), 97; Guthrie, 409; Millard J. Erickson, *Christian Theology* (Grand Rapids: Baker, 1985), 1226.

왔느냐 하늘로부터냐 사람으로부터냐"(마 21:25)는 말을 듣고 있다.[12] 이에 해당하는 또 다른 예로 요한이 하는 "만일 하늘에서 주신 바 아니면 사람이 아무 것도 받을 수 없느니라"(요 3:27)는 말을 들 수 있다. 또한 다니엘서에 나타나는 "하나님이 다스리시는 줄을 왕이 깨달은 후에야 왕의 나라가 견고하리이다"(단 4:26)는 말의 난하주에 나타난 원문을 직역한 "하늘이 다스리는 줄을"이라는 표현도 이에 대한 용례가 될 수 있다. 이때의 "하늘"(οὐρανός)은 "하나님"에 대한 동의어로 사용되었다.[13]

이런 용례의 가장 대표적인 경우가 하나님 나라를 하늘 나라, 즉 천국(天國)이라고 부른 경우이다. 그러므로 이제부터 신약 성경에서 천국이라는 말이 나올 때 우리는 기본적으로 이를 하나님 나라라는 말로 이해해야만 한다. 이 용어에 대해서 하늘 나라[天國]라는 말의 어원을 가지고서 생각하는 것은 성경의 용례에 맞지도 않고, 이 말이 사용된 의미에도 반하는 일임에 유의해야만 한다. "하늘의"는 이 문단에서 우리가 살펴본 바와 같이 "하나님의"라는 말을 대신하여 사용된 말이라는 것을 유념해야 한다. 그렇게 하지 않으면 우리는 하나님께서 이 하늘 나라[天國]라는 말로써 전달하시려는 바를 오해하게 될 것이다.

이를 명확히 하기 위해서는 신약 성경에서 '하늘'(heaven)이라는 말이 여러 가지 용도를 가지고 나타나고 있음을 주의해 잘 살펴보아야만 한다. 신약 성경을 면밀하게 살펴본 학자들은 그 용례를 다음과 같이 크게 세 가지로 나누어서 설명한다.

첫째는 '하늘'을 우주론적인 하늘로 지칭한 경우이다. 우리의 눈에 보

---

12. Vos, 415.

13. Cf. Helmut Traub, "οὐρανός," in *Theological Dictionary of the New Testament*, ed. Gerhard Kittel and Gerhard Friedrich, trans. Geoffrey W. Bromiley, 10 vols. (Grand Rapids: Eerdmans, 1964–1976), vol. 5: 521–22.

이는 하늘, 해와 달과 별들이 있는 그곳을 하늘이라고 하였다.

둘째는 위에서 우리가 살펴 본 바와 같이 하나님을 지칭하는 대신에 '하늘'이라고 돌려 표현한 경우이다.

셋째는 하나님이 계신 곳, 즉 하나님의 거주지를 지칭해 '하늘'이라고 한 예가 있다. 예를 들어서, "하늘"을 하나님의 "거하신 곳"의 병행법적 표현으로 쓰고 있는 시편 33:13-14를 보라: "여호와께서 하늘에서 굽어 보사 모든 인생을 살피심이여 곧 그 거하시는 곳에서 세상의 모든 거민들을 굽어살피시는도다." 또한 신약에 나타나고 있는 "하늘에 계신 우리 아버지"란 표현이나(마 6:9), "하늘에 계신 내 아버지"라는 표현(마 7:21; 10:32, 33; 12:50; 16:17; 18:10, 19), 또 "하늘에 계신 너희 아버지"라는 표현(마 5:16, 45; 6:1, 7:11; 18:14), 그리고 "천부"(heavenly Father)라는 표현(마 5: 48; 6:14, 26, 32; 15:13; 18:35)에 나오는 "하늘"은 모두가 하나님이 계신 곳을 지칭하는 표현에 해당하는 것이다. 성자께서도 그 "하늘", 즉 하나님께서 계신 곳에서부터 이 세상에 오셔서 성육신하셨고, 구속 사역을 마치신 후에 다시 그 '하늘'에 오르신 것이다. 예수께서 친히 그렇게 말씀하신다: "하늘에서 내려온 자, 곧 인자 외에는 하늘에 올라간 자가 없느니라"(요 3:13). 그래서 유대인들은 이렇게 묻기도 했던 것이다: "이는 요셉의 아들 예수가 아니냐 그 부모를 우리가 아는데 자기가 지금 어찌하여 하늘에서 내려왔다 하느냐"(요 6:42). 이처럼 그리스도는 하늘에서 오셨음을 분명히 하셨다. 또한 사역을 마치신 후에는 그가 계시던 곳, 하늘로 오르셨다. 그가 다시 오시기까지 마땅히 "하늘"이 그를 받아 두는 것이다. 그는 지금도 "하늘"에 계시고, 그 "하늘"에서부터 심판하시기 위해서 이 땅으로 임하실 것이다.

이 하늘을 바울은 유대인들의 개념을 따라서 "낙원"(paradise)이라고 부르기도 했다(고후 12: 2, 4). 예수님께서도 십자가상에서 그에 대한 신앙을 고백하는 한편 강도에게 "오늘 네가 나와 함께 낙원에 있으리라"고 하셨다(눅 23:43). 이는 그 강도의 영혼이 그리스도와 함께 있을 것이라는 말이 분명하다. 그리스도께서는 자신이 하나님이 계신 곳, 즉 '하늘'에 계실 것이므로 '하늘'(heaven)을 '낙원'(paradise)과 동일시했다.[14] 성경은 신자들이 죽으면 그리스도와 함께 하나님의 면전에 있을 것임을 분명히 한다. 예를 들어서, 바울은 자신이 죽으면 "그리스도와 함께 있을 것"이라고 한다(빌 1:23). 이런 성경의 가르침에 따르는 "개혁 교회들의 일반적 입장은 신자들의 영혼이 죽으면 곧바로 하늘 영광(the glories of heaven)에로 들어간다는 것이다."[15] 성도들의 몸과 분리된 영혼도 하나님과 그리스도께서 계신 그곳, '하늘' 즉 '낙원'에 있게 된다는 말이다. 그곳에 있던 성도의 영혼은 부활 때에 몸과 다시 합하여 그리스도와 함께 올 것이고, 그리하여 심판 이후에 "새 하늘과 새 땅"으로 불려지는 극치의 하나님 나라, 즉 영광의 왕국(*regnum gloriae*)에서 영원히 살게 될 것이다. 벌코프는 "신자들의 최종 상태는 현 세상이 지나가고 새로운 창조가 나타난 후에야 있게 된다"고 말한다.[16] 그 새로운 창조인 새 하늘과 새 땅이 성도들의 최종적 거주지라는 말이다.[17]

그러므로 세례 요한과 예수님께서 "천국이 가까웠다"고 표현한 것은 결국 유대인들이 그토록 기다리던 오는 세대의 하나님 나라가 가까왔다

---

14. 거의 모든 주석가들에게 동의하면서 벌코프와 후크마가 이를 아주 분명히 한다. 그들의 말을 영어로 보라. Berkhof, 679: "Luke 23:43. And to be with Christ is also to be in heaven. In the light of II Cor. 12:3, 4 'paradise' can only be a designation of heaven."; Hoekema, 103: "… Paradise means heaven, the realm of the blessed dead, and the special habitation of God … We conclude that Jesus promised the penitent thief that the latter would be with Christ in heavenly bliss that very day."

15. Berkhof, 679.

16. Berkhof, 736.

17. '새 하늘과 새 땅'에 대한 좋은 설명을 위해서는 Hoekema, 274–87을 보라.

고 하는 말이다. 유대인들은 다가오는 하나님의 나라, 즉 은혜의 왕국과 영광의 왕국 이외의 것을 가르쳐서 천국이라고 말하거나 생각해 본 일이 없다. 그러므로 예수님께서 "하나님 나라가, 즉 천국이 가까웠다"고 말씀하실 때도 다른 것에 대해서 말씀하셨을 수 없다. 예수님과 신약의 하나님 나라 개념을 잘 요약하고 있는 다음 신학자들의 말을 잘 들어보아야 한다.

> 그러므로 우리는 왕의 신적인 행위를 생각해야만 한다. …… 요한과 예수께서 선포하신 천국은 무엇보다도 역동적 성격의 과정이다. …… 왜냐하면 천국의 임함은 종말 역사의 위대한 드라마의 처음 단계이기 때문이다.[18]

> 하나님의 나라는 하나님이 왕이시며, 역사 가운데서 역사를 하나님께서 지향해 가시는 목표로 이끌어 가시기 위해서 행동하신다는 것을 의미한다.[19]

> 하나님 나라는 예수 그리스도를 통하여 인간 역사 가운데서 역동적으로 활동하시는 하나님의 통치로 이해되어야만 한다. 그 목표는 하나님의 백성을 죄와 마귀적 세력들로부터 구속하는 것이고, 종국적으로 새 하늘과 새 땅을 수립한다.[20]

---

18. Ridderbos, 25, 27.

19. Ladd, *The Presence of the Future*, 331.

20. Hoekema, 45.

그러므로 신약성경이 말하고 있는 하나님의 나라는 이 땅 위에서 진행되는 하나님의 통치 행위로 이는 결국 새 하늘과 새 땅에서 그 극치에 이른다는 것을 알 수 있는 것이다. 그렇다면 세례 요한과 예수님께서 그 나라가 "가까왔다"(ἤγγικεν)고 하신 말의 뜻은 무엇일까? 옛날에 선지자들이 예언했던 그 하나님 나라가 이제 많이 가까웠다는 말인가, 아니면 그 이상의 의미를 지니고 있는가? 그 정확한 의미는 예수님께서 이 하나님 나라에 대해서 말씀하신 모든 점을 잘 고찰해야 알 수 있다. 이것에 대해서는 다음절에서 고찰해 보자.

5. 세례 요한과 예수 그리스도의 신국(神國), 즉 천국(天國) 선포 (II)

신국(神國), 즉 '하나님 나라'(ἡ βασιλεία τοῦ θεοῦ)에 대해서 세례 요한과 예수님은 무엇보다 먼저 그 나라가 "가까왔다"(ἤγγικεν, is at hand or has come near)고 하였다(마 3:2; 마 4:17; 막 1:15). 이 "가까왔다"(ἤγγικεν)는 말에 대해서 다드(C. H. Dodd) 같은 이는 (다음에 언급될 두 가지 헬라어 동사 배후에는 같은 아람어가 있다는 가정에서) 이 "가까왔다"(ἤγγικεν)는 표현을 마태복음 12:28의 "너희에게 임하였다"(ἔφθασεν ἐφ' ὑμᾶς)는 말과 같은 뜻이라고 보면서, 이것이 그 나라가 "이미 임하여 왔음"(has come, has arrived and is here)을 의미하는 셈어적인 표현이라고 해석하였다.[21] 그러나 이는 좀 지나친 해석이라고 생각한다.[22] 왜냐하면 세례 요한이 "천국이 가까웠다"고 할 때에는 그 하나

---

21. C. H. Dodd, *The Parables of the Kingdom* (London: Nisbet, 1935), 43ff.; "The Kingdom of God Has Come," *Expository Times* 48 (1936–37): 138ff.
22. 비슷한 비판으로 다음을 보라. W. G. Kuemmel, *Promise and Fulfillment*, 2nd edition (London, 1961),

님의 다스리심, 즉 심판과 통치의 실현의 임박성을 말하고 있음이 명백하기 때문이다. 즉, "하나님께서는 그의 나라를 도입시키실 것이고, 그의 종국적 통치를 수립하실 것"이라는 것을 말한다.[23] 좀더 구체적으로 말하자면, 세례 요한은 아마도, 레온 모리스가 잘 지적하고 있듯이, "예수님께서 곧 나타나실 것이고, 그와 함께 (하나님의) 나라(Kingdom)도 나타날 것임을 지시하고 있는" 것이다.[24] 즉, 세례 요한은 하나님 나라[天國]의 임박한 미래성을 지시하고 있고, 또 예수님의 사역을 기다리고 있던 그로서는 그럴 수밖에 없었다.

그러나 예수님께서 같은 말을 하고 계실 때 이에 대해서는 이는 아직 그 의미를 잘 모르는 모호한 표현으로 보든지 (그래서 좀더 명확한 후의 가르침에서 그 의미를 찾아보든지),[25] 아니면 이전 선지자들이 선포하였고 유대인들이 기다려 오던 그 나라가 이제는 좀더 가까운 것으로 보아

23ff., 105ff.; Herman Ridderbos, *The Coming of the Kingdom* (Philadelphia: Presbyterian and Reformed Publishing Co., 1962), 41; Hoekema, *The Bible and the Future*, 293ff.; D. A. Carson, "Matthew," in *The Expositor's Bible Commentary*, vol. 8 (Grand Rapids: Zondervan, 1984), 117: "rather missies the mark"; G. E. Ladd, 『예수와 하나님의 나라』 (서울: 엠마오, 1985), 173, n. 52; David Hill, *The New Century Bible Commentary: The Gospel of Matthew* (London: Marshall, Morgan and Scott, 1972; Grand Rapids: Eerdmans, 1990), 105.

23. J. Knox Chamblin, "Matthew," in *Evangelical Commentary on the Bible*, ed. Walter A. Elwell (Grand Rapids: Baker, 1989), 727.

24. Leon Morris, *The Gospel According to Matthew* (Grand Rapids: Eerdmans, 1992), 53.

25. 모리스는 이에서 더 나아가 후에 우리가 논의할 예수님의 모든 가르침, 즉 천국이 이미 그의 사역 가운데서 이미 여기에 있으나, 충만한 그 나라의 극치는 아직 미래적 실재라는 가르침이 여기에 있는 것으로 보아야 한다고 해석한다(Morris, 83). 비슷한 해석들이 많다. 예로 다음을 보라. C. E. Graham Swift, "Mark," in *New Bible Commentary*, ed. Donald Guthrie and J. A. Motyer (Leicester: IVP, 1970), 855; Craig L. Blomberg, *The New American Commentary*, vol. 22: *Matthew* (Nashville, Tennessee: Broadman Press, 1992), 90. 이런 해해석은 이 구절을 "예수님의 공생애 첫 부분의 메시지의 요약"(R. E. Nixon, "Matthew," in NBC, 821; G. R. Beasley-Murray, *Jesus and the Kingdom of God* (Exeter: Paternoster Press, 1986), 71)으로 볼 때에 가능한 해석이다.

야 할 것이다. 그러므로 여기서도 미래적인 측면이 언급되고 있다.[26] 단지 그 나라의 가까움이 어느 정도인지 아직 드러나 있지 않다.[27] 만일에 이 말씀을 하나님 나라가 가까이 다가왔다는 의미로 볼 때에는 예수님의 다른 가르침에서 이보다 더 나아간 가르침이 있는지를 살펴보아야 한다.[28]

그런데 마태복음 12:28에서는 예수님의 귀신 쫓아내시는 사역에 대한 논의 후에 예수님께서 이렇게 선언하시는 말씀이 나타나고 있다: "내가 하나님의 성령을 힘입어 귀신을 쫓아내는 것이면 하나님의 나라가 이미 너희에게 임하였느니라"(눅 11:20의 병행구절도 참조하라).[29] 여기서는 아주 분명하고도 강하게 하나님 나라, 즉 하늘 나라[天國]가 "이미 너희에게 임하였다"(ἔφθασεν ἐφ' ὑμᾶς)라고 말씀하셨다. 여기 사용된 "앞서다(come before), 임하다(come upon)"라는 뜻을 가진 "쁘따노"(φθάνω)라는 동사에서 온 "에쁘따센"(ἔφθασεν)이란 동사의 용례를 생각할 때[30] 이 말씀은 전혀 모호하지 않게 하나님 나라가 이미 임하였

---

26. 이런 이해의 대표로 Ridderbos, *The Coming of the Kingdom*, 41을 보라.

27. 카슨은 여기서 좀더 나가서 이 시점에서도 "예수님에게서는 그 나라가 아주 가까워서 실제로 동터왔을 정도이다"라고 까지 말한다(Carson, 117).

28. 헤르만 리델보스가 비교적 이에 근접한 접근을 하고 있다. 그의 『마태복음 주석』 (서울: 여수룬, 1990), 130f.을 보라.

29. 마태는 대개 "하늘 나라(天國)"라는 표현을 쓰고 있으나(32회), 네 번은 "하나님의 나라"라는 표현도 사용한다(마 12:28; 19:24; 21: 31, 43). 이곳이 마태복음에서 최초로 "하나님의 나라"라는 말을 사용하고 있는 곳이다. 이것이 아마도 "하나님의 성령"과의 병행적으로 쓰이지 않을까 하는 점에 대한 지적으로는 다음을 보라. D. A. Carson, "Matthew," in *The Expositor's Bible Commentary*, vol. 8, ed. F. E. Gaebelein (Grand Rapids: Zondervan, 1984), 289; Blomberg, 203.

30. 이 동사가 신약의 다른 곳에서 사용된 예로 다음을 들 수 있다: "의의 법을 좇아간 이스라엘은 법에 이르지 못하였으니(οὐκ ἔφθασεν)"(롬 9:31); "노하심이 끝까지 저희에게 임하였느니라(ἔφθασεν δὲ ἐπ' αὐτοὺς ἡ ὀργὴ εἰς τέλος)"(살전 2:16); "결단코 앞서지 못하리라"(οὐ μὴ φθάσωμεν)(살전 4:15).

음을 보여 준다.³¹ 이 구절의 가르침에 의하면, 힐이 표현하듯이, "(하나님의) 나라가 사람들에게 가까이 온 것 정도가 아니라, [이미] 온 것이다."³² 세례 요한이 선포했던(heralded) 그 나라를 예수님께서 도입시키신 것이다(inaugurates).

그러나 이 말은 귀신을 쫓아내는 그 현장에만 하나님의 나라, 즉 하나님의 은혜의 왕국이 임하여 온 것이라는 뜻이 아니고, 귀신을 쫓아내는 그 일이 이 은혜의 왕국으로서의 하나님의 나라[天國]가 이미 임하여 온 일에 대한 표라는 것이다. 그 일은 예수님께서 메시아로서 성령을 힘입어 하신 일의 하나이다. 그러므로 예수님께서 메시아로서 행하시는 모든 일은 하나님의 나라가 이 땅에 왔음을 나타내 준다. 그것이 귀신을 쫓아내는 것이든지, 소경을 고쳐주는 것이든지, 아니면 앉은뱅이나 문둥이를 고쳐주는 것이든지 말이다. "예수의 인격, 특히 예수의 행위 안에서 하나님의 주권적 권위가 사람들 가운데, 특히 예수의 대적자들에게(너희에게) 나타났다."³³ 그러므로 우리는 예수님의 메시아로서 사역이 있는 그 곳에 하나님 나라가 임하여 왔음을 확언할 수 있다.

마태복음 11:12에서는 예수님의 사역을 준비하던 "세례 요한의 때부터 천국은 침노한다"(βιάζεται)라고 하신다. 이 구절은 아주 해석하

---

31. Cf. Ladd, 『예수와 하나님의 나라』, 169, 175. 그러나 우리가 뒤에서 살펴 볼 바와 같이 그 나라가 다 임한 것은 아님에 유의해야 한다. 이에 대해서는 닉슨의 다음과 같은 요약적 설명이 아주 적절하다고 할 수 있다: "[그 나라]는 임하였다. 그러나 아직 그 충만 가운데 임한 것은 아니다. 그 [나라의] 능력이 드러나기 위해서는 십자가와 부활이 반드시 있어야 하는 것이다"(It has just arrived, but not yet in its fullness. The cross and the resurrection are essential for its power to be revealed"(Nixon, 832).

32. Hill, 217: "The Kingdom is not just pressing in upon men: it has come." See also Ladd, *The Presence of the Future*, 138–45; Morris, 317: "here it is a present reality"; Francis W. Beare, *The Gospel According to Matthew* (Peabody, MA: Hendrickson Publishers, 1981), 279: "오는 세대에 대한 선취로 그 능력을 적극적으로 나타내는 것이다"; Blomberg, 202: "some sense of arrival seems inescapable here"; Ridderbos, 371.

33. Hill, 217.

기 어려운 구절이다. 많은 이들이 이 구절이 복음서에서 가장 난해한 구절들 가운데 하나라고 한다.[34] 따라서 이에 대해 많은 해석이 제출된 구절이라는 것을 잊어서는 안 될 것이다.[35] 우리말 개역에서는 "비아제타이"(βιάζεται)란 이 말을 수동태로 생각해서 "침노당한다"라고 되어 있다. 이 "침노당한다"는 말을 수동태와 부정적 의미(hostile action)로 보고 해석한 것이다. 이를 좀더 발전시켜서 세례 요한 때부터 지금까지 사탄과 그의 세력에 의해서, 좀더 자연스럽게는 열심당원들이나 예수님께 저항하고 반대하는 유대인들에 의해서 천국이 "아주 강력하게 모독당한다"(violently assaulted), "폭력의 희생을 감수한다"(suffer violence)라고 해석하는 일부 학자들도 있다.[36] 그러나 이는 이 동사의 주된 용례와도 잘 맞지 않고, 문맥과도 잘 조화되지 않는 해석이라고 여겨진다(*pace* Blomberg, 188). 그러나 이렇게 해석한다고 해도 천국이 침노당하려면 여기에 현존하고 있어야 한다는 것은 전제되고 있음에(e. g., Hill, 201) 유의해야 한다. 즉, 보스가 잘 말하고 있는 바와 같이, "이 비유적인 말씀의 정확한 의미가 무엇이든 간에, 이는 분명히 세례 요한의 때부터 그 나라가 실재적임을 묘사하는 것이다."[37]

많은 학자들은 오히려 이 "비아제타이"(βιάζεται)라는 말은 중간태로 해석되어야 하며, 따라서 "강력하게 진전해 오는"(has been forcefully

---

34. See, e. g., Nixon, 830; Beasley-Murray, *Jesus and the Kingdom of God*, 91.

35. 이 구절에 대한 해석사에 대한 좋은 문헌으로 P. S. Cameron, *Violence and the Kingdom: The Interpretation of Matthew* 11:12 (Frankfurt: Peter Lang, 1984)을 들 수 있다.

36. Cf. Willoughby C. Allen, *A Critical and Exegetical Commentary on the Gospel According to S. Matthew* (Edinburgh: T. & T. Clark, 1907), 116; Hill, 200f.; Nixon, 830("It is probable that the passive rendering should be adopted."); Beare, p. 260: "the violent people attack the Kingdom to plunder it"; G. Schrenk, "βιάζεται βιαστής," in TDNT 1:609-14; Blomberg, 187f.

37 . Vos, *Biblical Theology*, 『성경신학』, 421.

advancing)이라고 옮긴 NIV에서와 같이 옮겨야만 하는 말씀임을 분명히 한다.[38] 왜냐하면 리델보스가 잘 지적하고 있듯이, 이는 데포넌트 동사 중간태에 대한 헬라어 용례에 일치하고, 12절 상반절은 핵심이 사람이 천국을 소유하는 방식보다는 천국 자체에 관심을 두고 있으며, 12절 하반절에 가서야 어떻게 사람이 그 구원에 참여하는가 하는 문제를 다루는 맥락을 가지고 있음에 어울리는 해석이기 때문이다.[39] 그러므로 세례 요한의 준비에 이어 나타난 예수님의 사역으로부터 하나님의 나라가 이 세상에로 파고 들어왔다(break into this world)고 확언할 수 있다.

그렇다면 그다음에 따라 나오는 "침노하는 자는 빼앗느니라"라는 말씀은 어떻게 이해할 수 있을까? 이것에 대해서도 여러 가지 해석이 있다. (1) 이에 대한 하나의 좋은 해석은 지금 침노하여 들어오고 있는 그 나라와 같은 성격을 지닌 이들, 즉 이 맥락에서는 침노하는 성격을 가진 이들은(βιασταί) 그 나라에 참여하게 된다고 해석한다.[40] 그러므로 이런 해석은, 래드가 잘 표현하고 있듯이, 12절 앞부분과 함께 "천국은 능력 있게 활동하며 힘있는 반응을 요구한다"라고 해석한다.[41] (2) Carson은 이런 해석이 본 장의 가르침이 배제하는 것이라고 하면서, 이 절의 앞부분에 대해서는 우리가 위에서 제시한 해석을 따르면서도, 뒷부분에 대해서는 "난폭한 자들이 그것을[천국을] 파괴하려고 시도한다"고 해석하려

---

38. Cf. Ridderbos, *Coming*, 54; 『마태복음 주석』, 338; I. H. Marshall, "Luke," in *NBC*, 913; Chamblin, "Matthew," in ECB, 735; Carson, "Matthew," 267; William Hendriksen, *The Gospel of Matthew* (Grand Rapids: Baker, 1973), ad loc.; Bruce D. Chilton, *God in Strength: Jesus' Announcement of the Kingdom* (Freistadt: F. Loechl, 1977). 그러나 Blomberg 같은 이는 NIV의 번역은 "개연성 없는 듯이 보인다"(seem implausible)고 단언하기도 한다(187).

39. Ridderbos, 『마태복음 주석』, 338.

40. Cf. Ridderbos, *Coming*, 54.

41. Ladd, 『예수와 하나님 나라』, 195. 또한 그가 그 페이지에 열거하고 있는 같은 의견을 표명하는 학자들을 보라.

고 한다. 즉, 이 구절이 하나님 나라의 진전과 함께 난폭한 자들의 천국에 대한 공격이 있다는 것을 가르치는 것으로 본다.[42] 그러나 카슨의 이런 해석은 NIV가 "모든 사람이 그리로 향하느니라"(everyone is forcing his way into it)라고 해석하고 있는 누가복음 16:16과의 병행성을 파괴하는 해석이 된다. 그러므로 전자의 해석이 본문의 문맥에 더 맞는 해석이라고 여겨진다.

천국의 비밀을 은닉하면서 동시에 알려주고 있는 여러 천국 비유들(마 13장 참조)에서도 천국은 위에서 언급한 성격을 가지는 것으로 나타나고 있다. 좋은 씨가 이미 뿌려졌고(마 13:24), 천국 말씀은 뿌려졌으며(마 13:19), 후에 크게 성장할 겨자씨 한 알은 이미 심겨졌고(마 13:31), 후에 전부를 부풀게 할 누룩은 이미 가루 서말 속에 넣어졌으며(마 13:33), 밭에 감추인 보화나 극히 값진 진주와 같은 천국은 이미 와 있어서 찾아질 수 있으며(마 13:44, 45), 그물은 이미 바다에 쳐진 것이다(마 13:47). 이런 의미에서 예수님의 메시아 사역에서 이미 천국 잔치는 베풀어지고 준비되어 있다(마 22:2).

바로 이런 의미에서 갈릴리 회당에서 한 안식일에 이사야 61장을 읽으신 예수님께서는 "이 글이 오늘날 너희 귀에 응하였느니라"라고 말씀하신 것으로 보아야 한다(눅 4:21). 즉, 이사야서가 말하고 있는 여호와의 은혜의 해가 지금 예수님의 메시아의 사역 속에서 성취되었다고 선포하신다. 그래서 그는 죄에게 포로된 자에게 자유를 선포하셨고, 눈먼 자를 보게 하셨으며, 죄와 사탄에게 눌린 자에게 자유를 주셨다. 예수님께서는 자신의 사역에서 이 모든 예언이 성취되고 있다는 자의식을 가지고

---

42. Carson, "Matthew," 267. 비슷한 입장에서 주해를 하는 이로 Beasley-Murray, 93과 그를 따르는 Peter J. Leithart, *The Kingdom and the Power* (Phillipsburg, New Jersey: Presbyterian and Reformed Publishing Co., 1993), 35를 보라.

있었다. 즉, 자신이 이 예언을 성취하려고 오신 메시아라는 자의식이 있었다. 그래서 헤롯에 의해서 옥에 갇힌 요한이 제자들을 보내어서 "오실 그 이[즉, 메시아]가 당신이오니이까, 우리가 다른 이를 기다리오리까?" 하고 물었을 때에 다음과 같이 대답하셨다: "너희가 가서 듣고 보는 것을 요한에게 알리되 맹인이 보며 못 걷는 사람이 걸으며 나병환자가 깨끗함을 받으며 못 듣는 자가 들으며 죽은 자가 살아나며 가난한 자에게 복음이 전파된다 하라"(마 11:4-5). 이는 이사야(29:18f, 35: 4-6, 61장)를 비롯한 옛 선지자들이 메시아가 임하셔서 하시는 일을 기록한 것이 이루어졌다는 것을 추론하도록 하는 암묵리의 선포이다. 그러므로 예수님께서는 메시아로 오신 자신의 사역 속에서 하나님 나라가 임하여 왔다는 것을 아주 분명하게 하신 것이다. 하나님의 나라는 "그의 말씀과 사역 가운데 현존하고 있다."[43]

그러나 예수님의 사역 가운데서 이 땅에로 임하여 온 하나님의 나라는 여기 예수님께서 언급하고 있는 이런 일들이 나타나는 데서 때때로 그 나라가 현존하고 있음을 드러내지만, 아직은 당시의 유대인들이 기대하고 있는 바와 같은 우주적 대 파국을 동반하고 그 나라의 승리를 드러내며 오지 않는다. 예수님께서 염두에 두신 그때까지는 "하나님 나라는 볼 수 있게 임하는 것이 아니다." 따라서 지금 이 상황 가운데서는 하나님 나라가 "여기 있다, 저기 있다"고 말할 수 없다(눅 17:20). 왜냐하면 "그 [나라의] 처음 강림은 정치적 쿠데타나 어떤 가시적 운동의 결과가 아니기" 때문이며,[44] 따라서 지금 그 나라는 "너희 안에 있기"(ἐντὸς ὑμῶν ἐστιν) 때문이다. 여기 "너희 안에"(ἐντὸς ὑμῶν)라는 말은 크게 두

---

43. Morris, 83: "the kingdom is here in his words and deeds."

44. Merrill C. Tenney, "Luke," in *The Wycliffe Bible Commentary* (Chicago: Moody Press, 1962), 1056.

가지 해석이 가능한 말이다. 하나는 그 나라가 현존하려면 사람들의 심령(spirit)과 관련하여 있다는 해석이다. 그 나라 자체가 오직 영적인 실재(a spiritual reality)로만 여기에 있는 것이기 때문이다. 이런 해석의 대표적 주장자는 보스이다. 그는 "이는 그 나라가 현재적임과 영적인 것임을 나타낸다"라고 한다.[45]

물론 이 해석에는 난점이 있다. 지금 예수님과 이 대화를 나누고 있는 이들이 바리새인들이기 때문이다. 그 바리새인들 안에 지금 하나님 나라가 없는 것은 확실하기 때문이다. 그러나 여기서 예수님은 원칙을 선언하고 계시는 것으로 보면 이 해석이 가능할 수도 있다. 즉, 지금 너희 안에 하나님의 다스리심이 없는 것은 분명하지만, 하나님 나라가 있으려면 너희의 심령과 관련해 있는 것이라는 원칙을 선언하는 것으로 보면 말이다. 이런 입장에서 보스는 다음과 같이 말한다: "'너희 안에'라는 말은 꼭 '개인 안에'라는 말을 의미하는 것이 아니기 때문이다. 이런 방식으로 쓰인 대명사는 포괄적이다. 그렇게 되면, 그 의미는 '백성 안에'(among people)라는 말과 동의적인 것이 된다."[46] 그러나 마샬은 예수님께서 천국을 내면적이고 영적인 사태(inward, spiritual state of affairs)라고 가르치신 일이 없다고 단언한다.[47] 이는 좀 의아스러운 해석이다. 위에서 언급한 보스의 해석과 잘 대조해 보아야 할 것이다.

이렇게 "너희 심령 안에"로 보는 해석이 가진 난점은 우리로 이 구절에 대한 다른 해석의 가능성을 생각하게 한다. 그것은 "너희 안에"를 복수로서 "너희 안에", 즉 "너희들 가운데"(among you)로 이해하는 것이다.

---

45. Vos, 『성경신학』, 421. 리델보스는 이런 해석을 하는 이들로 P. Feine, *Theologie des N. T.* (1936), 79와 Dodd, 83, 84를 언급하고 있다(Rodderbos, *Coming*, 531, n. 67).

46. Vos, 『성경신학』, 421.

47. Marshall, "Luke," in NBC, 914.

그렇게 보면, 이는 너희들의 마음 가운데가 아니라, "너희들 가운데"(in the midst of you) 또는 "너희들의 손이 닿는 그곳에"(in the reach of you) 하나님 나라가 있다는 의미로 이해할 수 있다.[48] 그곳에 누가 있는가? 바로 메시아로 오셔서 메시아로 사역하고 계신 예수께서 계신다. 그러므로 "예수님께서는 하나님 나라가 이미 현존하고 있어서 사람들에 의해서 인식되기만 하면 된다고 주장하신다. [왜냐하면] 그가 자신과 함께 그 나라를 가져 오셔서, 그가 그들 가운데서 살고 계셨기 때문이다."[49] 그렇게 보면 이 구절도 예수님이 메시아로서 사역하는 그곳에 하나님의 나라가 현존하고 있음을 말해 주는 중요한 구절이 된다.[50] 그러나 또한 아직은 그 나라가 눈에 보이는 식으로 임하는 것이 아님을 나타내 주는 것이다. 왜냐하면 지금 그 나라는 아직은 권능으로 임하는 것은 아니기 때문이다. 그래도 비록 눈에 보이지 않는 방식으로 영적인 실재로서의 하나님의 통치는 예수님의 사역으로 말미암아 이미 와 있는 것이다.[51]

이런 사상은 예수님만 가르친 것이 아니고 바울도 같은 것을 가르치고 있다: "그가 우리를 흑암의 권세에서 건져내사 그의 사랑의 아들의 나라로 옮기셨으니"(골 1:13). 이는 이 세상에 있는 이들이 일부는 흑암의 권세 아래에 있고, 일부는 예수 그리스도의 나라 안에 있으며 그 중간 지대는 없다는 것과 구원함을 받은 이들은 이미 예수 그리스도의 나

---

48. Cf. Ridderbos, *Coming*, 531, n. 67(그러나 그의 해석은 다음 주에서 살펴 볼 바와 같이 좀 독특하다); Beasley-Murray, 102-103; Leithart, 103. 그러나 Leithart는 다른 곳에서는 "사람들 마음 가운데 있는 하나님의 현존과 통치"로 말하기도 한다(xi).

49. Tenney, "Luke," in *Wycliffe Bible Commentary*, 1056.

50. Cf. Thomas R. Schreiner, "Luke," in *ECB*, 829.

51. 리델보스는 이와는 아주 다른 좀 독특한 해석을 제시한다. 동사의 시제가 다 미래사라는 것을 언급하면서 그는 "하나님 나라가 나타날 때에는 하나님의 능력의 큰 일로 너희들 가운데 있게 될 것이다"고 의역하는 것이다(*Coming*, 475). 그러므로 리델보스는 이것을 천국의 현재성보다는 미래성을 지칭하는 말씀으로 이해하는 것이다.

라로 옮기워진 하나님 나라의 백성임을 아주 확연하게 선언하는 말이다. 때때로 그리스도의 나라와 하나님 나라를 구별하려고 하는 이들이 있었지만,[52] 비록 그리스도의 나라는 세상 끝에는 아버지께 돌려진다(고전 15:28)고 해도 그 내용에 있어서는 그리스도의 나라와 하나님의 나라가 다른 것일 수 없다. 특히 이런 구별은 "주석적으로는 지지 받을 수 없다"라고 말하는 래드의 말에[53] 유의해야 할 것이다. 엘리스는 이런 입장에서 이 구절의 의미를 다음과 같이 설명하고 있다: "바울은 그리스도인들이 성령에 의해서 개개인들에게 중재된 그리스도 안에 있는 그들의 집합적 지위에서 온전히 새 시대의 영역 안에 있다고 여기는 듯하다. 그러나 새 시대적 존재 영역은 파루시아, 즉 그리스도의 재림 때에야 온전히 실현될 것이다."[54]

또한 "그리스도 안에서는 새로운 피조물(ἐν Χριστῷ, καινὴ κτίσις)"(고후 5:17)이라고 선언하는 바울의 말에도 이런 사상이 존재한다. 우리는 흔히 이 말을 개개인에게 적용하여 그리스도 안에 있는 자는 새로운 피조물이 된다고 해석하여 이를 중생과 동일시하지만,[55] 이는 그보다 더 근본적인 문제를 다루는 말씀임을 잊어서는 안 된다. 첫째

---

52. Cf. Oscar Cullmann, *Christ and Time* (Philadelphia: Westminster Press, 1950), 152; *The Early Church* (Philadelphia: Westminster Press, 1956), 109ff.

53. Ladd, *Jesus and the Kingdom of God*, 한역, 274, n. 34.

54. E. Earle Ellis, "Colossians," in *WBC*, 1338. See also Curtis Vaughan, "Colossians," in *The Expositor's Bible Commentary*, vol. 11 (Grand Rapids: Zondervan, 1978), 180.

55. 이런 해석의 흔적은 주석들에서도 나타나기도 한다. 예를 들어서, Wick Broomall, "II Corinthians," in WBC, 1272; Norman Hillyer, "2 Corinthians," in *NBC*, 1080을 보라. 심지어 Hoekema, *The Bible and the Future*, 39; Philip E. Hughes, *The Second Epistle to the Corinthians*, NICNT (Grand Rapids: Eerdmans, 1962), 201ff.; C. K. Barrett, *A Commentary on the Second Epistle to the Corinthians* (Peabody, MA: Hendrickson, 1973), 173f.; Murray J. Harris, "2 Corinthians," in *The Expositor's Bible Commentary*, vol. 10 (Grand Rapids: Zondervan, 1976), 353에서도 개인적으로 적용하고 있다(물론 그들은 이미 임하여 온 하나님의 나라를 인정하는 터 위에서 이 논의를 하지만 말이다).

로, "피조물"(κτίσις)이라는 것은 사실 일반적으로는 피조계 전체를 지칭하는 중성 명사이다. 그리고 "그리스도 안에"(ἐν Χριστῷ)라는 말은 "어떤 사람"(τις)을 지배하는 것이 아니고, "새로운 피조계"(καινὴ κτίσις)를 지배하는 것이기 때문이다.[56] 그러므로 이는 그리스도 안에서 이 피조계 전체가 원칙상(in principle) 새로운 피조계가 되었음을 선언하는 말이다.[57] 랄프 마틴이 큄멜을 인용하면서 말하는 것과 같이, "그리스도의 오심으로 하나님과의 우주적 관계에서의 새로운 장이 열렸고, 옛 피조계에서 시작된 아담의 타락의 대재난적 효과가 역전된 것이다."[58] 이처럼 "바울은 개인의 새로워짐이 아니라, 창조의 새로운 행위에 대해서 말하는 것이다."[59]

물론 이렇게 그리스도의 오심으로 나타난 새로운 종말론적인 상황으로서의 피조계 전체의 새로워짐을 말한 후에야 그 상황을 개인과 연관시켜서 다음과 같이 말할 수 있다: "그리스도 안에 있는 이는 이미 새 피조계의 한 부분이 된 것이다(즉, 그리스도 안에서 시작되었고 천지의 재창조에서 극치에 이른 인간 실존의 변혁의 한 부분이라는 말이다). 그들은 단지 옛 피조계의 한 부분으로서만 사는 것을 넘어선 것이다."[60] 바레트가 말하는 것과 같이, "그가 여전히 모든 외양은 변하지 않은 세상에서

---

56. 이 점에 대한 옳은 지적과 좋은 논의로 Ralph P. Martin, *2 Corinthians, Word Biblical Commentary* 40 (Waco, Texas: Word Books, 1986), 152를 보라.

57. 이 점에 대한 아주 분명한 입장 표명과 좋은 논의로 Vos, *Pauline Eschatology* (1930; Grand Rapids: Baker, 1979), 이승구 역, 『바울의 종말론』 (서울: 엠마오, 1989), 78–81을 보라. 또한 이를 시사하는 Leithart, 169f.도 보라.

58. Martin, 152. Cf. W. G. Kuemmel, *Introduction to the New Testament*, trans., H. C. Kee (London: SCM Press; Nashville: Abingdon, 1975), 205.

59. Martin, 152.

60. James A. Davis, "2 Corinthians," in *ECB*, 989.

살고 있고 그 자신도 그의 이전 죄된 실존의 많은 흔적들을 가지고 있지만, 그는 눈에 보이는 것에 근거하지 않고 신앙에 근거해서 그의 삶을 살아야 한다."[61]

이와 같이 이 구절(고후 5:17)에서 먼저 피조계 전체의 새로움을 생각해야 한다는 것은 그 바로 뒤에 이어지고 있는 "옛 것"(옛 질서, τὰ ἀρχαῖα)과 "새 것"(새 질서, καινά)의 대조에서도 아주 분명히 드러나는 점이다. 물론 "아직 아니"의 측면도 있어서 새로운 피조물이 된 것이 가시적으로 드러나 있지는 않다. 그것은 미래에 될 일이다. 그러나 기본적으로 이 세상은 이미 그리스도 안에서 새로운 피조물이 되었다고 바울은 선언한다. 이는 그리스도 안에서 임하여 온 하나님 나라의 질서를 생각하면서 바울이 하는 말이다.

6. '하나님 나라'의 미래성

그러나 "하나님의 나라"는 예수님의 지상 사역에서 다 와버려서 이제는 더 이상 올 것이 없는 것이 아니다. 자신의 사역에서, 또 자신의 메시아로서의 사역으로 말미암아 하나님의 나라가 이 땅에로 임하였음을 강조하며 가르치신 예수님께서는 또한 그 하나님의 다스리심의 '아직 오지 않은 측면'도 가르쳐 주시고 있다. "최선의 것은 아직 오지 않았기 때문이다."[62] 예를 들어서, 이 세상의 일로 염려하지 말 것을 권면하신 후에 예수님께서는 자신의 제자들에게 이렇게 말씀하신다: "적은 무리여

---

61. Barrett, 174f.

62. Morris, 83: "the best is yet to be."

무서워 말라 너희 아버지께서 그 나라를 너희에게 주시기를 기뻐하시느니라"(눅 12:32). 그러므로 제자들로서는 "그의 나라를 구하는" 일만이 필요한 것이라고 하신다(눅 12:31). 이는 이 말씀을 하시는 시점에서는 하나님의 통치가 아직 오지 않았든지, 적어도 그 통치의 극치에 이르지는 않았음을 말해 준다. 즉, 여기 나오는 "나라"는 미래적인 하나님 나라인 것이다.[63] 그 미래적 하나님 나라는 지금 여기에 현재하는 하나님 나라의 백성들에게 하나님께서 후에 주실 은혜의 선물이다. 이미 여기서도 현존하는 하나님 나라의 백성으로서 항상 하나님 나라와 그 의를 추구하고 추구해야만 하지만 "그럼에도 그것은 하나님의 선물이다."[64] 이 말씀이 예수님의 사역 초기에 주어진 말씀이기에 아직 오지 않았다고 표현하는 것은 아닐까 하고 생각하는 이들을 위해서 예수님의 지상 사역 말기에 주어진 한 말씀을 생각해 볼 수 있을 것이다.

달란트 비유에 따라 나오는 심판을 양과 염소를 나누는 것처럼 하시겠다는 말씀에서(마 25:31-46) 예수님께서는 그 오른 편에 모인 자들을 향해 주어진 심판자 임금[王]의 말을 다음과 같이 제시하신다: "나아와 창세로부터 너희를 위하여 예비된 나라를 상속받으라"(마 25:34). 이들은 그 나라를 유업으로 받는 것으로 묘사되어 있다. 그러므로 그때까지는 아직 그 나라를 받지 않은 것으로 되어 있다. 이는 적어도 그 나라의 충만한 현시가 심판 때까지는 이루어지지 않음을 시사해 주는 것이다. 여기서 그 나라는 블룸버그가 잘 말하고 있는 것과 같이 "그것의 모든 미래의 충만 가운데 그려지고 있는 것"(here envisioned in all its future

---

63. 다른 많은 주석가들과 함께 특히 Ridderbos, *Coming*, 77, 238을 보라.

64. Ladd, *Jesus and the Kingdom of God*, 한역, 350. 이런 점에 대한 래드의 좋은 강조로 230쪽도 보라. 또한 350쪽에 있는 상급에 대한 래드의 이해를 잘 읽어 보라. 한마디로 하면 "상급은 천국 자체이다."

fullness)이다.⁶⁵ 그러므로 이 나라는 "새 하늘과 새 땅"인 것이다.⁶⁶ 래드가 잘 지적하고 있는 바와 같이, 이렇게 "종말론적 완성 때 하나님 나라는 의로운 자가 무상으로 유업을 받을 수 있는 어떤 것이다."⁶⁷ 그런 나라의 충만은 하나님께서 "창세로부터 예비하신 것, 즉 영원부터 예비하신 것이 결국 성취되는" 것이며, "실로 이것이야말로 전 세상이 창조된 큰 목적이었다"고 말하는 리델보스의 말은⁶⁸ 아주 옳고, 중요한 것이다. 그리고 그 충만한 나라는 유업으로 받는 것이므로 그들이 노력해서 얻는 것이 아님이 분명하다. 더구나 그 나라가 창세로부터 예비되었다고 표현한 것은 이를 얻게 되는 것이 인간의 공로로 되는 것이 아님을 분명히 해준다.⁶⁹

이처럼 하나님 나라, 즉 천국의 극치(consummation)는 장래에 심판 때에 있게 될 것이다. 그때에는 "동서로부터 많은 사람이 이르러 아브라함과 이삭과 야곱과 함께 천국에 앉으려니와 그 나라의 본 자손들은[즉, 구약의 하나님 백성으로 자처하던 이스라엘 사람들은] 바깥 어두운데 쫓겨나 거기서 울며 이를 갈게 되리라"라고 하신다(마 8:11, 12, 눅 13:28,

---

65. Blomberg, 377. See also Ridderbos, *Coming*, 37f., 77, 238; Ladd, *Jesus and the Kingdom of God*, 한역, 298, 367: "종말론적 하나님 나라의 영생"; Carson, "Matthew," 521: "here that kingdom is consummated." 그러므로 Homer A. Kent, Jr.가 해석하는 식으로 여기서의 나라를 "천년 왕국"으로 해석하는 것은("Matthew," in WBC, 976) 옳지 않은 해석일 것이다.

66. Leithart, 17, 232(n. 10).

67. Ladd, *Jesus and the Kingdom of God*, 한역, 244.

68. Ridderbos, 『마태복음 주석』, 725.

69. 이 점에 대한 좋은 강조로 헨드릭슨의 다음 말을 보라: "이 양들의 선행이 언급되기(35, 36절에서) 전에 무엇보다도 그들의 구원의 근거, 따라서 그들의 선행의 근거가 그들이 영원 전부터 선택되었음에 있다는 사실에 강조점이 주어지고 있다"(William Hendricken, *New Testament Commentary: Exposition of the Gospel according to Matthew* [Grand Rapids, 1973], 888). 이와 같은 점에 대한 강조는 그들이 "그들의 선행 때문에 복을 받았다"(Blomberg, 377)고 말하는 것보다 많은 오해를 제거시키며, 성경의 가르침에 더 충실한 것이라고 할 수 있다.

29). 이는 최후에 있게 될 오는 세상의 메시아적 잔치(cf. 사 25:6-9; 65:13-14), 즉 하나님 나라의 잔치에 온 세상으로부터 온 많은 이들이 참여하고, 유대인들이 쫓겨나는 일이 있을 것임을 말하는 것이다. 그러나 이때 "쫓겨남"이란 단어에 대한 오해를 방지하기 위해서 래드의 다음과 같은 말을 유의하는 것이 좋을 것이다: 이 단어는 "역사와 언약에 의해서 나라의 본 자손이 된 유대인들이 그 나라에 들어가지 못할 것을 의미하는 것이지, 일단 들어간 후에 그들이 다시 쫓겨날 것을 말하지 않는다. 따라서 악한 자들을 '그 나라에서' 거두어 낼 것이라는 언급은 그들이 그곳에 들어가지 못할 것을 말하는 것이다."[70]

예수님께서는 또한 "그 때에 의인들은 자기 아버지 나라에서 해와 같이 빛나리라"(마 13:43)라고도 말씀하신다.[71] 이런 말씀을 생각하면서 과거의 신학자들은 이 생명과 의와 영광과 기쁨으로 가득할 나라를 "영광의 왕국"(regnum gloriae)이라고 불러왔다. 이는 이미 임한 하나님의 나라가 충만해 지는 것이며, 그 나라의 극치에 이르는 것이다. 이런 의미의 극치의 나라는 아직 우리에게 임하지 않은 것이다.

이런 의미에서 예수님께서는 "나더러 주여 주여 하는 자마다 천국에 들어 갈 것이 아니요"(마 7:21)라고 말씀하신다. 여기서 말하는 천국은 이제까지 우리가 관찰한 바 "극치에 이른 하나님의 나라", 즉 "영광의 왕국"을 뜻한다. 즉, 모리스가 말하듯이, "천국이 충만하게 임할 때"를 지칭하는 말이다.[72] 이는 이 말씀이 심판을 염두에 두고서 하시는 말씀임을

---

70. Ladd, *Jesus and the Kingdom of God*, 한역, 275.

71. 때때로 여기 나오는 "아버지의 나라"를 고전 15:24 등에 나오는 "아들의 나라"와 대조하여 "영원한 아버지의 나라"로 보는 이들이 있다(Hill, 237; Beare, 313). 꼭 그렇게 구분해야만 하는가 하는 논의가 있을 수 있으나 (이에 대한 카슨의 좋은 비판으로 그의 "Matthew," 327을 보라), 그렇게 본다고 해도 이는 종국적으로 우리에게 임할 영광의 왕국을 지칭하는 말이 된다는 것에 유의해야 한다.

72. Morris, 178. See also Ridderbos, *Coming*, 37, 77, 291.

생각하면 더욱 분명해진다.[73] "그 날에 많은 사람이 나더러 이르되 주여 주여 우리가 주의 이름으로 선지자 노릇하며 ……"(마 7:22). 여기서 말하는 "그 날"은 분명히 예수께서 심판자로 임하시는 최후의 심판의 날을 뜻한다.[74] 그러므로 같은 맥락 가운데 있는 "천국에 들어간다"는 말도 같은 시점을 배경으로 하고서 생각해야 하는 말이다. 최후의 심판에 들어가는 천국은 "극치에 이른 천국", 즉 "영광의 왕국"(*regnum gloriae*)이다.

이는 후에 베드로후서와 요한계시록에서 이사야의 예언을 반영하면서 "새 하늘과 새 땅"이라고 언급된 것이기도 하다. 베드로는 "주의 날" 또는 "하나님의 날", 즉 심판의 날이 올 것을 말하면서(벧후 3:10, 12), 그러나 "우리는 그의 약속대로 의의 거하는 바 새 하늘과 새 땅을 바라보도다"라고 쓰고 있다(벧후 3:13). 하나님의 날에 있을 심판 이후에 새 하늘과 새 땅이 있게 된다고 말한다. 이와 비슷하게 요한계시록에서도 최후에 있을 소위 백보좌 심판(계 20:11-15) 후에 있을 "새 하늘과 새 땅"의 모습을 그려 주고 있다(계 21:1-7, 9-22:5). 이는 모두 이사야 65:17-25과 66:22-23에서 예언하신 새 하늘과 새 땅의 성취를 말해 준다. 그러므로 "새 하늘과 새 땅"도 예수 그리스도의 재림과 심판 이후에 나타날 "영광의 왕국", 극치에 이른 하나님의 나라를 지칭한다.

이런 "새 하늘과 새 땅"으로서의 하나님의 나라[天國]가 아직 임하지 아니하였으므로 지금도 "나라가 임하시오며"라고 기도하기를 쉬지 말아야 한다. 이는 그 나라의 극치가 아직 오지 않았으므로 가능한 기도이다. 예수님께서는 이런 의미에서 이 기도를 날마다 하도록 가르치신 것이다. 이렇게 그 나라가 극치에 이르도록 기도하며 그 나라를 위해 애쓰는 이

---

73. 이 점에 유의하는 Carson, 193을 참조하여 보라.

74. Cf. Hill, 152: "an allusion to the Last Judgment."

들을 주님께서는 바울과 같이 "그의 천국에(εἰς τὴν βασιλείαν αὐτοῦ τὴν ἐπουράνιον) 들어가도록 구원하실 것이다"(딤후 4:18). 이때의 "천국"도 그 모든 맥락을 고려하면 극치에 이른 천국임을 알 수 있다.[75] 월버 월리스도 같은 입장을 취하면서 "이는 이 땅 위에서의 하나님의 미래 통치와 새 땅에서의 미래 통치의 모든 국면을 다 지칭하는 일반적인 용어"라고 한다.[76] 물론 그는 천년 왕국과 영광의 왕국을 지칭한다. 그러나 여기에 천년 왕국이 과연 포함되는가는 또 다른 논의를 필요로 한다. 그러나 기본적으로 월리스는 이 "천국"이라는 말로써 하나님 나라의 미래적 측면을 지칭하는 것이다. 랄프 얼도 말하기를 "아마도 여기서는 영원한 상태에서의 미래 왕국을 언급하는 것이다"고 한다.[77] 디모데후서 4:1이 심판과 그리스도의 나타남과 그의 나라를 연관시키며 말을 시작하고 있는 것으로 볼 때에 4:18의 "그의 천국"도 역시 극치에 이른 천국임을 무리하지 않고 짐작할 수 있다. 그런 극치에 이른 하나님의 나라는 아직 임하지 아니하였다. 그것은 아직 미래에 우리에게로 임하여 올 실재이다. 그 나라가 권능으로 임하여 오는 일이 아직 우리에게 남아 있는 것이다.

---

75. Cf. Vos, 『바울의 종말론』, 67; J. N. D. Kelly, *A Commentary on the Pastoral Epistles* (Harper and Row, 1960; Peabody, MA: Hendrickson, 1987), 220.

76. Wilbur B. Wallis, "II Timothy," in *WBC*, 1391.

77. Ralph Earle, "2 Timothy," in *The Expositor's Bible Commentary*, vol. 11 (Grand Rapids: Zondervan, 1978), 416.

7. '하나님 나라'의 '이미'와 '아직 아니' 속에 현존하는 그리스도인과 그의 삶

요약하자면, 하나님 나라, 즉 천국[天國]은 예수 그리스도의 사역 가운데서 이미 이 땅으로 임하여 왔으며, 그러나 올 것이 다 와버린 것이 아니고 언젠가 그 나라의 극치에 이를 때가 있는 것임을 확언할 수 있다. 이제는 많은 그리스도인들 사이에서 유명해진 "이미, 그러나 아직 아니"(already, but not yet)의 구조, 또는 그 둘 사이의 긴장이 바로 이것을 의미한다. 이런 하나님 나라의 임함의 구조 가운데 있는 것이 중생자의 삶이다.

중생자는 먼저 자신이 예수님의 메시아로서의 사역 가운데서 임한 하나님 나라에 들어와 있는 하나님 나라의 백성이라는 의식을 가져야만 한다. 하나님 나라가 이미 임하여 왔고 자신이 중생으로 말미암아 그 천국에 속해 있으면서도 마치 자신이 아직은 천국에 속한 사람이 아니라고, 그래서 죽은 뒤에나 천국에 갈 것이라고 생각한다는 것은 옳지 않은 일이기 때문이다. 그는 오히려 예수 그리스도를 믿고 있는 자신이 이미 예수 그리스도 안에서 이 세상에 임하여 온 천국에 지금 여기에서도 속해 있음을 의식하고 표현해야 할 것이다.

이런 천국과 관련하여 사람들에게 요구하는 것은 첫째로 회개하는 일이다. 천국 선포와 관련해서 처음 언급된 것은 언제나 "회개"임을 주의해서 보라: "회개하라 천국이 가까이 왔느니라." 왜냐하면 하나님의 나라는 의로운 나라이므로 의롭지 못한 이는 하나님 나라에 속할 수 없기 때문이다. 그러므로 의로운 하나님 나라에 속하는 이들은 자신들의 존재가 하나님 나라에 적합하지 않음을 인정하고 따라서 회개해야만 한다. 즉, 자신들이 하나님 보시기에 합당하지 않음을 인정하고서 하나님께 자신의 존재 모두를 내어 맡기는 일을 해야 한다. 그러나 이 회개가 공로가 되어서 그것에 근거하여 우리가 의로운 하나님 나라에 들어 갈 수 있는 것은 아니다. 보스가 말하듯이, "회개가 필수적이라는 것을 공적의 의미로 이해해서는 안 된다."[78] 왜냐하면 회개는 근본적으로 과거와 관련이 있고 죄에 대해 반응하는 소극적인 것이기 때문이다. 회개는 성경에 나타난 하나님의 뜻에 비추어서 자신의 존재와 행위들이 하나님 앞에서 옳지 않으며 바르지 않은 것임을 인정하고[회개의 지적인 요소], 그런 자신의 존재와 행위들에 대해서 진정으로 슬퍼하고[회개의 감정적 요소], 그런 자신의 존재와 행위들을 미워하고 그로부터 돌이키는 것이다[회개의 의지적 요소]. 이렇게 회개는 전인적인 것이고 전 포괄적인 것이다.

진정한 회개는 믿음과 떨어질 수 없는 관계를 가지고 있다. 참으로 회개한 이는 이제 하나님을 바로 알며, 그의 말씀에 대해 확신을 가지고, 그를 신뢰하여 하나님께 자신을 전부 맡기는 것이다. 온전히 하나님만을 의뢰하여 그에게 자신의 전폭을 하나님께 맡기는 회개자는 하나님께 의존해 살며, 하나님의 뜻에 따라 산다. 그는 자신의 삶 전부를 하나님과 관련시키며 사는 것이다. 이는 하나님 나라의 성격과도 밀접한 관계를 지니고 있으니, 그 나라는 힘 있는 나라요, 하나님의 전능하신 힘으로 이루어지는 나라이기에 사람은 그저 하나님께서 이루시는 일을 믿고 받을 뿐이다. 그 나라와 관련하여 우리가 할 수 있는 일은 그 나라의 왕이신 하나님을 믿고서 그에게 전적으로 의존하는 것이다.

이런 천국 백성들인 그리스도인들은 기꺼이(willingly) 자신들의 모든 삶에서 하나님의 다스리심을 받아 나아간다. 여기에 하나님 나라의 실재가 있다. 거듭 강조하여 말하자면, 하나님 나라는 하나님의 다스리심이

---

78. Vos, 『성경신학』, 436.

기 때문이다. 순간순간 모든 삶을 하나님과 관련하여 살되, 하나님의 왕으로서의 뜻을 잘 받들어서 그 뜻을 이 땅 위에서 실현해 나가고자 애써야만 하는 것이다.

8. 신국적 세계관의 함의

바로 이런 하나님 나라의 백성들은 이 세상을 근본적으로 하나님 나라의 관점에서 볼 수밖에 없다. 따라서 진정한 그리스도인인 중생자의 세계관은 신국적 세계관일 수밖에 없다. 그의 세계관은 하나님의 통치를 중심으로 한다. 그는 이 세상을 하나님의 통치가 실현되어야 하는 장으로 본다. 이렇게 하나님 나라와 관계하여 이 세상을 바라보는 하나님 나라 백성인 그리스도인의 관점을 정리해 보면 다음과 같다.

그리스도인은 본래 이 세상이 하나님에 의해서 창조되었을 때부터도 모든 측면에서 하나님의 다스리심이 다 드러나는 곳이어야 한다고 믿는다. 창조된 세상은 마땅히 하나님의 뜻에 따라 다스려져야 하고 그 뜻의 성취를 향해 나갔어야 한다. 특히 피조계의 대표자인 사람이 하나님의 뜻의 성취를 위해서 자신들이 먼저 하나님의 뜻을 깨닫고 그 뜻대로 이 세상을 통치하여 하나님의 통치하심의 실재를 드러냈어야 한다. 이를 '창조는 하나님 나라를 지향하고 있다'라는 말로 표현할 수 있다. 다시 말해서 창조된 세계는 그 자체의 모습으로 정태적인 상태에 있어서는 안 되고 하나님께서 생각하시는 바 더 높은 상태(the higher state)를 향해서 나아갔어야만 했던 것이다. 더 높은 상태 바로 그것이 하나님 나라였다고 말할 수 있다.

그런데 인간이 하나님의 뜻을 좇아 이 세상을 다스리지 못하고 타락해서 이 세상은 하나님의 통치가 와야 하는 상황 가운데 있게 된 것이다. 물론 타락한 세상도 하나님의 힘과 전능 아래 있으므로 타락한 세상 전체가 하나님의 다스리심[統治] 아래 있다고 말할 수도 있다. 이를 신학 용어로 "권능의 왕국"(*regnum potentiae*)이라고 불렀다. 이런 의미의 통치에는 이 세상의 모든 것이 포함된다. 심지어는 하나님을 대적하는 사탄의 세력이라도 이 통치 아래에 있다. 그러나 이는 적극적인 의미에서의 하나님의 통치(하나님의 나라)라고 할 수 없다. 그래서 하나님께서는 그의 은혜의 왕국(*regnum gratiae*)을 이 세상에 도입시키신 것이고, 이 은혜의 왕국이 신약 성경이 말하고 있는 하나님의 나라[天國]인 것이다. 그러므로 예수 그리스도 안에서 하나님 나라[天國]가 이 땅으로 임하였다고 했을 때는 "은혜의 왕국"이 임했다는 뜻이다. 그러므로 하나님의 권능의 왕국[통치]의 대상인 이 세상 안에 그리스도 이후에는 은혜의 왕국[통치]이 함께 있다. 그 은혜의 왕국은 이 세상 안에서 진행하고 성장하다가 그리스도의 재림과 심판에서 급기야 "영광의 왕국"(*regnum gloriae*), 즉 새 하늘과 새 땅으로 바뀔 것이다.

하나님 나라 백성인 그리스도인은 이와 같은 영광의 왕국의 도래, 즉 은혜의 왕국의 극치에 이르기를 소망하며 이 땅에서 살아간다. 그리고 하나님께서는 그들을 자신의 백성으로 보시고 특별히 돌아보시며 통치하신다. 하나님 백성에게 있는 이런 특별한 인도하심과 돌보심과 통치를 전통적으로는 "아주 특별한 섭리"(*providentia specialissima*)라고 불렀다.[79] 이는 "은혜의 왕국"(통치) 아래 있는 이들에게 미치는 하나님의 다스리심을 지칭하는 말이다. 그러나 하나님의 사역은 분리되어 있는 것이 아

---

79. 이에 대한 논의로 Berkhof, *Systematic Theology*, 168; 이승구, 『진정한 기독교적 위로』 (서울: 여수룬, 1998), 171; 『성령의 위로와 교회』 (서울: 이레서원, 2001), 79를 보라.

니므로 이 세상의 모든 일이 이 은혜의 왕국 백성들의 돌봄을 중심으로 진행되고 그밖에 있는 것도 하나님께서 유지시키시고 발전시키시며 통치하신다. 이것이 하나님의 우주적 왕권, 또는 보편적 왕권이다(*regnum potentiae*). 이 권능의 왕국은 결국 은혜의 왕국, 즉 신약 성경이 말하는 하나님 나라[天國]를 위해 있다. 하나님 나라 백성은 이 세상 전체를 이런 신국적 진행의 과정에서 살펴본다. 그러므로 기독교 세계관은 근본적으로 신국적 세계관이라고 할 수 있다.

제4장

하나님과 하나님의 창조:
기독교 세계관의 존재론적 토대

이 장에서는 기독교 세계관의 기본 틀의 첫째 부분으로 하나님과 하나님께서 창조하신 피조계의 관계를 생각해 본다. 기독교 세계관은 먼저 자충족적이신 하나님으로부터 시작하여, 그 하나님께서 자신의 기쁘신 뜻대로 창조하신 이 피조계의 창조에 대해 말한다. 이 창조로부터 하나님과 피조계의 관계가 시작된다. 이 세상이 있기 전부터 존재하셨던 하나님에 대해 먼저 이야기해 보자.

1. 세계 창조 이전부터 스스로 존재하시는 자충족적인 하나님

기독교 세계관은 이 세상은 스스로 생긴 것이거나 우연히 오늘날과 같은 모습을 가지게 된 것이 아니고 하나님이 창조했기에 존재한다고 주장한다. 그러므로 이 세상이 있기 전에는 하나님만 계셨다. 그러나 성경이 말하는 하나님은 (반틸을 따라서 더 정확히 말하자면, 성경 가운데서 스스로 증거하시는 하나님은) 홀로 계셔도 무엇이 부족한 것이 없는 스스로 충족하신 분이시다.[1] 전통적으로 신학에서는 이를 흔히 하나님의 자충족성(self-sufficiency)이라고 불렀다. 그는 이 세상과 역사, 그리고 우리들 인간의 존재나 도움을 필요로 하시는 분이 아니라는 말이다. 이 세상과 이 세상의 역사가 없어도 하나님은 온전하시며, 그 스스로 충족하신 것이다. 따라서 이 하나님은 그 무엇에 의해서 존재하게 되는 분이 아니다.

(그런 말이 필요 없지만) 하나님에 대한 이런 논의를 구태여 표현하자면 중세의 스콜라 신학에서부터 애용된 대로 스스로가 자기 자신에게 대해서 원인이 되는(causa sui) 분이시라고 말할 수 있다. 그러므로 성경이 말씀하는 하나님은 자존적(自存的)인 분이시다. 그리고 그런 하나님은, 하나님의 창조가 없었더라면 존재하지 않을 수 있었던 이 세상의 모든 존재들이 우연적인 존재들(contingent beings)이라고 언급될 수 있음과 대조되는 "필연적 존재"(necessary being)이시다. 즉, 하나님은 그 분의 성격상 반드시 계셔야만 하는 분이시라는 것이다. 존재하지 않고 관념으로서만 존재하는 하나님은 하나님이 아니라는 말이다. 물론 이런 말들은 창조 이전부터 계신 자충족적인 하나님에 대해서 논리적으로 이끌어낼 수 있는 바를 말하는 것일 뿐이다. (그러므로 기독교 이전의 철학자들이 자신들이 말하는 신(神)에 대해서 이와 비슷한 방식으로 말했다고 해서, 하나님이 철학자들의 하나님이 되는 것도 아니고, 그리스도인들은 이런 말을 사용하지 말아야 하는 것도 아니다. 물론 이렇게 말한 후에는 똑같이 자기 스스로 원인이신 신(神)을 말하는 기독교인들의 신 개념(神

---

1. 우리가 말하는 하나님은 계속해서 성경의 하나님, 성경 가운데서 자기 자신을 증언하시는[自證하시는] 하나님, 즉 파스칼(B. Pascal)이 말한 바 "아브라함의 하나님 이삭의 하나님 야곱의 하나님"이심에 유의하라.

概念)과 이교 철학자들의 신 개념(神槪念) 중에서 어떤 것이 더 하나님의 개념에 일치하며, 하나님의 계시에 일치하는 것인가 하는 또 다른 논의가 남게 된다.)

성경은 이 하나님에 대해서 어떤 증명을 하려고 하지 않는다. 그저 하나님의 존재하심을 전제하고 선언하며 그 하나님께서 하신 일들을 선포할 뿐이다. 사실 우리는 이 하나님의 자기 계시에 근거해서 하나님을 알 뿐이다. 그러므로 (철학적으로 매우 중요하고도 강한 주장을 하자면) 하나님은 존재적으로 우리의 근거(ontic ground)가 되실 뿐만 아니라, 인식적으로도 우리의 인식 근거(epistemic ground)가 되신다. 하나님이 계시지 않으면 우리는 존재하지도 않고, 알 수도[인식 가능성도] 없는 것이다. 하나님의 근본적 근원성이 여기에 있다.

2. 창조에 대해서 어떻게 알 수 있는가? (창조의 인식 가능성)

성경이 말하고 있는 인간과 관련해서 하나님이 최초로 하신 일은 이 세상을 창조하신 것이다. 그런데 인간들 가운데서는 하나님께서 이 세상을 창조하시는 일을 목격한 이는 아무도 없다. 아담도 다른 모든 피조물을 만든 이후 지으셔서 살게 하셨기 때문에 그도 하나님이 창조하시는 일을 보지는 못했다. 당연히 모세도 이 창조 과정을 보지 못했다고 말하는 것이 옳다. 하나님께서 친히 모든 인간에 대하여 다음과 같이 말씀하신 적이 있다.

> 내가 땅의 기초를 놓을 때에 네가 어디 있었느냐 네가 깨달아 알 았거든 말할지니라 누가 그것의 도량법을 정하였는지, 누가 그 줄

을 그것의 위에 띄웠는지 네가 아느냐 그것의 주추는 무엇 위에 세웠으며 그 모퉁잇돌을 누가 놓았느냐 …… 네가 너의 날에 아침에게 명령하였느냐 새벽에게 그 자리를 일러 주었느냐(욥 38:4-6, 12)

그러므로 이 말씀의 직접적 대상자가 되는 욥을 포함하여 그 어떤 사람도 하나님의 창조하시는 일을 본 사람은 아무도 없다. 창조를 목격한 이는 한 사람도 없다. 따라서 우리들 가운데서 직접 눈으로 보고서야 하나님의 창조하심을 인정하겠노라고 하는 이가 있다면, 또 그것을 어떻게 보여줄 수 없을까 생각하는 이가 있다면 그는 무모한 생각을 하는 것이며, 불가능한 일을 기도하는 것이다. 창조는 그 과정을 보고서 알게 되는 것이 아니다. 또한 창조는 그 과정을 인간들이 지금까지 발전시키고 있는 설명의 틀인 과학으로 증명하고 알 수 있는 것도 아니다.

그렇다면 우리는 도대체 창조에 대해서 어떻게 알 수 있는가? 성경은 창조에 대한 유일한 인식의 길에 대해 다음 같이 선언하고 있다: "믿음으로 모든 세계가 하나님의 말씀으로 지어진 줄을 우리가 아나니"(히 11:3). 하나님의 인격에 대한 신뢰만이 이 세상의 창조를 말하는 하나님의 말씀에 대한 믿음과 지식을 가능하게 한다. 그런 뜻에서 하나님을 인격적으로 신뢰하지 않는 이들은 창조에 대해서 바른 믿음과 지식을 가질 수 없다고 할 수 있다. 하나님을 신뢰하는 믿음으로서야 하나님께서 이 세상을 창조하셨다는 것을 알 수 있다. 하나님을 믿는 "우리는 하나님의 말씀으로 이 세상을 창조하셨다는 것을 안다"(νοοῦμεν κατηρτίσθαι τοὺς αἰῶνας ῥήματι θεοῦ). 그러므로 믿는 이들은 하나님의 인격을 믿고 신뢰하므로 그가 창조에 대해서 하신 말들을 받아들이고 믿는 것이다. 따라서 그리스도인들은 창세기 1, 2장에서 이 세상 창조에 대해서 하고 있는 말을 그대로 받아들이며, 이로부터 창조에 대한 지식을 갖게 되는 것이다. 우리는 창세기 1, 2장을 창조에 대해서 하나님께서 주신 정보의 원천으로 여겨야만 한다. 이것밖에는 우리가 창조에 대해서 **자세한 정보**를 얻을 곳이 없다. 그리고 이 부분의 저작 목적이나 그 문학 형식은 우리의 이런 생각이 옳음을 분명히 해 준다. 이에 대한 반론이 오늘날은 더 많으나, 1959년에 미국 복음주의 신학회 논문집에서 알렌 맥클레이는 창세기 1, 2 장은 우리에게 사실적 지식을 주려는 목적을 지니고 쓰여졌음을 아주 분명하게 지적한다. 이 문제에 대해서 그 누구보다도 가장 분명한 입장을 천명하는 것으로 보이는 그의 말을 몇 부분 인용해 보기로 한다.

> …… 창세기 1, 2장의 어떤 부분도 우리가 소홀히 또는 풍유적으로 다루도록 권한을 부여하는 것이 없다. …… 히브리 시(詩)의 특징들이 창세기 1, 2장에서 발견되진 않는다. 그리스도의 생애를 하나의 풍유로 취급할 수 없듯이, 창세기 1, 2장을 하나의 풍유로 취급할 이유가 없다. 예수님에 대한 기록이 사실일진대 창조와 아담의 기록도 동일하게 사실적이 아니라는 이유가 없다. …… 우리가 고찰 중인 창세기 1, 2장에 있어서 비유적 언어가 내포되어 있는가 하는 질문을 제기할 여지는 거의 없다. 창세기 1, 2장은 성경의 어느 곳에 못지않게 사실적이고 문자적이다.[2]

---

2. 알렌 맥크레이, "The Principle of Interpreting Genesis 1 and 2," *Evangelical Theological Society*, vol. 2, no. 4 (Fall 1959): 1-9; 윤영탁 역편, 『구약신학 논문집 (1)』 (서울: 총신대학 출판부, 1979), 10-11. 이와 비슷하게 창세기 1장이 시가 아닌 산문이라는 것을 분명히 드러내면서도 맥크레이의 입장과 같이 확고한 입장을 견지하지 못하는 이들이 많음에 유의하라. Cf. G. von Rad, *Genesis*, trans. J. H. Marks and J. Bowden (London: SCM Press, 1972), 47: There is no "hymnic element in the language"; Gordon J. Wenham, *Genesis 1-15*, *Word Biblical Commentary* 1 (Waco, Texas: Word Books, 1987), 9f.

그러므로 우리는 성경의 이 부분이 시적(poetic)이라고 말하는 이들의[3] 의도에 대해서 의문을 표해야 할 것이다. 아마도 우리는 창세기 1, 2장을 그것이 지니고 있는 사실적 기록의 스타일을 존중하는 입장에서 읽고 그로부터 창조에 대한 정보를 얻으려고 해야만 할 것이다. 이는 창세기 앞부분을 역사적인 것으로 여기며, 이로부터 가르침을 얻으려고 하는 것이다.[4] 물론 이런 말을 할 때 창세기의 언어가 일상적인 언어임을 잊고서 그것이 현대 과학이나 현대 철학의 언어인 것처럼 간주하고 말하는 것은 아님에 유의해야 한다. 성경의 언어는 "물리적 현상을 현대인의 과학적 정신과 연관해서 검토하는 시도를 전혀 하지 않는" 보이는 대로의 현상을 기술하는 현상의 언어(language of appearances)요, 일상적인 언어(ordinary language)인 것이다.[5] 그리고 성경은 때로는 신인동형론적인 표현법을 사용하고 있다. 영 교수가 말하는 대로 "하나님께서는 인간의 목소리로 말씀하시지 않았으며 히브리어로 말씀하지 않았음이 확실하다. 그러나 바로 그 이유 때문에 성경에서 하나님이 사용한 표현은 모두 상징적이며, 하나님의 사역이나 사실은 묘사하지 않는다는 결론에 도달할 수 있을까?"[6] 이에 대해서 우리는 그의 이 수사 의문문의 의도에 충실하게 "그렇지 않다"고 말할 수 있어야만 한다.

그리고 창세기 1, 2장은 그 각 장이 주고 있는 정보를 상호 조화롭게

---

3. Cf. J. A. Thompson, "Creation, II. The Genesis Account," in *New Bible Dictionary*, 2nd edition (Leicester: IVP, 1982), 246: "The whole is poetic …".

4. 이렇게 이 부분의 역사성을 인정하며 그것을 변증하는 논의로 다음을 보라. Grudem, 278f.; Anthony A. Hoekema, *Created in God's Image* (Grand Rapids: Eerdmans, 1986), 52, 58; Edward J. Young, *Thy Word is Truth* (Grand Rapids: Eerdmans, 1957), 245ff.

5. 이에 대한 좋은 논의로 James M. Houston, *I Believe in the Creator* (London: Hodder and Stoughton, 1979; Grand Rapids: Eerdmans, 1980), 62를 보라.

6. Edward J. Young, *Studies in Genesis One* (Nutley, N. J.: Presbyterian and Reformed Publishing House, 1964), 이정남 옮김, 『창세기 1장 연구』 (서울: 성광문화사, 1982), 86f.

해석해야 한다. 그 각 장을 서로 다른 창조 신학을 담고 있는 두 가지 다른 창조 기사로 여기는 것은[7] 이상한 결과를 낼 것이기 때문이다. 성경이 궁극적으로 하나님의 계시임을 인정한다면 하나님께서는 창조에 대한 조화로운 정보를 제공하실 것이기 때문이다. 그러므로 제2장이 주고 있는 정보는 제1장의 정보를 "인간 창조를 중심으로" 좀더 구체적으로 설명해 주고 있는 것으로 보고 조화롭게 해석하는 것이 이 본문에 대한 바른 해석일 것이다.[8] 예를 들어서, 창세기 1:27에서 여섯째 날 하나님께서 창조하신 것을 소개하면서 "하나님께서 자기 형상 곧 하나님의 형상대로 사람을 창조하시되 남자와 여자를 창조하시고"라고 하신 것을 좀더 구체적으로 설명하는 것이 창세기 2:7, 20-25의 내용이라고 보는 것이다. 이는 창세기 2:7-25의 내용이 여섯째 날에 있던 일에 대한 보도라고 여기는 해석이다.[9] 이렇게 성경의 기록을 조화롭게 보는 해석만이 그 내용에 충실한 해석이라고 할 수 있다.

여기서 흥미로운 질문을 하나 제기할 수 있다. 하나님을 믿으며, 하나님께서 이 세상을 창조하셨다는 것을 믿는다고 하면서도 창세기 1, 2

---

7. 이는 오늘날 구약 신학계의 일반적인 동향이다. 심지어 상당히 중도적이며 정경을 중시하는 정경 비판(canonical criticism)의 주장자인 차일즈도 이런 입장을 표명한다. Cf. Brevard S. Childs, *Biblical Theology of the Old and New Testaments* (Minneapolis: Fortress Press, 1993), 105-13. 심지어 우리가 후에 긍정적으로 인용할 풀러 신학교의 로버트 마이어도 이런 견해를 받아들이며 작업한다(68, 69).

8. 같은 입장에서 두 장의 관계를 말하는 John H. Sailhamer, "Genesis," in *The Expositor's Bible Commentary*, vol. 2 (Grand Rapids: Zondervan, 1990), 41을 보라: "저자가 1장에서 단순한 사실로 진술하고 있는 것이 제2장의 기사 전체에서 설명되고 발전되고 있는 것이다."

9. 이는 많은 이들의 공통된 견해이지만, 이 문제에 대한 서술 가운데서 이를 명확히 언급한 예로 Wayne Grudem, *Systematic Theology: An Introduction to Biblical Doctrine* (Grand Rapids: Zondervan, 1994), 294를 보라. 카이저도 같은 언급을 한다. 그러나 그는 따라서 제6일은 24시간보다 길었어야만 한다고 주장하고 있음에 유의하라. Cf. Walter C. Kaiser, Jr., *Toward An Old Testament Theology* (Grand Rapids: Zondervan, 1978), chapter 5, 최종진 역, 『구약성경신학』 (서울: 생명의 말씀사, 1982), 104.
　이와는 달리 창세기 2:8, 9에 나타나고 있는 식물은 에덴에 창설하신 동산에 나무가 나게 하신 것이라고 보는 견해가 있다(Wenham, 61). 그런데 그는 2:19의 생물이 언제 창조된 것인지에 대해서 별 관심을 보이지 않는다. 이런 그의 태도의 함의에 유의해야 할 것이다.

장에 있는 창조에 대한 정보를 그저 시적인 표현으로 간주하거나 우주적 신화로 여기는 이들은[10] 과연 창조에 대한 하나님의 말씀을 믿는 것인가? 이에 대해서 긴 논의를 할 수는 없고, 여기서는 단지 "이스라엘과 기독교의 역사적 신앙은 신화적 정신과는 양립할 수 없다"는 휴스톤의 말만을 인용하기로 한다.[11]

그러면 창조 이야기는 신화는 아니지만 역사적인 것으로는 볼 수 없고 사화(史話, Saga)라고 보는 바르트의 견해는 어떤가?[12] 그의 다음과 같은 말을 들어 보라.

> 창조의 역사는 '비역사적인'(non–historical) 역사이다. 아니 더 정확하게 말하자면 '전역사적인 역사'(pre–historical history)이다. …… 바로 그렇기 때문에 그것은 비역사적, 전역사적 묘사와 기술의 대상이 될 수 있을 뿐이다. …… 나는 시공간의 한계 내에서 단번에 나타난 역사의 전역사적 실재에 대한 직관적이고 시적인 그림이라

---

10. See, e. g., Herman Gunkel, *Genesis* (1901), trans. Mark E. Biddle (Macon, Georgia: Mercer University Press, 1997), xi, xiii, 103–17; Emil Brunner, *The Christian Doctrine of Creation and Redemption, Dogmatics*, vol. II, trans Olive Wyon (London: Lutterworth Press, 1952), 74: "the mythical idea of a Primitive State in Paradise"; "this Paradise myth"; Eric C. Rust, *Nature and Man in Biblical Thought* (London: Lutterworth Press, 1953), 20: "구약 성경은 두 가지 창조 신화들(myths of creation)로 시작된다. 이 두 신화들 모두가 주변 백성들의 이교 신화로부터 온 요소들을 반영하고 있고, 그 둘 모두에 언약 신앙의 변혁적 영향 아래에 있다"; Langdon B. Gilkey, *Maker of Heaven and Earth: A Study of the Christian Doctrine of Creation* (Garden City, N. Y.; Doubleday, 1959), 34; B. Otzen, H. Gottlieb and K. Jeppesen, *Myths in the Old Testament* (London: SCM Press, 1980), 33–34.

11. James M. Houston, *I Believe in the Creator* (London: Hodder and Stoughton, 1979; Grand Rapids: Eerdmans, 1980), 63. See also James Leo Garrett, *Systematic Theology*, vol.1 (Grand Rapids: Eerdmans, 1990), 294: "신화들이란 말에 대한 신약의 모든 용례에서는 그 함의가 모두 다 부정적이다."

12. Karl Barth, *Church Dogmatics*, trans. J. W. Edwards, O. Bussey and Harold Knight (Edinburgh: T. & T. Clark, 1958), III/1, 81–94.

는 의미로 '사화'(史話, saga)라는 말을 사용한다.[13]

이런 이해에 근거해서 그는 창조가 "삼위일체 하나님의 일련의 사역들 가운데서 첫째 사역이며, 따라서 이는 하나님 이외의 것들의 시작"이라고 말하는[14] 것의 의미를 생각해야 한다. 또한 창조 이야기는 단지 비유일 뿐이라고 보는 앨런 리처드슨이나 도널드 에반스의 견해는 어떤가?[15]

여기서 이에 대한 온전한 답변을 시도하지는 않을 것이다. 그러나 휴스톤과 함께 바르트의 사화가 신화가 과연 얼마나 큰 거리를 지니고 있는가를 물어야 할 것이며, "비유"로 보는 것은 흥미롭기는 하나 창조의 사실성을 강조하는 일에서 실패하고 있음을 강조해야만 할 것이다.[16] 이와 같은 논의는 매우 흥미로운 논의가 될 것이고, 지금까지도 그랬거니와 앞으로 기독교 안에서 큰 논란과 토론의 쟁점이 될 것이다.

이런 논의와 관련된 문제 중의 한 문제만을 간단히 언급하기로 하자. 이 창조 기사는 이스라엘 주변의 이방 나라들이 섬기던 '거짓 신들'에 대한 논박(polemic thrust)을 담고 있다는 견해에 대해서 우리는 어떻게 반응할 것인가? 즉, 이 기사는 해와 달과 별들과 인간이 손으로 만든 것들을 하나님보다 열등한 것으로 만듦으로써 2차적인 위치에 놓았다는 견해에[17] 대해 어떻게 반응할 것인가? "영감된 성경 저자가 (이방 신화의)

---

13. Ibid., 80, 81.

14. Ibid., 42.

15. Donald Evans, *The Logic of Self-Involvement* (London: SCM Press, 1963), 242–51.

16. Cf. Houston, 63.

17. 그 대표적인 예로 다음 글들을 보라. Claus Westermann, *Creation*, trans. John J. Scullion, S. J. (Philadelphia: Fortress Press, 1974), 43–45; Walter Zimmerli, *Old Testament Theology in Outline*, trans. David E. Green (Atlanta: John Knox Press, 1978), 34, 37; Houston, 65; Wenham, 9, 10, 21f., 37; 그리고 Henry Wansbrough, *Genesis, Doubleday Bible Commentary* (New York: Doubleday. 1998), 3:

신학은 아니지만 이 신화들의 표상을 빌어 왔다"라는 견해, 즉 성경 저자들이 "이교도들의 잘못된 실재관을 반박하기 위해서 논쟁적으로 그리 했다"라는 견해에[18] 대해서 우리는 어떻게 반응할 것인가? 만일에 창조 기사의 역사성을 의문시하면서 이런 논의를 하는 것이라면 그것이 과연 신학적으로 의미를 가질 수 있을 것인가?

이와 비슷한 문제로 창세기 1장의 날들을 창조의 연대기적 순서를 보여주는 것이 아니라, 저자가 하나님의 창조 활동에 대한 가르침을 주기 위해 사용한 "문학적인 틀"(literary framework)이라고 보는 견해를 생각할 수 있다. 이런 입장의 강력한 대변자는 앙리 브로허일 것이다.[19] 따라서 그는 창세기 1장에서는 "연대기는 그 취할 자리가 없다"고 주장한다.[20] 그는 자신과 같은 입장을 취하는 이들로 다음과 같은 이들을 언급하고 있다: 리델보스(N. H. Ridderbos), 램(Bernard Ramm), 클라인(Meredith G. Kline), 패인(D. F. Payne), 그리고 톰슨(J. A. Thompson).[21] 영블루드(Ronald YoungBlood)도 이와 비슷한 "틀 이론"(framework theory, 골격 가설)을 주장한다.[22] 또한 휴스톤도 창세기 1장의 6일 창조의 틀을 창조 행동의 6일에 문자적으로 한정시키는 것은 하나님의 신비

"Against these [Babylonian myths] they reacted, using the same symbols but forming a wholly different picture."

18. Houston, 65. 그러나 휴스톤은 구체적으로 어떤 것이 그런 표상들인지를 말하지 않고, 창세기 1장 기록의 역사성에 대해서 별로 논의하지 않는다. 후에 논의하겠지만 그는 이를 계시를 위한 문학적 틀로 여기므로 그 역사성을 별로 심각하게 생각하지 않는 것이다.

19. Henri Blocher, *In the Beginning: The Opening Chapter of Genesis*, trans. by David G. Preston (Leicester: IVP, 1984), 49–59.

20. Ibid., 52: "Chronology has no place here."

21. Cf. D. F. Payne, *Genesis One Reconsidered* (Tyndale Press, 1964), 19–23; J. A. Thompson, "Creation, ii. The Genesis Account," in *New Bible Dictionary*, 2nd edition, 246: "an artificial literary structure."

22. Ronald Youngblood, *How It All Began* (Vantura, Calif.: Regal, 1980), 25–33.

를 축소시키는 것이라는 와이즈맨의 주장에 동감하면서 창 1:1–2:4을 계시를 위한 "문학적 틀"(the literary framework)로 보려고 한다.[23]

그러나 이미 오래 전부터 여러 사람이 제안하였던 이런 틀 이론은 많은 이들에 의해서 주해적으로 비판받아 왔다.[24] 데렉 키드너도 이런 "틀 이론"을 염두에 두고서 다음과 같이 말한 바 있다: "날들의 진행은 그것이 질서 있는 순서(ordered sequence)라는 인상을 주지 않는다고 하기에는 너무나도 장엄하다. 일반적인 독자에게 주고 있는 기본적인 인상 중의 하나를 무시하는 견해를 취한다는 것은 너무 무리한 것 같다."[25] 그러므로 창세기 1장에 대한 "틀 이론"은 "성경의 참됨을 부인하지는 않지만, 면밀하게 조사해 보면 개연성 없는 해석을 취하고 있다"라는 그루뎀의 말에 우리는 동의할 수 있다.[26]

그렇다면 6일의 날이 연속적인 날이지만 그 길이가 아주 긴 날이라고 보는 견해는 어떤가? 물론 순전히 주해적인 견지에서 이를 주장한다면 이는 가능한 견해이다. 구약성경이 "날"(יוֹם)이란 말을 사용할 때 이는 항상 24시간 하루를 말하는 것은 아니기 때문이다. 그러나 이를 주장하는 동기가 오늘날의 과학적 입장과 성경을 조화시키기 위해서 나온 것이라면("concordist view"에서 나온 것이라면)[27] 좀더 주의해야 할 것이다.

---

23. Houston, 58f. 그는 P. J. Wiseman, *Clues to Creation in Genesis*, edited by Donald J. Wiseman (London: Marshall, Morgan & Scott, 1977), 136, 143–68을 인용하고 있다. See also P. J. Wiseman, *Creation Revealed in Six Days* (London: Marshall, Morgan & Scott, 1948), 33f.

24. 이에 대한 좋은 비판들로 다음을 보라. Edward J. Young, *Studies in Genesis One*, 『창세기 1장 연구』, 70–76, 85–114(그는 특히 우트레흐트 대학교의 노르트짜히(Arie Noordtzij) 교수와 리델보스(N. H. Ridderbos) 교수의 '틀 이론'[framework hypothesis]을 언급하고, 그에 대한 알더스(G. C. Aalders)의 비판에 동의하면서 틀 이론을 반박한다); Grudem, 302–304.

25. Derek Kidner, *Genesis: An Introduction and Commentary*, TOTC (Chicago: IVP, 1967), 54–55.

26. Grudem, 304.

27. 이런 입장의 대표적인 것이 복음주의 기독교인인 지질학자 데이비스 영의 견해이다. Davis A. Young,

"성숙한 창조론"(mature creationism)의 주장자들이 말하는 것 같이 하나님께서는 오래된 것처럼 보이는 우주와 지구를 창조하실 수도 있는 것이므로, 아직까지는 지구나 우주가 얼마나 오래 되었느냐의 문제에 대해서 잘 모른다는 입장을 취하는 것이 더 현명할 것이다. 이에 대한 그루뎀의 다음의 말은 상당히 시사적이다.

> 그러므로 창세기 1장의 날들의 길이와 관련해서는 하나님께서 이 문제에 대한 분명한 결정에 이르기에 충분한 정보를 주지 않으시기로 선택하셨다고 할만하게 가능성이 열려 있는 것이다. 하나님께 대한 신실성의 참된 시금석은 선한 양심과 하나님의 말씀을 온전히 믿으면서 이 문제에 대해서 다른 의견을 주장하는 사람들에게 대해서 어느 정도 관대하고 친절하게 행동할 수 있느냐의 문제가 되려는지도 모른다.[28]

Christianity and the Age of the Earth (Grand Rapids: Zondervan, 1982), 13–67. 그는 지구가 45억년–47억년 되었다고 본다(ibid., 63, 93–116; idem, *Creation and the Flood* [Grand Rapids: Baker, 1977], 185–93). 또 이런 관점에서 쓰여진 책으로 Howard J. Van Til, Robert E. Snow, John H. Stek, David A Young, *Portraits of Creation: Biblical and Scientific Perspectives on the World's Formation* (Grand Rapids: Eerdmans, 1990)을 들 수 있다. 신학자들 가운데 이 입장에 가장 가까운 입장을 표현하는 이는 에릭슨이다. Cf. Millard J. Erickson, *Christian Theology* (Grand Rapids: Baker, 1985), 382. 그는 자신의 선생님인 램을 따르는 것이다. Bernard Ramm, *The Christian View of Science and Scripture* (Grand Rapids: Eerdmans, 1954).

이와 비슷하나 변형된 견해로 창세기 1장의 하루는 24시간 하루이나 그 날들 사이에 오랜 기간이 있다는 색다른 입장이 있다. Cf. Robert C. Newman and Herman J. Eckelmann, Jr., *Genesis One and the Origin of the Earth* (Downers Grove, Ill.: IVP, 1977). 그들은 빛이 지구에 도달하는 시간만이 아니라, 별들의 움직임에 대한 관찰, 우주의 배경 방사선(background radiation) 등을 통해 볼 때 이 우주는 15 billion years 되었다고 한다(15–34, 89–103).

28. Grudem, 297. 하루가 긴 시대라는 견해가 가장 개연성 있는 견해라고 주장하는 에릭슨도 "우리는 교의적일 수는 없다"고 하면서 우주가 얼마나 오래 되었는 지에 문제는 "계속적인 연구와 생각을 필요로 하는" 주제라고 한다(Erickson, 382). 그러나 이렇게 말하면서 사실은 위에서 언급한 긴 시간의 창조를 시사하는 예가 더 많다. 예를 들자면, Wenham, 40을 보라: "창조의 6일은 사람의 날들과 같지 아니하다." 이때 웬함의 의도는 6일의 24시간이 아니라는 것이다. 그러므로 이런 주장이 과연 공정한 것인지를 물어야 한다.

3. 창세기 1, 2장에 보이는 '하나님의 창조'의 과정과 특성들

그렇다면 창세기 1, 2 장에 보이는 하나님의 창조는 과연 어떤 특징을 지니고 있는가? 이를 몇 가지 항목으로 나누어 진술해 본다.

1) 무로부터 창조(creatio ex nihilo)

하나님께서는, 위에서 살펴본 바와 같이, 아무 것도 없는 데서 홀로 존재하고 계셨고, 그 아무 것도 없는 데서 이 세상을 만드셨다. 그러므로 전통적으로 마카비서 7:28의 표현을 따라 표현해 온 바와 같이 하나님의 창조는 "무로부터의 창조"다.[29] 이 무로부터의 창조를 가장 근사하게 보여주는 어떤 말씀이 있을까? 직접적으로는 아니지만 히브리서 11:3에 "보이는 것은 나타난 것으로 말미암아 된 것이 아니니라"라고 할 때에, 또 로마서 4:17에서 "하나님은 …… 없는 것을 있는 것으로 부르시는 이"라고 할 때에 이 "무로부터의 창조"가 함의되어 있다고 생각할 수 있다.[30] 이 "무로부터의 창조"라는 특성은 다음에 고찰할 "말씀으로의 창조"라는 특성과 함께 하나님의 창조가 어떻게 하나님의 전능성을 드러내는지를 분명히 해 준다. 그러나 이런 용어가 사람들에 의해서 오해될 가능성이 있고, 그리스도인이 아닌 이들이 이를 다른 의미로 사용한 예들,

---

29. 이 전통에 서는 이들은 Theophilus of Antioch (*To Autolycus* 2.4), Justin Martyr (*1 Apol.* 59), 그리고 Clement of Alexandria (*Stomateis* 5.14), Irenaeus, Athanasius 등이다.
　이에 반하여 창세기 기록은 무로부터의 창조에 반한다는 주장은 창세기 기록을 이방 신화와 연관시키는 이들의 주장이다. 예를 들어 Eric C. Rust, *Nature and Man in Biblical Thought*, 29, 43을 보라. 또한 아예 '무로부터의 창조'를 부인하는 신학도 있다 그 대표적인 예로, "과정 신학은 혼돈(chaos)으로부터의 창조 교리를 확언한다." Cf. John B. Cobb, Jr., and David Ray Griffin, *Process Theology: An Introductory Exposition* (Philadelphia: Westminster, 1976), 65.

30. Cf. Grudem, 263f.; Garrett, 299. 휴스톤은 이 구절이 무로부터의 창조의 중빙 구절로 자주 사용되는 구절이라고 하면서 여기서도 하나님의 말씀의 작용이 있음을 강조한다(Houston, 51).

또 "무"를 형이상학적 실체화하는 위험 등을 지적하면서 이 용어의 사용에 유의해야 할 것을 지적하는 휴스톤의 논의도 유의해 보라.[31]

이와 연관해서 우리는 아주 오래된 신학적 문제 하나를 생각해야 한다. 그것은 이른 바 "창세기 1:1을 1:2과 관련해서 어떻게 해석해야 하는가 하는 문제", 즉 "창세기 1:1은 독립절인가, 종속절인가?", "브레쉬트(בְּרֵאשִׁית)를 절대형으로 볼 것인가 연계형으로 볼 것인가?"의 문제이다.[32] 물론 문법적으로는 두 가지 해석 가능성이 다 있다는 것은 거의 모든 학자들이 동의한다. 이에 대해서 가장 강한 입장을 취하는 학자의 한 사람인 영 교수도 이렇게 말한다: "그 단어 자체로서는 그것이 연계형인지 절대형인지를 구별할 수 없으며, 사용된 상황을 보아서 판단할 수밖에 없다."[33] 이런 상황에서야말로 문맥과 신학적 해석이 그 역할을 한다. 즉, 문법적으로는 두 가지 해석 가능성이 다 있는 상황에서는 과연 어떤 해석을 취하는 것이 이 문맥에 잘 맞고, 성경 전체의 가르침과 더 잘 조화되는 것인가 하는 입장에서 논의해야 한다는 것이다. 1:1을 종속절로 보면 "태초에 하나님이 세상을 창조하기 시작하실 때에 땅은 혼돈하고 공허하고" 등으로 번역하게 된다. 그렇게 되면 1:2은 창조 이전의 세상에 대한 묘사가 된다. 이런 해석은 창조 이전에 이미 무엇인가가 존재했다고 생각하게 만드는 문제점을 지닌다.[34]

그러므로 창세기 1:1의 '브레쉬트'(בְּרֵאשִׁית)는 절대격으로 이해해야 한

---

31. Cf. Houston, "Creation ex nihilo in the History of the Church," in *Houston*, 272–75.
32. 이 문제에 대한 좋은 논의로 E. J. Young, *Studies in Genesis One*, 12–22; Victor P. Hamilton, *The Book of Genesis, Chapters 1–17, NICOT* (Grand Rapids: Eerdmans, 1990), 103–108을 보라.
33. Young, *Studies in Genesis One*, 17. See also Kidner, 43.
34. 이를 의식하면서도 "브레쉬트"(בְּרֵאשִׁית)를 연계형으로 보아야 한다는 논의로 다음을 보라. E. A. Speiser, *Genesis: Introduction, Translation, and Notes* (Garden City, N.Y.: Doubleday, 1964), 3.

다.³⁵ 그러므로 이 구절은 성경과 창세기 전체의 서론이고 표제일 뿐만이 아니라, 하나님께서 무엇인가를 만드신 것에 대한 언급으로 보아야 한다. 어떤 분은 이를 원창조(primordial creation)³⁶ 또는 첫 창조 행위(first creative act)라고 불렀다.³⁷ 그런가 하면 이를 원물질(original material)을 만드신 것이라고 한 이도 있다. 이 원물질이 창조된 상태가 창세기 1:2에 묘사된 것이다.³⁸ "혼돈과 공허"(וָבֹהוּ תֹהוּ)라는 중언법(hendiadys)으로 묘사된³⁹ 이 상황은 아직 사람이 살 수 없는 상황(not yet inhabitable for man)을 묘사하는 구약의 전형적인 표현이라고 할 수 있다(cf. 사 45:18, 사 34:11, 신 32:10, 렘 4:23-26). 휴스톤은 이로부터 이 세상이 조금 후에는 형태를 갖출 것이고 사람이 살 곳이 될 것임을 시사한다고도 본다.⁴⁰ 월터스가 말하는 대로 혼돈하다는 것은 '모양이 주어지지 않았다'(unformed)는 것이지, '모양이 왜곡되었다'(deformed)는 것이 아니다.⁴¹ 이렇게 사람이 살 수 없는 상황을 오늘날 우리가 살 수 있는 상황으로 만드신 것이 6일 동안의 소위 형성 주간(formation week)의 일이다. 그러나 근원적으로 하나님의 창조는 "무로부터의 창조"인 것이다.

---

35. 이런 입장을 잘 나타내는 논의로 다음을 보라. E. J. Young, *Studies in Genesis One*, 1-14; Sailhamer, 21; Wenham, 12f.; Hamilton, *Genesis*, 106-108.

36. Cf. Keil, *The Pentateuch: Commentary on the Old Testament*, vol. 1, trans., James Martin (Grand Rapids: Eerdmans, 1981), 48; G. Ch. Aalders, *Genesis*, trans., W. Heynen, 2 vols. (Grand Rapids: Zondervan, 1981), 1:53.

37. Wenham, 13. 그러나 이는 "중조설"(重造說, restitution theory, or gap theory)을 주장하는 이들이 말하는 최초의 완전한 창조 행위를 뜻하는 것이 아님에 유의하라.

38. 이런 입장을 잘 드러낸 글들로 다음을 보라. Wenham, 11-13, 15; Kyle M. Yates, "Genesis," in *The Wycliffe Bible Commentary* (Chicago: Moody Press, 1962), 2f.

39. 이를 중언법(hendiadys)로 분명히 묘사한 이는 Wenham이다(15).

40. Houston, 59.

41. Wolters, 34.

따라서 하나님이 세상을 창조한 그 태초부터 모든 것이 시작되었다고 보아야 한다. 심지어 시간도 이때부터 시작되었다고 말할 수 있다. 어거스틴이 말한 바와 같이 이 세상은 시간과 함께(*cum tempore*) 창조된 것으로 여겨야만 한다. 이 태초의 창조로부터 모든 것이 시작된 것이다. 웬함은 창세기 1장과 1, 2절의 문맥이 '브레쉬트'(בְּרֵאשִׁית)가 시간 자체의 시작을 언급하고 있음을 시사한다고 말한다.[42] 또한 델리취는 이를 다음과 같이 아주 잘 표현한 바 있다.

> 여기로부터 따라 나오는 역사의 시작이 있는 것이다. …… 이 시점으로부터 진술될 역사는 하늘과 땅을 그 대상으로, 그 장면들로, 그 요소들로 가지게 된다. 이 역사의 머리에 그 시작으로서의, 또는 그 토대로서의 이 세상의 창조가 있는 것이다.[43]

시간과 역사가 이 태초의 창조로부터 시작되어 그 끝을 향해 가고 있음을 의식해야 한다.[44]

2) "하나님의 말씀"으로 창조하심(*creatio per verbum dei*)

하나님께서는 이 세상을 창조하실 때 하나님의 말씀으로 창조하셨다. 그러나 "하나님의 말씀"으로 창조하셨다는 것은 무엇을 뜻할까? 이는 기본적으로 전통적인 "명령에 의한 창조"(creation by fiat)라는 표현은[45] 하

---

42. Wenham, 14.

43. Franz Delitzsch, *A New Commentary on Genesis*, trans., Sophia Taylor (Edinburgh: T. & T. Clark, 1888), 76.

44. 시작에 이미 끝에 대한 함의가 있음에 대한 좋은 관찰과 논의로 다음을 보라. Sailhamer, 20f.

45. 이는 3절의 말을 *Fiat lux*로 번역한 벌게이트 역의 역어로부터 나온 말임에 유의하라. Cf. Kidner, 47.

나님의 전능성을 시사해 준다. 그저 말씀만으로도 이 세상과 세상에 있는 것들을 다 만드실 수 있는 하나님의 전능성을 보여 준다. "구약 성경 전체에서 하나님의 말씀은 항상 창조적이고 유효한 것이다."[46] 그래서 시편 기자는 "여호와의 말씀으로 하늘이 지음이 되었으며 그 만상이 그 입 기운으로 이루었도다"라고 하며, 또 "저가 말씀하시매 이루었으며 명하시며 견고히 섰도다"라고 말하기도 한다(시 33:6, 9).[47] 이는 창세기 말씀과 함께 "그의 피조물인 세상은 그에 대한 응답으로 존재한다"라는 것을 잘 보여주는 말씀이다. 이렇게 이해하면 이 말씀은 하나님의 창조적 명령(the creative command of God)이다. 하나님이 말씀하시니, 이루어졌다. 하나님의 말씀과 함께 행동이 이루어진 것이다.[48] 그러나 말씀으로 창조하셨다는 것은 그저 하나님의 전능성을 말하기만 하는 것일까? 미들턴과 왈쉬가 말하듯이, 구약의 맥락에서는 이것만을 말하는 것이 옳을 지도 모른다.[49]

그러나 이것이 "말씀에 의한 창조"라는 말의 함의 전체일까? "태초에 말씀이 계시니라 이 말씀이 하나님과 함께 계셨으니 이 말씀은 곧 하나님이시니라 …… 만물이 그로 말미암아 지은 바 되었으니 지은 것이 하나도 그가 없이는 된 것이 없느니라"는 요한복음의 첫 부분이 시사해 주시는 바에 의하면 이를 어떻게 이해할 수 있을까? 요한복음의 빛에서 보면 하나님 말씀으로의 창조는 창조 사역에 있어서 성육신하시기 전의 로

---

46. Wenham, 18.

47. 이와 연관되는 말씀들로 우리는 시 147:4, 18; 시 148:5; 사 40:26; 히 11:3 등을 언급할 수 있다.

48. 창 1: 6, 9, 11, 14, 20, 24, 26, 28, 29 참조. 이런 점에 대한 강조, 특히 창세기 1장 기록에서 그 기사가 어떻게 하나님의 말씀을 중심으로 하고 있는가에 대한 좋은 관찰로는 Houston, 52, 53; and Wenham, 6, 17, 38을 보라.

49. Middleton and Walsh, 232f., n. 8.

고스(*Logos asarkos*)이신 성자께서 그 창조의 주체(agent)요, 창조의 중보자 역할(creation mediatorship)을 감당하셨음을 말해 준다.[50] 이는 요한복음만이 아니라 바울의 이해이기도 했다. 바울은 "만물이 그에게 창조되되 하늘과 땅에서 보이는 것들과 보이지 않는 것들과 혹은 보좌들이나 주관들이나 정사들이나 권세들이나 만물이 다 그로 말미암고(*through him*) 그를 위하여 창조되었고"(골 1:16)라고 말하며, 이를 성도들에게 적용하여서 "우리에게는 …… 한 주 예수 그리스도께서 계시니 만물이 그로 말미암고 우리도 그로 말미암았느니라"(고전 8:6)고 말했던 것이다. 히브리서 기자도 같은 사상을 다음과 같이 표현한다: "저로[이 아들로] 말미암아 모든 세계를 지으셨느니라"(히 1:2).

만물이 그로 말미암아 창조된 성자께서는 하나님의 지혜로 하나님께서 세상을 창조하실 때에 성부 "곁에 있어서 창조자가 되어 날마다 그의 기뻐하신 바가 되었으며, 항상 그 앞에서 즐거워" 하였던 것이다(잠 8:29-30). 그는 창조 사역에 있어서 성부의 최고의 장인(匠人, master craftsman)이셨다. 그래서 요한복음에서는 "지은 것이 하나도 그가 없이는 된 것이 없느니라"고 말한다. "만물이 그로 말미암아 지은 바 되었기" 때문이다. 그러므로 하나님께서 말씀으로 세상을 창조하셨다는 것은 그저 하나님의 놀라운 능력을 말해 주는 것 이상의 말이다.

3) 삼위일체 하나님의 창조(*Trinitarian work of creation*)

이로부터 나타나는 또 하나의 창조의 특성은 창조가 삼위일체 하나님의 사역이라는 것이다. 삼위일체 하나님의 밖으로의 사역이 다 그러

---

50. 이와 비슷한 이해로 Wolters, 35f.를 보라: "……그리스도는 '창조의 중보자'이신 것이다. …… 우리는 그의 말에서 최소한 그리스도가 하나님의 창조 행위의 핵심에 있었음을 알 수 있다."

하듯이 창조도 나누어질 수 없는 삼위일체 하나님의 사역인 것이다. 교부들의 유명한 모토인 "삼위일체의 밖으로의 사역은 나뉘어지지 않는다"(opera ad extra sunt indivisa)라는 말이 여기도 적용된다. 특히 창조에 대해서는 아버지 하나님의 사역과 위에서 언급한 말씀이신 성자의 사역, 그리고 최초로 창조된 원물질을 싸고 계시며 그로부터 말씀의 작용에 따라 피조계를 내시는 성령의 작용을 생각하면 삼위일체의 각 위가 창조사역에 놀랍게 관여하고 계셨음을 어렵지 않게 확언할 수 있다. 이것이 "하나님의 신이 수면에 운행하시니라"라는 말에 대한 가장 적절한 이해일 수 있다.[51] 같은 동사 "메라헤페트"(מְרַחֶפֶת, hovering)가 신명기 32:11에 사용된 것으로부터 "오경의 첫 부분과 마지막에 하나님에 대한 비슷한 표상이 사용되고 있음은 여기서 의도된 것이 하나님의 영에 대한 그림임을 시사해 준다"라고 말하는 사일하머의 말은 매우 흥미롭다.[52] 그러므로 "하나님의 신이 수면에 운행하시니라"라는 말은 일반적으로 말하자면, 그루뎀이 말하듯이, 성령의 "보존하시며, 유지하시며, 통치하시는 기능을 시사해 준다."[53] 그러나 이는 더 나아가서 다음과 같이 구체적으로 말할 수 있는 일에 성령이 관여하심을 시사한다.

"이 성령께서 생명 없고 형태 없는 땅 덩어리 위를 마치 새가 보금

---

51. '하나님의 바람'이나 '대풍'이라는 해석(G. von Rad, *Genesis*, 49; Speiser, Westermann, NEB) 또는 '하나님의 에너지의 작용'이란 해석보다는 '하나님의 신'으로 보는 해석을 애호하는 해석들로 다음을 보라. Victor P. Hamilton, "Genesis," in *Evangelical Commentary on the Bible*, ed. Water A. Elwell (Grand Rapids: Baker, 1989), 11; idem, *Genesis*, 115; E. J. Young, 『창세기 1장 연구』 (서울: 성광문화사, 1982), 63–68; Houston, 60(비록 그는 하나님의 영과 하나님의 말씀을 동일시하는 오류를 범하고 있지만 말이다). 웬함은 좀 절충적으로 "하나님의 신의 구체적이고 생생한 표상으로 '하나님의 바람'으로 옮기는 해석을 취하고자 한다(Wenham, 17, 36f.).

52. Sailhamer, 25.

53. Grudem, 267.

자리에서처럼 품고 계시므로 인해서, 그것에게 생명의 씨앗을 전달해 주신다. 그리하여 이후로는 하나님께서 무엇이든지 뜻하시는 바를 그의 말씀에 의해 산출하게 되도록 하셨다."[54]

워필드는 이에 근거해서 다음과 같이도 묘사하고 있다.

이것은 하나님의 신이 '혼돈과 공허를 품고 계셨기(brooding) 때문에 그 '혼돈'한 물들이 하나님의 계속적인 창조 명령 — "빛이 있으라"(창 1:3), "궁창이 있으라"(1:6), "천하의 물이 한 곳으로 모이라"(창 1:9), "물들은 생물로 번성케 하라. 땅 위 하늘에 궁창에는 새가 날으라"(1:20)라는 창조 명령에 순종하며 또 순종할 수 있었던 능력을 지녔다는 것을 뜻한다. "빛이 있으라"고 하늘에서 명령하시는 하나님의 음성에 응답한 것은 수면 위에서 품고 계시던 하나님의 신의 능력이었다. …… 피조물 위에 계신 초월자 하나님과 대면하여 피조물을 품고 계신 하나님이 여기에 나타나는 듯이 보인다. 그리고 여기에 암시된 것은, 피조물이 움직이고 활동하고 또한 하나님의 뜻을 수행하는 것이 오로지 피조물을 품고 계신 하나님에 의해서 가능하다는 사실인 듯하다. …… 다시 말해서, 하나님께서 이른 바 아직 형태를 못 갖춘 땅 덩어리(world-stuff)에 내재해 계셨고 그의 내재하심으로만이 그 덩어리로 하여금 하나님의 명령에 따라 질서를 갖춘 지구로 나타난 것이다. 따라서 하나님의 신은 구약의 최초부터 만물의 존재와 존속의 원리

---

54. Schultz, *Old Testament Theology*, E.T. II, 184, cited in B. B. Warfield, "The Spirit of God in the Old Testament," *Biblical and Theological Studies*, ed. by Samuel G. Craig (1968): 127–56, 윤영탁 역, 『구약신학 논문집 (3)』(서울: 성광문화사, 1985), 109, n. 14.

이시며, 모든 움직임과 질서 그리고 생명의 근원이시며 생성의 원인으로 나타난다.[55]

그래서 이후로도 성령은 일반적으로 피조계를 온전케 하시고, 채우시며, 생명을 주시는 것으로 묘사되는 것이다. 그래서 욥은 하나님께서 "그의 입김으로 하늘을 맑게 하시고"라고 말하며(욥 26:13), 시편 기자는 이렇게 말한 바 있다: "주의 영을 보내어 저희를 창조하사 지면을 새롭게 하시나이다"(시 104:30). 성령의 창조적 능력으로 관여하시는 일이 계속적인 것임을 이 말씀은 분명히 보여 준다. 그러므로 창조의 사역에 삼위일체 하나님께서 다 같이 관여하셨다고 단언할 수 있다.

4) 질서 있는 창조(orderly creation)

하나님의 세상 창조는 매우 질서 있게 이루어졌다. 첫날의 빛의 창조와 낮과 밤을 만드심은 넷째 날의 낮을 주관하게 하신 태양, 밤을 주관하게 하신 달, 그리고 별들을 창조하신 것과 연관된다고 생각할 수도 있다.[56] 역시 둘째 날 만드신 궁창 아래 물에 번성하는 물고기와 궁창을 날아다니는 새들은 모두 다섯째 날 창조되어 서로 잘 연관된다고 생각할 수 있다. 그리고 셋째 날 만드신 바다와 육지(뭍), 그리고 그 땅 위에서 자라나는 각종 식물들은 그곳에 살며 그 식물들을 먹고사는 동물들과 이 모든 것을 다스리는 사람을 창조하신 여섯째 날의 창조 사역과 연관된다는 것을 쉽게 살펴볼 수 있다.

이 모든 것을 생각할 때 하나님의 이 세상에 대한 창조는 매우 질서

---

55. Warfield, 109-110.

56. 사실 천체는 첫째 날 하늘의 창조에 포함되고, 넷째 날의 사역은 그것들이 나타난 것에 대한 묘사하는 사일하머의 해석은(26, 33f.) 상당히 의아스러운 해석이 아닐 수 없다.

있는 창조였다는 것을 알 수 있다. 라틴 교부들이 말한 바 "하나님의 구별의 사역"(*opus divisionis dei*)과 "장식의 사역"(*opus ornatus dei*)을 구분해 말할 수 있는 것이다.[57] 이를 다음과 같이 도해해 볼 수도 있다.[58]

형태(Form)	내용(Fullness)
첫째 날– 빛과 어두움	넷째 날– 낮과 밤의 광명들
둘째 날– 바다와 하늘	다섯째 날– 바다와 하늘의 피조물들
셋째 날– 빈 땅	여섯째 날– 땅의 피조물들

5) 그 종류대로(after its kind)

창조의 하나님께서 식물을 만드실 때나 물고기나 새들, 그리고 동물들을 만드실 때 하나님께서는 다 "그 종류대로" 창조하셨다고 한다. 이는 분명히 이 모든 것들을 그 종간의 차이가 분명하며, 그 종간의 차이를 드러내는 방식으로 창조하셨다는 것을 뜻한다. 예를 들어서, 셋째 날 식물을 창조하실 때는 "풀"(דֶּשֶׁא)과 "채소"(עֵשֶׂב)와 "나무"(עֵץ)를 그 종류대로 창조하신 것이다(12절).[59] 또한 다섯째 날에는 큰 물고기와 물에서 번성하여 움직이는 모든 생물을 그 종류대로, 또 새들도 그 종류대로 창조

---

57. 이런 용어의 사용에 대해서는 William G. Heidt, OSB., *The Book of Genesis, Chapters 1–11*, Old Testament Reading Guide, no. 9 (Collegeville, Minn.: Liturgical Press, 1967), 9를 보라.

58. 이는 Derek Kidner, *Genesis, An Introduction & Commentary* (Leicester: IVP, 1967), 46에서 나온 것이다. 키드너는 이것이 그리피드 토마스(W. H. Griffith Thomas)의 주석(*Genesis: A Devotional Commentary* [1946 edition, Eerdmans], 29)에서 얻은 정보임을 밝히고 있다. 그리고 이와 비슷한 틀에 대한 관찰은 Louis Berkhof, *Systematic Theology* (Grand Rapids: Eerdmans, 1939), 157에서도 나타나고 있다. 그러므로 이것은 이제 아주 일반화된 관찰로 어디서나 나타나고 있다. Houston, 60; Wenham, 6f.도 보라.

59. 식물을 이렇게 셋으로 분류하는 것이 가장 보편적인 견해이다. Cf. J. A. Thompson, "Creation, ii. The Genesis Account," in *New Bible Dictionary*, 246. 그러나 "풀"이 식물 전체를 지칭하는 것이며 그 하위 분류가 "채소"와 "나무"라는 견해도 강력히 제시되고 있다. 그 이유로 "풀"에는 "그 종류대로"라는 말이 없다는 것과 29–30절에는 채소와 나무만이 언급되어져 있다는 점들을 지적한다. Cf. Wenham, 20f. (그는 화란의 W. H. Gispen, *Genesis* [Kampen: Kok, 1974], 1:57을 언급한다). 어떤 입장을 취하든지 여기서의 중요한 핵심은 하나님께서 식물을 "그 종류대로 창조하셨다"는 점에 있다.

하셨다(21절). 그리고 여섯째 날의 동물을 창조하실 때에도 "육축"(בְּהֵמָה) 과 "기는 것"(רֶמֶשׂ)과 "땅의 짐승"(חַיְתוֹ־אֶרֶץ)을 그 종류대로 창조하신 것이 다(24-25절).

여기서 말하는 "그 종류대로"라는 것이 오늘날 식물과 물고기와 동물들을 분류하는 것과 일치하지 않을 수도 있다. 그러나 인간들의 본래적 사명은 분류가 하나님께서 생각하시는 분류와 일치하도록 해야 하는 것이다. 중요한 것은 하나님께서 처음부터 분명한 차이들을 염두에 두시고 이 모든 것을 그 종류대로 만드셨다는 것이다. 그러므로 이는 하나님께서 생각하시는 그 종간의 차이점을 넘어서는 그런 진화적 과정에 의해서 오늘날 보는 다양한 생물이 있게 된 것이 아니다. 하나님께서는 처음부터 각기 다른 다양한 생물들을 그 종류대로 만드신 것이다.[60] 더구나 최후로 사람을 만드실 때에는 사람을 그 종류대로 창조하셨다고 하지 않으시고, 하나님의 형상을 따라(after the image of God) 창조하셨다고 하시므로, 다른 모든 피조물들과 인간의 차이를 아주 분명하게 하셨다. 인간은 이렇게 아주 별다르게 특별한 의도를 가지고 만든 고귀한 존재이다.

6) 선한 창조(good creation)

하나님께서 창조하신 것은 모든 것이 매우 선한 것이다. 하나님께서는 이 세상의 그 어떤 것도 악한 것으로 만드신 것이 없다. 하나님께서 지으신 후에 그것을 기뻐하시며 매우 좋다고 하셨다. 그러므로 하나님께서 창조하신 것 전체가 선한 것으로 받아들여져야만 한다.[61]

---

60. 이점을 충분히 이해하면서도 "그 종류대로"라는 말이 진화론을 거부하는 것은 아니라는 견해로는 J. A. Thompson, "Creation, II. The Genesis Account," in *New Bible Dictionary*, 247을 보라.

61. 이점에 대한 거의 비슷한 관점에서의 좋은 논의로 Albert M. Wolters, *Creation Regained: Biblical Basics for a Reformational Worldview* (Grand Rapids: Eerdmans, 1985), 양성만 옮김, 『창조, 타락, 구속』 (서울:

물론 인간의 타락에 의해서 이 피조계 전체가 하나님의 저주 아래 있게 되었다. 그런 상황에서는 이 피조계의 모든 것이 다 악한 것이 된 것이다. 인간의 범죄와 타락에 의해서 이 피조계 전체가 하나님의 저주 아래 놓이게 된 것이다. 그러나 그 모든 것이 본래는 매우 선했던 것임을 잊어서는 안 된다. 타락하고 죄에 빠진 것도 그 전체가 악해진 것이지 그 중 일부는 선하고 일부만 타락한 것은 아니다. 그러므로 영은 선하고 육과 물질은 악하다는 이원론은 비성경적 가르침이다. 창조 받을 때는 영과 물질인 몸 모두가 다 선했던 것이고, 타락한 상황에서는 영과 물질 모두가 타락하여 다 더러워졌다.

더구나 구속의 관점에서 보면 우리는 모든 것을 감사함으로 받아들일 수 있다. 이것이 바울의 관점이었다. 바울은 "하나님께서 지으신 모든 것이 선하매 감사함으로 받으면 버릴 것이 없나니 하나님의 말씀과 기도로 거룩하여짐이라"라고 말한다(딤전 4: 4, 5). 이 세상 전체에 구속의 힘이 다 미치지 못한 상황 가운데서도 바울은 이렇게 말하는 것이다. 구속 받은 성도는 이 세상을 이미 구속의 빛에서 볼 수 있음을 시사하는 말이 아닐 수 없다. 그러므로 성도들은 이 세상의 모든 일과 관계에 대해서 구속의 빛을 적용시켜 보아야 한다는 것이다. 일하는 것이 이미 구속과 관련된 하나님의 일이 되는 것도 바로 이러한 이해 때문이다. 그렇기에 바울은 "혼인을 금하고 식물을 폐하라"라고 하는 가르침에 대해서, 그런 가르침은 "미혹케 하는 영과 귀신의 가르침을 좇는 것"이라고 말한다(딤전 4:1). 그들의 이런 주장은 "자기 양심이 화인 맞아서 외식함으로 거짓말하는 자들"의 주장이다.[62]

IVP, 1992), 59–61을 보라.

62. 필자는 오래 전부터 창조에 대해서 말할 때마다 이점을 강조하고 특히 이 본문을 들어 설명하기를 즐겨 하였다. 근자에 필자와 같은 언급을 하는 이를 발견하고 기쁨으로 그를 언급하고자 한다. Cf. Grudem, 272.

그러므로 모든 일과 관계에 대해 구속의 빛에서 접근해야 한다. 혼인도 구속의 빛에서 해야 하는 것이고, 식사도 구속의 빛에서 해야 하는 것이다. 하나님께서 지으신 모든 것과 하나님께서 만드신 관계가 모두 선한 것이다. 그리스도인들은 모든 것이 선하다고 여겨야 한다.

4. 창조의 기독교 세계관적 함의

이 세상이 스스로 있는 것[自然]이 아니라, 앞에서 언급한 특성을 따라 창조된 하나님의 피조계라는 사실은 기독교 세계관적으로 어떤 함의를 가지고 있을까?

첫째로, 이는 이 피조계의 창조주 하나님에게 대한 의존(dependence)을 분명히 한다. 이 세상은 그 시작에서도 하나님께 의존해 있었다면, 이 세상은 언제나 항상 하나님께 의존하는 것이다. 이 세상은 그 자체로 독립적으로 서는 것이 아니라 항상 의존적인 존재이다. 욥은 "모든 생물의 생명과 모든 사람의 육신의 목숨이 다 그의 손에 있느니라"라고 말하고 있다(욥 12:10). 또한 바울이 아테네 사람들에게 말하고 있듯이 "우리가 그를 힘입어 살며 기동하며 존재하는" 것이다(행 17:28). 하나님이 숨을 불어넣는 곳에는 생명이 있고, 하나님께서 자신의 신을 거두시면 생명이 된다(시 104:29).[63] 그뿐만 아니라 이 세상 전체가 그 존재와 기능에 있어서 절대적으로 하나님께 의존적이다: "그가 없이는 이 세상에 그 어떤 것도 존재하지 않는다."[64] 이는 하나님께서 이 피조계에 관심을 가지시고

---

63. Cf. 로바트 P. 마이어, "경이에의 초대: 자연의 신학에 관하여", in *Tending the Garden*, ed. Wesley Granberg-Michaelson, 정충하 옮김, 『구속과 땅의 회복』 (서울: 엘림, 1991), 64.

64. Houston, 61f.: "… the sovereignty of God is absolute and nothing exists without Him."

깊이 관여하신다는 말이기도 하다. 그러므로 이 세상의 역사는 하나님께서 피조계에 관여하시는 그 이야기라고도 할 수 있다. 만일에 하나님이 없으면, 이 세상도 없는 것이다. 그러므로 하나님의 내재(immanence)와 초월(transcendence)을 동시에 말하지 않을 수 없다. 바울이 하나님을 가리켜 "만유 위에 계시고 만유를 통일하시고 만유 가운데 계시도다"(엡 4:6)라고 말할 때 그는 이를 단숨에 표현한 것이라고 할 수 있다. 이처럼 이 세상은 하나님께 의존해 서있는 존재이다. 따라서 절대적인 경배와 존중을 받으실 분은 하나님 한 분뿐이시고, 이 세상의 그 어떤 것도 결단코 우리의 경배의 대상이 될 수 없다. 하나님 대신에 또는 그에 더하여서 존중과 경배를 받을 수 있는 존재는 아무 것도 없다. 이 세상에 있는 것은 무엇이나 다 하나님께서 창조하신 것이요, 하나님께 의존하는 것이다. 따라서 이 세상에 있는 그 어떤 것이 우리에게 기쁨을 가져다 줄 때에 우리는 그 존재를 넘어 서서 그것을 만드시고 유지하시는 하나님께 감사와 영광을 돌려 드리는 것이 마땅하다. "우리에게 모든 것을 후히 주사 누리게 하시는" 이는 하나님이시기 때문이다(딤전 6:17).

둘째로, 그러나 하나님께서는 실제로 이 세상을 자신 밖에 존재하도록 했다. 그러므로 이 세상은 하나님의 일부이거나 하나님의 한 과정이 아니라, 하나님 밖에 나와 존재하게 된 존재이다. 하나님께서는 이 모든 피조적 존재를 다스리신다. 즉, 피조계는 하나님에 의해서 존재하게 된 존재이다. 비록 의존적이긴 해도 항상 그 의존에 근거해서 객관적으로 있게 하신 존재라는 말이다. 휴스톤이 잘 표현한 바와 같이, "창조자의 초월 덕분에 실재하는 세계가 존재하는 것이다."[65] 그러므로 이 세상을 천주교에서 이해하는 식으로 하나님과 "존재의 유비"(*analogia entis*)

---

65. Houston, 61: "By the Creator's transcendence a real world exists."

를 지닌 존재로 보는 것은 옳지 못하다. 그러나 또한 이 세상이 객관적 존재성을 가지지 않은 것으로 보는 입장도 옳지 않다. 이 세상은 하나님의 창조에 의해 존재하게 된 존재이다. 이런 뜻에서 이 세상은 하나님의 영광이 나타나는 장소요, 하나님의 영광의 무대인 것이다. 그래서 시편 기자와 함께 "하늘이 하나님의 영광을 선포하고 궁창이 그의 손으로 하신 일을 나타내는도다"(시 19:1)라고 말할 수 있다.

위의 두 가지 함의를 생각할 때 오직 물질만이 있다고 보는 유물론(materialism)이나, 오직 정신만이 있다고 보는 유심론(pan-psychism)이나, 이 세상이 모두 신이나 신의 부분이나 표현일 뿐이라고 보는 범신론(pantheism)이나, 하나님께서 이 세상의 과정 안에만 계시며 초월도 내재적 초월뿐이라고 보는 만유재신론(panentheism)이나 하나님과 우주가 영원부터 영원까지 계속 이원론적으로 존재하고 있었다고 보는 이원론(dualism)이나, 창조만을 인정하고 계속적인 관여를 인정하지 않는 자연신론(deism)을 가지거나 그런 사상에 빠질 수 없음이 분명하다.

셋째로, 이 피조계는 그 창조주의 뜻을 구현해야만 한다. 하나님은 이 세상을 그저 창조하신 것이 아니라, **일정한 목적을 가지시고 유목적적으로 창조하신 것**이기에 이 세상은 하나님의 뜻을 이루어야 하는 존재이다. 이를 피조계 내에 하나님께서 부여하신 법 중심으로 고찰할 수도 있고, 이 피조계가 지향하고 나갈 목표를 중심으로 고찰할 수도 있다. 또는 이 둘을 적절히 조화시키면서 하나님께서 주신 법과 목적을 존중하며 하나님의 뜻을 찾을 수도 있다. 이 세상의 모든 것이 모두 선하신 하나님의 궁극적 뜻을 이루는 수단인 것이다. 그러므로 하나님께서 창조하신 이 세상에는 하나님의 섭리가 반드시 있어야만 한다. 그리고 섭리에 작용하는 힘도 이 세상을 창조하신 하나님의 창조적인 힘이므로 섭리를 "계속적인 창조"(*creatio continuae*)라고 불렀던 선인들의 의미를 왜곡하지 말고 섭리라는 의미로 의미 깊게 사용해야만 할 것이다. 때때로 이 말을 오해하거나 과정신학처럼 의도적으로 오용하여 하나님의 모든 창조 행위를 "계속적인 창조"로 말해 보려는 일이 있는데 이는 그야말로 오해요, 오용(誤用)이다. 선인들이 "계속적인 창조"라는 말을 사용했을 때 그들의 의도는 하나님의 창조적인 힘이 섭리로서 계속적으로 작용한다는 의미로 사용했던 것이다.[66]

그런데 이 피조계 가운데서 이를 의식하고 이 피조계 전체를 그에 맞게 발전시켜 나가야 할 존재는 하나님께서 온 피조계의 최후의 면류관같이 창조하신 인간이다. 그러므로 다음에는 하나님의 창조의 꽃이라고 할 수 있는 인간에 대해서 생각해 보자.

---

66. 현대 저자들 가운데 이런 의미를 분명히 하면서 이 용어를 잘 사용한 대표적인 예로휴스톤을 생각할 수 있을 것이다. Cf. Houston, 61.

제5장

인간의 창조와 그 상태의 변화:
기독교 세계관의 인간론적 토대

이 글에서는 기독교 세계관의 기본 틀의 둘째 부분으로 하나님께서 창조하신 인간과 그의 상태의 변화를 생각해 본다. 인간은 다른 모든 피조물들과 같이 하나님에 의해서 창조된 존재이다. 그러나 인간은 또한 온 피조물의 대표로 여겨지며 피조물의 지배자로 위임되기도 하였다. 이 인간은 다른 피조물과 비교해서 창조될 때부터 어떤 점에서 다른 피조물의 창조와는 달리 창조되었는지에 대한 고찰로부터 시작해 보자.

1. 인간 창조의 독특성 개관

첫째로, 하나님께서 이 세상을 창조하실 때 인간을 **가장 나중에** 창조하셨다. 다른 모든 피조물을 창조하신 후에 인간을 창조하신 것이다. 이는 먼저 이 세상 피조계를 사람이 살 수 있는 상태가 되게 하시고 비로소 인간을 창조하신 것이라는 관점을 가질 수 있다. 이는 근원적 물질을 창조하신 다음의 상태가 아직 사람이 살 수 있는 상황은 아니었다고 한 말과 연관이 있다. 또한 하나님께서 사람을 맨 마지막에 창조하신 이유는 이 세상에 인간이 해야 할 일을 미리 창조하신 후에야 인간을 창조하신 것이라는 관점에서 생각할 수도 있다. 머레이가 잘 말한 바와 같이, "하나님의 창조의 면류관(the crown of God's handiwork)으로서의 사람에 이르고, 사람의 형성이라는 극치로 진전해 가는 질서 있는 과정이 있는 것이다."[1] 그러므로 다음과 같은 휴스의 말에 동의할 수 있다: "인격적 피조물인 사람을 창조하기로 하신 하나님의 결정은 모든 창조 명령의 과정 가운데 가장 결정적인 '순간'(the culminating moment)이다."[2] 그러므로 인간의 창조는 창조의 극치(the summit of creation)라고 할 수 있다.[3] 이는 다음에 생각할 인간 창조 이전에 하신 말씀과 연관시켜 볼 때 더 분명히 드러날 것이다.

둘째로, 하나님께서 인간을 창조하실 때는 먼저 인간을 일정한 목적을 위해서 일정한 방식으로 **창조하시는 의지를 천명**하시고(창 1:26), 이 의지와 말씀에 따라 그들을 남자와 여자로 창조하셨다(창 1:27). 물론 하나님의 창조는 그 어떤 창조이든지 다 영원 전에 있는 하나님의 계획(작정, decree)에 따라 이루어지는 것이므로, 인간을 어떤 방식으로 어떤 목적을 위해 창조하실 것인지도 다른 피조물들의 창조에 대한 계획과 함께 이미 영원 전의 하나님의 계획에 포함되어 있다. 그럼에도 불구하고, 사람을 창조하실 때는 다른 것들을 창조하실 때와는 달리 하나님께서 인

---

1. John Murray, "The Origin of Man," in *Collected Writings of John Murray*, vol. 2: *Systematic Theology* (Edinburgh: The Banner of Truth Trust, 1977), 3.

2. Philip E. Hughes, *The True Image* (Grand Rapids: Eerdmans, 1989), 5.

3. 휴스는 창세기 1장에서 창 1:1과 창 1:27에 인간 창조에서만 "바라"(ברא)라는 히브리어가 사용되었다는 사실에 유의하면서 이 점을 강조한다(Hughes, 5). 그러나 잘못하면 이런 강조는 자의적이라는 인상을 줄 수 있으므로 주의해야 할 것이다.

간을 어떤 방식대로 어떤 목적을 위해 창조하실 것인지를 천명하셨다. 이는 하나님의 자기 의논, 또는 하나님의 왕으로서의 선언으로 간주되는[4] 창세기 1:26 말씀을 염두에 두고 하는 말이다.

> 하나님이 이르시되 우리의 형상을 따라 우리의 모양대로 우리가 사람을 만들고 그들로 바다의 물고기와 하늘의 새와 가축과 온 땅과 땅에 기는 모든 것을 다스리게 하자 하시고

이 말씀은 앞으로 우리가 구체적으로 고찰할 **하나님의 형상으로 창조된 존재**라는 인간의 특성과 **온 세상에 있는 것들을 다스리는 존재**라는 인간의 존재 이유를 담고 있는 매우 풍성한 선언이다. 이는 하나님이 하시고자 하는 일을 천명한 것이다. 여기에 "하나님의 사상과 경륜의 독특한 관여"가 시사되고 있다.[5] 그래서 여기 나타난 "우리"에 대해서 하나님의 "자기 의논의 복수"라는 말도 하고 "왕적 복수"(royal we)라는 말도 한다.

셋째로, 사람을 창조하실 때는 남자와 여자로 만드실 계획이 있었음에도 불구하고 처음부터 남자와 여자로 만드신 것이 아니라, 처음에는 남자만 만드시고(2:7) 그로 동물들의 이름을 지어주는 일을 하게 하여

---

4. 성경에서는 이런 용법이 없다고 하면서 이에 반대하며, 이 복수에 하나님의 "단일성 안에 있는 복수성"(the divine plurality in unity)에 대한 시사가 있다는 강력한 주장으로 Hughes, 4–5를 보라. 휴스는 이런 해석에 따라서 창 1:26을 "간 인격적인 결정"(interpersonal decision)이라고까지 말한다(5). 이와 연관해서 이 "우리"라는 복수에 하나님 안에 인격의 복수성이 있음이 시사되어 있다는 주장으로 Wayne Grudem, *Systematic Theology* (Grand Rapids: Zondervan, 1994), 227을 보라.
  그러나 이는 좀더 논의될 필요가 있는 쟁점적 주제가 아닐 수 없다. 필자는 여기에 삼위일체 하나님에 대한 시사가 있다기보다는 신약 시대에 밝히 드러난 계시와 연관성을 지닐 수 있는 입장이 나타나 있다는 벌코프의 입장에 동의하면서도 이를 구약의 맥락 가운데서는 자기 의논의 복수로 보는 것이 가장 적당한 입장이 아닌가 하고 판단한다. 이에 대한 필자의 논의로 "성경신학과 조직신학",『교회와 문화』 참조.

5. Murray, *Collected Writings*, vol. 2, 4: "unique engagement of divine thought and counsel."

(2:19–20) 일종의 심리적 준비와 필요를 가지게 한 후에 그를 잠재우시고 그의 몸의 일부를 사용해서 여자를 만드셨다. 사람을 창조하시는 데 **일종의 과정이 있게 하신 것**이다. 이는 하나님의 능력이 부족해서 그런 것이 아니라, 사람으로 하여금 하나님이 남자와 여자로 만드신 이유를 느끼도록 하려는 배려에서 온 것이라고 생각할 수 있다. 왜냐하면 인간에게 동물들의 이름을 지어 주는 일을 하게 하신 것이 하나님께서 "사람이 혼자 사는 것이 좋지 못하니 내가 그를 위하여 돕는 배필을 지으리라"라고 (창 2:18) 말씀하신 후이기 때문이다. 그러므로 사람으로 하여금 동물들의 이름을 짓도록 하신 데는 문화 명령을 수행하도록 하는 목적 외에도 이 일을 수행하도록 돕는 배필이 필요하다는 것과 동물들 가운데서는 아담을 도울 수 있는 그에게 적합한 배필이 없음을 드러내시며, 또한 아담으로 하여금 그 사실의 필요를 느끼게 하신 것으로 보아야 할 것이다.

이 세 가지 특성은 모두 창세기 1, 2장의 기록이 사실에 대한 역사적인 기록으로 볼 때 주장할 수 있는 말이다. 이는 창조 일반에 대한 논의에서 이미 밝힌 바 있거니와 기독교 세계관에서는 아주 필수적인 이해다. 그러므로 이런 이해를 교회적 견해로 여기고 "과학적 견해의 승리"가 "교회적 견해의 필연적 멸망"을 가져왔으므로, "첫 사람에 대한 역사적 그림 전부는 오늘날 우리에게 있어서는 종국적으로, 그리고 절대적으로 파괴된 것이다"라고 주장하는 에밀 브룬너의 견해와 같은 견해는[6] 성경 기록의 사실성은 무시한 채, 그 의미를 찾으려는 견해라고 할 수 있다. 그래서 그는 "우리가 사람의 기원에 대해서 말할 때 우리는 수 천 년 전에 살았던 아담이라고 불린 사람에 대해서 말하는 것이 아니라, 나 자신, 너 자신 그리고 세상에 있는 모든 사람에 대해서 말하는 것이다"라

---

6. Emil Brunner, *Man in Revolt*, trans. Olive Wyon (London: Nisbet, 1931), 85.

고 말한다.[7]

그러나 이런 식으로 전통적 용어를 유지하되 그 의미를 바꾸어 사용하는 것은 휴스가 잘 표현하고 있는 바와 같이, "혼동스러울 뿐만 아니라, 학문적으로는 비윤리적이다."[8] 그러므로 우리는 이와 같이 인간 창조의 역사성을 부인하는 태도를 모두 제거해야만 한다. 주님께서 마태복음 19:4이나 마가복음 10:6에서 하신 말씀은 분명히 창세기 1:27절과 5:2을 역사적 사실로 인정하며 그것을 반영하는 말씀이며, 마태복음 19:5과 마가복음 10:7에서 하시는 말씀은 창 2:24을 반영한다. 또한 바울이 디모데전서 2:13에서 "아담이 먼저 지음을 받았다"라고 하는 말도 창세기 2:7을 역사적으로 받아들이며 하는 말인 것이다.[9] 그리고 우리는 인간 창조의 역사적 사실에 대한 역사적 이해의 빛에서 인간의 독특성을 찾아야 할 것이다.

2. 인간의 독특성: 인간이란 무엇인가?

그렇다면 이렇게 다른 피조물들과는 달리 독특하게 창조된 인간은 과연 어떤 특성을 가진 존재라 생각할 수 있을까? 창세기 1장의 기록에 유의하면서 이제 인간의 독특성을 다음 세 가지 측면에서 고찰해 보기로 하자.[10]

---

7. Ibid., 88.

8. Hughes, 69: "… not only confusing, … academically unethical."

9. 같은 사실에 대한 강조로 Murray, *Collected Writings*, vol. 2, 10f.을 보라.

10. 다음에 언급될 세 가지 측면은 서로 완전히 분리된 것이라기보다는 서로 깊이 연관되어 있는 것이다. 그러므로 세 가지로 나누어 고찰한 것은 그저 편의를 위해 그리한 것으로 여기면 좋을 것이다. 그러나 세 가지 측면이 꼭 같은 것도 아님에 유의해야 한다. 인간의 교제적 측면이 하나님의 형상으로 창조된 것과 서로 연관되며, 통치적 존재임이 형상됨과 연관된 것은 사실이나, 후에 우리가 논할 바와 같이 통

1) 인간이란 무엇인가? (1): 하나님의 형상적 존재로서 인간

하나님께서 인간을 창조하실 때 하나님께서는 다른 모든 피조물들과는 달리 인간을 하나님의 형상을 따라(in God's image), 하나님의 모양대로(after God's likeness) 창조하셨다(창 1:26, 27). 다른 것들을 창조하실 때는 "그 종류대로"(after its kinds *or* to its kind) 창조하신(창 1:11, 12, 21) 하나님께서 사람을 창조하실 때는 "하나님의 모양대로"(after God's likeness) 만드신 것이다(창 1:26). 바로 이 점에서도 인간 이외의 피조물과는 다른 인간의 독특성이 아주 잘 나타난다.[11] 그러므로 이런 사실에 대한 지적인 반응은 "사람이 무엇이관대 주께서 저를 생각하시며 ……" 하는 찬송과 환호에 찬 반응일 뿐이라는 머레이의 주장은 아주 예리하며 적절한 것이다.[12]

여기서 "형상"(צֶלֶם, εἰκών, *imago*)이라는 말과 "모양"(דְּמוּת, ὁμοίωσις, *similitudo*)이라는 말은, 그와 연관하여 두 가지 다른 전치사가 사용되었다는 이유와 함께, 이레니우스로부터 서로 다른 것으로 여겨지는 일이 자주 있었다.[13] 그러나 교부들과 천주교 신학자들의 의견에 반해서 종교개혁자들이 옳게 지적한 바와 같이, "형상대로"라는 말과 "모양을 따라"라는 말은 일종의 병행법적인 표현으로(as a case of Hebrew parallelism) 근본적으

치 자체나 교제 자체가 형상됨이라고 할 수는 없기 때문이다. 그래서 우리는 상호 연관된 요소들을 연관 지우며 또 구별하여 논의하는 것이다.

11. 이런 언어적 사용의 독특한 강조점에 대한 지적으로 Murray, *Collected Writings*, vol. 2, 4f.를 보라.

12. Ibid., 5.

13. Irenaeeus, *Against Heresies* V. vi. 1. 비슷하나 영지주의적 색채를 지닌 글로 Tatian, *Address to the Greeks*, 15를 보라. Clement of Alexandria, *Miscellanies*, iv. 23; *Exhortation to the Gentiles*, 12; Origen, *On the First Principles*, III. vi. 1; *Against Celsus*, iv. 30; *Epistle to the Romans*, at iv. 5. 이는 교부들 뿐 아니라 천주교회의 전통적 입장이었다. 심지어 살리스버리의 감독인 존 쥬엘(John Jewel, Bishop of Salisbury)도 이와 비슷한 구분을 하여 "하나님의 형상은 모든 사람에게 있지만, 하나님의 모양은 모든 사람에게 있는 것이 아니라, 경건한 마음과 순전한 정신을 가진 이들에게만 있다"고 했다고 한다(*Certain Sermons or Homilies* [London, 1899], 280, cited in Hughes, 9).

로 동일한 것으로 여겨져야만 한다.[14] 창세기 1장의 용례에서나 보다 넓은 용례에서나 이 두 가지 다른 전치사도 교호적으로 사용하고, 두 명사도 교호적으로 사용하고 있기 때문이다.[15] 그리고 "하나님의 형상으로 창조되었다"라는 이 말이 뜻하는 바는 매우 풍성한 것이다. 그리고 이 하나님의 형상됨은 인간됨에 가장 근본적인 것이다. 그렇다면 도대체 인간이 하나님의 형상대로 지음 받았다고 할 때, 그 말의 의미는 무엇인가?

이 말은 무엇보다 먼저 하나님이 원형(archetype)이시고 인간은 하나님의 반영(reflection, image)이라는 뜻이다. 즉, 사람은 하나님을 반영하는 존재로 창조되었다는 뜻이다. 그러므로 하나님의 형상에 대한 이야기를 할 때 가장 먼저 하나님의 원형됨과 인간의 파생성과 의존성을 생각해야만 한다. 하나님이 원형이시다. 그러므로 그가 무엇보다도 중요한 것이다. (그럴 수도 없지만 만일) 하나님이 없다면 인간도 없다. 그러므로 인간은 철저하게 하나님께 의존적인 존재이다. 이는 창세기 2:7에서 하나님께서 사람에게 숨을 불어넣으신 사실에서도 잘 나타난다. "숨을 불어넣으심(inbreathing)"이라고 표현하신 하나님의 생명의 전달로부터 생명이 파생된 것이다. 그리고 인간이 하나님의 형상으로 창조되었다는 것은 인간이 하나님을 반영해야 한다는 인간의 존재의 이유와 사명도 함의하고 있는 말이다.

그렇다면 구체적으로 인간은 하나님의 무엇을 반영하고(reflect) 나타내야(represent) 하는 것인가? 그것은 하나님의 몸이나 신체를 반영한다

---

14. Cf. 마르틴 루터와 이 점에 있어서 그를 따르는 에밀 브룬너; Middleton & Walsh, 234, n. 14: "성경학자들은 그런 구분이 망상임을 충분히 입증했다. 그 두 용어는 동의어이다"; Hughes, 7, 67.

15. 많은 이들이 이를 잘 지적하고 있지만 대표적인 예로 Hughes, 7을 보라. 또한 그가 인용하고 있는 다음 글도 보라. James Barr, "The Image of God in the Book of Genesis – a Study of Terminology," *Bulletin of the John Rylands Library*, vol. 51 (1968–69), 11ff.

는 뜻일 수는 없다. 왜냐하면 하나님은 영이심으로 몸을 가지지 않으시기 때문이다. 따라서 이는 우리가 "하나님의 어떠하심"을 피조물의 한도 내에서 반영해야 한다는 것을 뜻한다. 이 반영은 우리의 존재 전체를 가지고 하는 것이다. 그러므로 칼빈이 잘 지적한 바와 같이 "우리의 몸도 하나님의 형상의 영광으로 장식되지 않은 부분은 하나도 없는 것이다."[16] 인간은 하나님의 복사본이 아니다. 또한 허상도 아니다. 인간은 이 땅 위에 실제로 있으면서 하나님의 어떠하심을 반영해야 하는 것이다. 그러므로 인간이 하나님의 어떠하심을 제대로 반영하고 있을 때, 하나님의 형상 역할을 제대로 한다고 말할 수 있다. 이것은 동사로서의 형상됨의 의미를 중시해서 말하는 것이다. 하나님에 의해서 창조된 원상의 인간은 하나님의 어떠하심을 제대로 반영하고, 또 항상 그것을 제대로 반영하도록 요구받고 있었다. 그는 영원히 하나님의 어떠하심을 잘 반영하면서 하나님께서 그에게 주신 사명을 이루어가야 하는 사명 아래 있었다.

그러나 인간은 하나님의 형상을 잘 반영하지 못하고 제대로 반영하지 못하는 지위로 떨어지고 말았다. 이러한 "타락한 상태"에서 인간은 하나님을 제대로 반영하지 못하며, 지금도 여전히 하나님의 형상 역할을 제대로 못하고 있다. 그러나 성경에서는 그렇게 타락한 사람을 가리켜서 여전히 하나님의 형상으로 지음 받은 존재라고 한다. 예를 들어서, 창세기 9:6에서는 타락한 상태의 사람들이라도 사람을 죽이는 것을 금하면서, 그 이유를 "이는 하나님이 자기 형상대로 사람을 지었음이니라"라고 제시하고 있다. 이는 사람을 해하는 것은 하나님의 형상을 해하는 것이며, 결국 하나님 자신을 멸하려 드는 것이라고 보는 것이다.[17] 또한 야

---

16. John Calvin, *The Institutes of the Christian Religion*, I, xv. 3. See also Murray, *Collected Writings*, vol. 2, 13.
17. 이 점에 대한 자세한 분석과 논의를 위해서는 John Murray, *Principles of Conduct* (Grand Rapids: Eerdmans, 1957), 109–113을 보라.

고보서 2:9에서는 이 세상에 있는 모든 사람을 "하나님의 형상대로 지음을 받은 사람"이라고 말하면서, 그러므로 그런 사람을 저주해서는 안 된다고 말한다. 이 두 구절 모두에서는 다 타락한 이후의 사람을 다루고 있으면서도 그 사람을 하나님의 형상대로 지음 받은 존재라고 여긴다. 여기서 하나님의 형상됨은 인간의 죄악에도 불구하고 제거되는 것이 아님을 알 수 있다. 휴스가 잘 표현하듯이, "사람은 자신의 본연의 모습을 피하여 도망할 수 없다."[18] 그러므로 타락한 인간도 하나님의 형상이다. 그러나 인간은 하나님의 형상 노릇을 제대로 감당하지 못하는 왜곡된 형상(deformed or distorted image of God)이라고 할 수 있다. 그러므로 이 세상에 있는 모든 죄인은 다 "왜곡되고 뒤틀린 '하나님의 형상'"으로 있는 것이다. 그러나 이는 자신의 본래적 모습에 대해 모순된 것이다(contradiction of himself).

그러므로 이런 타락한 지위에 있는 사람들은 비록 그들이 하나님의 형상이기는 하나, 하나님을 제대로 반영하지 못하는 것이므로 그 형상을 회복할 필요가 있다. 그리스도의 구속 사역을 성령께서 개인에게 적용시켜 주실 때 이 "형상의 회복"이 일어난다. 그리스도와 성령께서 이루시는 이 구원 사역으로 말미암아 "왜곡된 형상"(deformed image)이 "개혁된 형상"(reformed image)으로 변화하는 것이다. 성령께서 하나님의 참된 형상이신 그리스도를(고후 4:4, 골 1:15) 개인에게 덧입혀 줄 때 일어나는 일이 이 형상의 회복이다. 그러나 이 형상의 회복은 단번에 이루어지는 측면도 있고(중생, 즉각적 성화, 칭의), 점차적으로 이루어지는 측면도 있다(점진적 성화). 그 점진적 측면은 이제 새로운 피조계에 참여하는 존재(따라서 그 형상이 단번에 회복된 존재)답게 날마다 하나님의 참된

---

18. Hughes, 69: "He cannot possibly escape from what he is."

형상으로 인간에게 오신 그리스도를 본받아 가는 일로 이루어진다. 이미 이루어진 형상의 회복은 우리에게 날마다 그 형상을 새롭게 하도록 요구하는 것이다. 인간은 "그 아들의 형상을 본받도록" 의도된 것이다(롬 8:29). 그리고 급기야 그가 세상에 다시 오실 때에는 그와 같아질 것이다(요일 3:2).

그리스도 안에서 온전하게 된 하나님의 형상을 "하나님을 따라 의와 진리의 거룩함으로 지으심을 받은 새 사람"이라고 표현하기도 하고(엡 4:24), "새 사람을 입었으니 이는 자기를 창조하신 이의 형상을 따라 지식에까지 새롭게 하심을 입은 자"(골 3:10)로 표현하기도 한다. 이런 말씀들로부터 온전케 된 하나님의 형상은 **참된 진리에 대한 지식과 의와 거룩함**으로 이루어진 것임을 확언할 수 있다. 이런 주해적 해석에 앞장선 이는 칼빈이고,[19] 그를 따르는 전통적 개혁 신학에서는 이것을 "좁은 의미[俠義]의 하나님의 형상"이라고 불렀다.[20] 이런 온전한 지식과 의와 거룩함은 본래 인간이 그런 지위로 지음을 받았다는 의미에서 원의(原義)라고 불려지기도 했다. 그리고 이런 원의, 즉 "협의의 하나님의 형상"은 인간이 타락할 때 전부 상실했다.

그러나 이렇게 원의(原義)를 상실한 인간도 위에서 살펴본 바와 같이 여전히 "하나님의 형상"이라고 불려진다. 그렇다면 "협의의 하나님의 형상" 외에도 하나님의 형상이 있다. 이를 전통적으로는 "넓은 의미[廣義]의 하나님의 형상"이라고 불렀다.[21] 이는 인간이 인간으로서 가지는 모든 특성을 지칭하는 것이다. 휴스는 아주 폭넓게 이를 인격성, 영성, 합리

---

19. Cf. *The Institutes of the Christian Religion*, I. xv. 4; *Commentary* on Col. 3:10.

20. H. Bavinck, *Dogmatiek*, 2:599(cited in Hoekema, *Created in God's Image*, 71); Berkhof, *Systematic Theology*, 207; J. G. Machen, *The Christian View of Man*, 174–77.

21. Berkhof, *Systematic Theology*, 206.

성, 도덕성, 권위 그리고 창조성이라는 범주로 말하고 있다.²² 물론 이런 "넓은 의미에서의 하나님의 형상"도 창조함을 받은 그 온전한 지위에 상응하게 가지고 있는 것이 아니고, 그 모든 것을 손상된 채로 가지고 있다고 할 수 있다. "광의의 하나님의 형상"도 기형화된(deformed) 하나님의 형상이 된 것이다.²³

그러므로 형상의 회복이란 원의(原義)의 회복과 함께하는 인간됨의 모든 측면이 새로워짐을 뜻하는 것이다. 하나님을 온전히 알고 그 앞에 온전히 순종하여 하나님 보시기에 선한 것을 내며, 하나님 앞에 구별된 그런 인간의 모습은 인간성의 모든 측면을 무시하고 나타나는 것이 아니라, 진정한 인간의 모든 측면을 다 새롭게 되는 것을 포함하는 것이다. 인간의 인간됨은 바로 하나님의 형상됨에 있기 때문이다.

2) 인간이란 무엇인가? (2): 사회적 존재, 교제하는 존재로서 인간

둘째로, 성경이 말하는 인간의 모습은 개별자로 있는 인간이 아니라, 함께하는 인간이요, 더불어 사는 인간이다. 그루뎀이 말하는 대로, "모든 형태의 인간 사회 가운데서 인격 간에 통일성(interpersonal unity)을 얻을 수 있는 방식으로 인간을 만드신 것이다."²⁴ 즉, 하나님께서는 처음부터 사람을 "남자와 여자로" 창조하신 것이다(창 1:27). 물론 창세기 2장이 말해 주는 바와 같이, 남자를 먼저 만들고 여자가 그 남자의 일부로 만들었지만 성경의 본문은 그 둘의 동등성과 적합성을 강조하고 있다. 여

---

22. Hughes, 51–64. 그루뎀은 하나님의 형상의 도덕적 측면, 영적 측면, 정신적 측면, 관계적 측면, 신체적 측면 등으로 나누어 제시하기도 한다(*Systematic Theology*, 445–49).

23. 이런 용어를 사용한 이들 가운데 비교적 이른 시기에 한 이는 어거스틴이다: "··· it was so deformed that it was in need of reformation"(*Retractations* ii. 24, cited in Hughes, 65); "the image cannot reform itself as it could deform itself"(*On the Trinity*, xiv. 16, cited in Hughes, 65).

24. Grudem, *Systematic Theology*, 454.

기서 말하는 남자와 여자의 창조는 한 쌍의 남자와 여자만이 아니라, 그들로 말미암아 이 세상에 존재하게 될 모든 사람들의 함께함을 염두에 두고서 하는 말이다. 그러므로 남자와 여자는 하나님 보시기에 똑같이 중요하고 똑같이 귀하다. 그들은 영원히 하나님 앞에서 같은 가치를 가진다. 이렇게 사람은 처음부터 동등한 존재들로서 함께하는 존재로, 교제하는 존재로 지음 받았다.

이런 교제하는 존재가 되는 것은 일차적으로 각 사람의 남자됨과 여자됨에 대한 충실성과 이로부터 기인하는 혼인 관계를 시사한다. 이처럼 하나님의 창조 속에는 하나님께서 염두에 두고 계신 남성성과 여성성에 대한 이해가 있다. 그러나 이것을 우리가 살고 있는 시대나 문화가 나름대로 규정한 남성성과 여성성에 대한 정형화와 혼동해서는 안 된다. 여기서 말하는 남성성과 여성성은 이 사회나 문화가 정형화된 형태로 규정하는 것(stereo type)을 뜻하는 것이 아니고, 하나님께서 창조하실 때에 염두에 두고 계신 남성성과 여성성을 말하는 것이기 때문이다. 하나님께서 규정하신 인간의 참 모습의 모든 측면에 충실할 때 진정한 인간됨이 무엇인지를 알 수 있게 된다. 타락 이전의 상황에서는 이것이 인간의 혼인까지를 함의했고, 타락한 이후에도 특별히 은사를 받은 자들 외에는 모두가 다 혼인 관계 내에 있어야 함을 의미한다. 혼인은 하나님께서 인간을 남자와 여자로 만드시고 서로 돕도록 하신 그 뜻에 충실하는 일의 한 측면이다. 사람은 이렇게 전인적이고 전폭적으로 함께 살도록 창조되었다. 여기에는 그 두 사람 사이의 영적인 관계만이 아니라, 그 둘 사이의 정신적, 심리적 관계, 육체적 관계 모두 포함한다. 하나님께서는 혼인하는 사람들이 이렇게 인간됨의 모든 측면에서 함께 살도록 하셨다. 그리고 그 모든 관계는 이 관계성을 창조하신 하나님의 의도를 염두에 두고 있는 한 모두 거룩하다. 물론 하나님의 의도성에서 떠나면 그 모든 관계는 아무리 영적인 것으로, 정신적인 것으로 제시한다고 해도 모든 면에서 타락한 관계임을 드러낸다. 인간의 모든 관계성은 하나님과의 관계성을 전제하며, 그것을 염두에 두고 있을 때에는 거룩하나, 그 관계성을 떠나면 다 추하고 더러운 것이다. 인간의 관계성은 하나님-관계 안에 있으며, 또 항상 그러해야만 한다.

인간의 온전한 결합의 열매로 하나님께서는 사람들에게 자녀들을 선물로 내려 주신다. 그래서 자녀들은 태의 열매요, 생명의 은혜를 유업으로 받은 것(벧전 4:7)이라고도 할 수 있다. 또한 성도들의 온전한 관계 가운데서 태어나는 아이들을 언약의 자녀들이요, 거룩한 자들로 간주된다. 심지어 한 편만 예수를 믿는 경우에도 그 자녀를 거룩하고 깨끗한 것으로 언급한다(고전 7:14). 타락한 인간들의 인격적 결합 가운데서도 자녀들을 생명의 열매로 선물로 주신다. 여기에서도 하나님의 일반적 은혜가 풍성히 나타난다. 가족이 함께 있는 가운데 하나님께서 인간을 교제하는 존재로 만드셨다는 것의 한 의미가 드러난다. 그리고 자녀들은 이런 가족의 함께함 가운데서 하나님의 일반 은총으로 말미암아 이 세상에서 잘 자라나 사회의 구성원들이 된다.

따라서 인간이 함께하는 존재요 교제하는 존재라는 것은 결국 인간의 온전한 사회적인 삶 가운데서 잘 드러난다. 이 세상에 있는 모든 사람들에 대해서 이웃이 돼라는 하나님의 명령 아래 있는 존재들이고, 그들의 생명을 지키는 자로 서 있는 그들과 함께하는 자들인 것이다. 그들 모두가 하나님의 형상대로 지음 받은 존재들이기 때문이다. 따라서 모든 사람을 ― 그들이 아주 나이 많은 사람이든지, 사회에 전혀 기여할 수 있는 능력이 없는 사람이든지, 어린아이든지, 태아든지, 정신적으로 신체적으로 장애가 있는 사람이든지를 막론하고 ― 이렇게 형상적 관점에서 관찰하고 존귀하게 여겨야 한다. 그들은 모두 합해서 다음 절에서 말하

려고 하는 바와 같이 피조 세계를 발전시키고 지배하는 일을 함께하도록 하나님의 부름을 받은 것이다.[25]

3) 인간이란 무엇인가? (3): 통치적, 문화적 존재로서 인간

그렇게 함께하면서 사람은 이 땅에서 무엇을 해야 하는가? 더불어 사는 것 자체도 매우 귀한 사역이고 고귀한 일이나, 그것을 포함해서 인간은 무엇인가를 하는 존재로 이 땅에 존재하도록 창조함을 받았다. 창조함을 받은 사람들에게 하나님께서는 "생육하고 번성하여 땅에 충만하라 바다의 고기와 공중의 새와 땅에 움직이는 모든 생물을 다스리라"라는 말씀으로 축복하셨다(창 1:28). 교제하며 함께 산 결과로 "아이를 낳는 것"[生育]도 하나님의 축복의 일부이고, 그 결과로 사람들이 많아지는 것[蕃盛]과 온 땅에 가득 차게[充滿하게] 되는 것도 하나님의 축복의 일부분이며, 그리하여 그들이 땅을 정복하고, 온 땅에 있는 모든 것을 하나님의 뜻에 따라 다스리게[統治하게] 되는 것도 하나님의 축복의 일부이다.

그러나 이는 또한 인간이 행할 사명이기도 하다. 사실 이는 창세기 1:26에서 인간을 하나님의 형상대로 창조하겠다고 말씀하셨을 때 하나님께서 그렇게 창조하는 목적으로 말한 것이기도 하다: "우리의 형상을 따라 우리의 모양대로 우리가 사람을 만들고 그로 바다의 고기와 공중의 새와 육축과 온 땅과 땅에 기는 모든 것을 다스리게 하자." 하나님께서는 이렇게 사람들이 온 세상을 잘 다스릴 수 있도록 인간을 "하나님의 형상"으로 창조하신 것이다. 종교개혁 시대에 소시니안 주의자들이 잘못 주장하였고[26] 오늘날 어떤 이들이 말하듯이 이 세상을 다스리고 통치

---

25. Cf. Middleton and Walsh, 66.

26. Cf. *Catechismus Racoviensis* (1574), 42: "*Sciendum est, imaginem Dei — potestatem hominis et dominium in omnes res a Deo conditur supra terram designare*," cited in Francis Nigel Lee, *The Origin and Destiny of*

하는 것이 하나님의 형상인 것이[27] 아니고, 그 통치함에서 하나님의 형상이 드러난다. 맥도널드가 잘 지적한 바와 같이, "우리의 다스림이 형상이 아니고, 우리가 (하나님의) 형상이기에 이 세상을 다스리는 것이다."[28] 머레이도 같은 의미를 다음과 같이 표현한 바 있다: "사람은 하나님과 비슷하게 창조되었으므로 하나님의 대리 통치자이다."[29] 사람이 "이 세상을 잘 다스리는 데 필요한 모든 능력이 하나님의 형상으로 창조된 사실로 인해 그에게 속해 있다고 생각할 수 있기" 때문이다.[30] 그러므로 리 박사가 잘 표현한 바와 같이 "사람의 통치는 하나님의 형상됨의 필연적 결과이다."[31] 이것은 칼빈이 하나님의 형상에 대해서 이해하는 것과도 일치한다.[32] 형상됨과 통치의 관계를 이와 같이 생각하는 것은 통치를 형상됨의 한 부분으로 보려는 벌코프나 후크마의 견해[33] 보다 더 논리적인 것이라

Man (Memphia, Tenn., Christian Studies Center, 1974; Presbyterian and Reformed Pub. Co., 1977), 41, n. 41.

27. 오늘날 하나님 형상에 대해 이렇게 "기능적"(functional) 이해와 주장을 하는 이들의 폭은 매우 넓다. 대표적인 예로 다음을 보라. Leonard Verduin, *Somewhat Less than God: The Biblical View of Man* (Grand Rapids: Eerdmans, 1970), 27: Man is "a creature meant for dominion–having and as such he is in the image of his Maker." See also Walter Harrelson, *Interpreting the Old Testament* (New York: Holt, Reinhart & Weston, 1964), 51.

28. H. D. McDonald, *The Christian View of Man* (London: Marshall & Morgan; Westchester, Illinois: Crossway Books, 1981), 36: "It is because of the image that man has dominion; it is not the dominion is the image." See also Sinclair B. Fergusson, "Image of God," in *New Dictionary of Theology* (Downers Grove, Illinois: IVP; Leicester: IVP, 1988), 328: "…… 창세기 1:27–28을 전제로 할 때 창세기 1:26의 주해에서는 통치가 형상 자체의 정의라기보다는 하나님의 형상으로서의 인간의 한 기능이다"(… in the exegesis of Gn. 1:26 given in 1:27–28, dominion is a function of man as God's image, rather than a deifinition of the image itself).

29. Murray, *Collected Writings*, vol. 2, 5: "He is God's vice–regent because he is like God."

30. Ibid., 10.

31. Lee, 41.

32. Calvin, *Institutes*, I. xv. 4.

33. Berkhof, *Systematic Theology*, 205, 207; Hoekema, *Created in God's Image*, 49.

고 생각된다.

아담은 동물들의 이름을 지어주는 일로 최초의 통치 행위를 잘 이행하였다(창 2:19f.). 이 일에 있어서도 아담은 하나님께서 동물들에게 부여하신 성격을 따라 이름을 지어야 했던 것이지, 자기 마음대로, 자의적(恣意的)으로 이름을 지은 것이 아니다. 그 이름들은, 머레이가 잘 말하고 있는 바와 같이, "자의적인 상징이 아니고, 지성적 지각과 관찰력을 가진 이만이 제공할 수 있는 사려 분별에 의해 선택된 이름인 것이다."[34] 그러므로 이 명명식에서 피조계의 질서성(the orderliness of creation)을 생각하는 것은 매우 옳은 것이다.[35] 그리고 아담만이 아니라, 우리 모두가 다 온 세상을 **하나님께서 생각하시는 대로 잘 파악하고, 하나님께서 원하시는 대로 잘 다스려야 하는 사명**을 가진 존재요, 이 세상을 통치하는 피조계에 대한 하나님의 대리 통치자요, 부왕(副王)인 것이다. 이런 사명을 잘 감당하도록 하기 위해서 하나님께서는 인간을 하나님의 형상대로 창조해 주신 것이다. 그러므로 **인간은 통치적인 존재(dominion being)**라고 할 수 있다.

이렇게 이 세상을 하나님의 뜻대로 잘 다스린다는 것은 결국 이 세상 안에 "하나님께서 원하시는 문화"를 만드는 일을 한다. 물론 문화는 많은 것을 포함하는 것이다. 미들턴과 왈쉬가 말하고 있듯이, "세상과 인간의 상호 작용, 혹은 세상에 대한 경작은 언제나 문화를 이룩한다."[36] 이렇게 인간이 창조함을 받은 인공적인 힘을 가해서 하나님께서 만드신 피조

---

34. Murray, *Collected Writings*, vol. 2, 10: "The names given by Adam to the other beings, we would suspect, if no infer, were not arbitrary symbols, but names chosen with discrimination that only intelligent perception and observation could furnish."

35. 그 대표적인 예로 Hughes, 6을 보라.

36. Middleton & Walsh, 65.

계에 하나님께서 원하시는 문화를 만드는 일을 하는 것이 인간의 사명이다. 하나님의 피조계와 관련하여 인간은 자신이 부여받은 창조성과 창의성을 발휘해서 하나님의 뜻에 따라, 하나님이 원하시는 문화를 만들어야만 한다. 따라서 **인간은 문화적 존재(cultural being)**라고 할 수 있다. 인간은 하나님과의 관계 가운데서 다른 사람들과의 관계를 발전시킬 뿐만 아니라, 그 관계의 특성도 탐구하고, 이 세상의 다른 피조물들의 특성도 잘 탐구하며, 그것들에게 하나님께서 부여하신 의미를 잘 발견해 내고 그것을 발전시킬 책임이 있다. 이렇게 각 피조물의 특성을 탐구하고 그것들 상호 간의 관계를 살피는 것은 가장 단순한 형태로부터 아주 복잡한 형태의 탐구를 다 포함한다.

이런 의미에서 개혁 신학자들이 흔히 "문화 명령"이라고 지칭한 창세기 1:28 말씀에는[37] 온갖 학문적 과업도 다 포함되어 있다. 이를 아주 흥미롭게 잘 표현해 낸 이가 프란시스 나이젤 리 박사이다.[38] 그는 도여베르트의 기독교 철학을 반영하면서 창조함을 받은 인간이 모든 학문적 영역에 대한 사명을 가지고 있음을 아주 독특하게 표현하였다. 물론, 리 박사의 묘사가 너무 지나치다고 생각할 수도 있다. 그러나 그가 말하고자 하는 함의, 즉 인간은 처음부터 폭넓은 문화적 사명을 지니고 있다는 그 생각은 분명히 성경적인 것이다. 그리고 여기에는 학문뿐만이 아니라, 모든 문화의 형태를 하나님의 뜻에 일치하게 이 세상에 드러내는 일도 함의하고 있다. 즉, 미술, 음악, 학문, 정치, 경제 생활, 교회 생활, 교육, 기술, 대중 매체, 결혼, 가정 생활, 광고와 오락 등 모든 것이 다 하나님의 뜻에 일치하는 방향으로 추구되어야 한다는 말이다. 그래서 미들턴

---

37. 그 대표적인 예로 Murray, *Collected Writings*, vol. 2, 10; Middleton and Walsh, 67; Hoekema, *Created in God's Image*, 14를 보라.

38. Lee, 40–41.

과 왈쉬는 "문화적이 된다는 것은 간단히 말하면 인간적이 되는 것이다"라고 말하기도 한다.[39] 우리는 그들에게 동의하면서 "문화 명령은 세상을 위한 하나님의 원래 계획의 한 부분이다"라고 말할 수 있다.[40]

3. 인간의 인간됨에 관한 기독교 세계관적 함의

인간이 이런 특성들을 가졌다는 것은 우리의 기독교적 세계관에 어떤 함의를 주는 것일까? 그것은 첫째로, 인간이 다른 동물들로부터 진화되었다는 모든 관념을 거부한다. 이제까지 논의한 모든 측면, 특히 인간이 하나님의 형상으로 창조되었다는 것이 우리로 하여금 인간에 대한 진화적 입장에 반하도록 한다.[41] 사람은 처음부터 하나님의 형상으로 창조된 것이므로 그는 그 이하의 수준에서 생각할 수 없는 것이라는 머레이의 말을 깊이 숙고해 보아야 할 것이다. 머레이는 진화를 생각하는 것은 하나님의 형상됨에 주의를 기울이지 않는 것이라는 입장을 표한다.

둘째로, 이것은 하나님을 잘 반영하는 형상 역할을 잘 감당해야만 한다는 것을 함의한다. 자신의 몸을 사용함에 있어서도 그러하고, 다른 사람과의 교제 관계에 있어서 그러해야 하며, 피조계를 하나님의 뜻에 따라 잘 다스리는 데서도 그런 역할을 해야 한다. 먼저, 자신의 몸을 하나님의 형상으로 장식된 몸으로 여기며 잘 돌보고 유지하며 사용해야 한다. 그렇

---

39. Middleton and Walsh, 67. 이와 연관해서 그는 다음 같은 저작도 언급한다. Richard Niebuhr, *Christ and Culture*, Chapter 1; J. F. Kavanaugh, *Following Christ in a Consumer Society: The Spirituality of Cultural Resistance* (Maryknoll, NY: Orbis, 1981), 55-62. 그리고 미들턴과 왈쉬는 창세기 본문에서 문화 명령을 찾을 수 있는 근거에 대해서 pp. 67-70에 걸쳐 잘 논증하고 있다.

40. Middleton and Walsh, 70.

41. 이런 함의를 잘 드러낸 논의로 Murray, *Collected Writings*, vol. 2, 12f.; Lee, 1-24를 보라.

게 하지 못하는 것은 하나님의 형상 노릇을 잘 하지 못하는 것이다. 또한 다른 사람들과 제대로 된 교제를 하지 못하는 것이나, 세상을 하나님의 뜻대로 잘 다스려 이 땅 위에 하나님의 뜻에 가까운 문화가 가득하게 하지 못하는 것도 결국 하나님의 형상대로 지음 받은 인간의 본연의 의무를 다 하지 못하는 것이다. 이처럼 하나님의 형상됨은 인간의 큰 특권이면서 동시에 인간의 큰 의무요 과제이다. 그러므로 무엇보다 먼저 하나님을 대리하며 나타내는 존재가 된다는 그 놀라운 영광과 특권을 생각해야 한다. 피조물 가운데 아주 독특한 방식으로 하나님을 나타내는 존재로 서 있다는 것은 얼마나 고귀한 일인가! 여기에 인간의 위엄과 중요성이 있다. 또한 여기서 인간의 사명 수행의 동기와 능력이 나온다.

셋째로, 이는 그리스도인이 세상에서 마치 인간이 최고의 존재인 양 생각하는 인간 중심주의(humanism)에 빠져서는 안 된다는 것을 시사해 준다. 무엇보다 먼저 하나님과 관련해서 인간 중심주의를 주장할 수 없음을 말해야만 한다. 그리스도인은 하나님 중심주의적 입장(theocentric position)을 견지해야만 한다. 같은 기독교적 사상 중에서도 강력한 하나님 중심 사상을 선택하고 그런 방향으로의 진전을 힘써 나가야만 한다. 인간이 하나님과의 관계를 저버리는 것은 결국 자신의 근본을 저버리는 것이며, 따라서 비인간화되는 것이다.[42]

또한 이 세상의 다른 피조계와 관련해서도 결코 인간 중심주의를 주장해서는 안 된다. 예를 들어서, "온 땅을 정복하라"는 말씀을 오해해서는 안 된다. 그것은 인간이 원하는 대로 이 세상을 마구 파괴해도 좋다는 것을 의미하지 않기 때문이다. 사실 하나님 중심적 입장을 잘 유지하면 인간이 이 피조계를 자기를 마음대로 파괴하거나 착취할 수 없다는

---

42. Cf. Hughes, 4.

결론이 분명히 드러난다. 하나님의 뜻에 따라 온 피조계를 다스릴 때에는 결코 그런 잘못을 범할 수 없기 때문이다. 그러므로 피조계와 관련해서도 극단적인 인간 중심주의를 주장할 수 없음이 분명하다. 오히려 하나님께서 창조하셔서 인간에게 맡겨주신 이 피조계를 잘 돌아보고 경작하며 지킬 의무를 지니고 있다. "하나님의 형상에 신실하기 위해서 땅에 대한 인간의 개발은 (마치 여호와의 언약적 통치가 그러하듯이) 선하고, 지혜롭고, 자애로운 것이어야 한다."[43]

---

43. Middleton and Walsh, 71.

제6장

기독교적 진리 이해:
기독교 세계관의 인식론적 토대

이 장에서는 기독교인이 진리와 지식의 문제를 어떻게 다루어야 하는지에 대해서 생각해 본다. 도대체 기독교 입장에서 진리란 무엇이며 어떻게 진리를 알 수 있는 것인가? 이는 이 세상의 많은 사람들이 진리와 지식의 문제로 고민한 것, 즉 "참된 인식"에 대한 이론인 인식론(epistemology)과 관련된 아주 복잡한 문제가 아닐 수 없다. 그러므로 일단 이 세상에서는 어떻게 진리에 이를 수 있다고 생각하는지를 언급해 보고, 그와 관련해서 그리스도인은 과연 어떤 입장을 취해야 하는지를 생각해 본다.

1. 일반적 전통 진리관

일반적으로 이 세상에서 진리를 확인하는 방식으로 다음 같은 네 가지 견해가 전통적으로 제시되었고, 오늘날에는 또 새로운 이해들이 나타나고 있다.

1) 상응설(correspondence theory of truth)

상응설은 머리 속에 있는 개념(idea)이 밖에 실재하는 실재(reality)와 일치하면 그것이 참된 것이라는 입장을 취한다. 그러므로 이는 항상 그런 것은 아니지만 주로 경험론(empiricism)적 전통에서 강조되는 진리관이다.[1] 밖에 있는 실재, 즉 경험하는 실재와 우리의 관념이 일치해야 그것이 진리라고 여기기 때문이다. 아주 소박한 수준에서는 이것이 매우 좋은 진리설로 여길 수 있다. 예를 들어서, 내가 지금 밖에 비가 오고 있다는 개념을 가지고 있다고 가정해 보자. 그것이 진리인지 아닌지는 밖에 나가서 비가 오는지, 안 오는지를 확인하면 된다. 밖에 비가 오고 있다는 실제적 상황이 있다면 그와 일치하는 나의 관념이 진리이고, 실제로 밖에 비고 오고 있지 않으면 비가 오고 있다는 나의 관념은 거짓이 될 것이다.

상응설은 (1) 경험하는 실재를 참으로 존재하는 것이라고 가정하는 소박 실재론(naive realism)을 전제하고 논의되는 경우가 많으며, 따라서 이를 받아들이지 않는 이들은 경험하는 것의 실재성에 대한 질문을 하므로 논박되기 쉽다. 또한 상응설이 신뢰하는 감각은 과연 믿을 만한 것인가 하는 질문이 계속 제기되는 것이다. (2) 그리고 상응설은 일상 언어적 세계를 전제하지 않는 한, 일종의 이상 세계의 상황을 전제하고서라야 성립하게 된다. 예를 들어서, "삼각형의 내각의 합은 180도이다"라는 명

---

1. 상응설의 고전적 표현은 경험론자들이 아닌 이들에 의해 제시되기도 했었다. 예를 들어서, 플라톤은 *Theiaitetos*에서 그 나름의 상응설을 제시하고, 일부 소피스트들도 그런 견해를 제시한 바 있으며, 아리스토텔레스도 자신의 지식에 대한 견해에서 "진술의 진위 여부는 그가 참으로 존재하느냐에 달려 있다"(*Categories*, 20)라는 견해를 밝히기도 했다.

제를 생각해 보자. 이는 일반적으로 검증 가능한 명제라고 여겨진다. 그러나 "이 세상에 과연 정확한 삼각형이 있는가? 엄밀한 직선이 있고, 그런 세 가지 직선들이 서로 교차해서 생성된 삼각형이 과연 있는가? 그리고 이를 재는 각도기라는 것은 과연 엄격한 정확성을 지닌 것인가?" 등의 질문 앞에서는 현실에서는 이를 상응설로 설명하기 어려워지는 것이다. 이를 증명하는 증명들은 결국 정합설적인 형태를 가질 수밖에 없는 것이니, 현실 세계에는 이 명제에 상응하는 실체가 존재하지 않으며 따라서 상응설에 의해 그것이 진리임을 드러내고 보장할 길이 없기 때문이다. (3) 또한 역시 비슷한 논리로 이 세상의 모든 사태를 다 경험해 보지 않고서 이 세상 사태 일반에 대한 어떤 진리를 말하기 어렵다는 문제를 제기할 수도 있다. 예를 들어서, 만일에 내가 "사람은 모두 죽는다"는 명제를 생각하고 있다고 하자. 철저한 상응설의 입장에 근거해서 이 명제가 참임을 드러내기 위해서는 이 세상의 모든 사람이 죽는 것을 경험해야 한다고 주장하는 이가 있을 수 있다. 그렇다면 이는 이를 경험한 후에 비로소 이렇게 말할 수 있는 사람이 그 누구도 없는 상황이 된다. 왜냐하면 모든 사람이 다 죽는 것을 볼 수 있는 사람이 없으며, 만일에 최후의 사람이 있어서 그가 죽는다면 이는 참일 수 있으나 그 자신이 죽은 후에는 그에 대해 언급할 사람이 없기 때문이다. (4) 더구나 실재하나 물질화 되지 않는 개념에 대해서는 그것의 실재성을 어떻게 확인할 것인가의 문제가 제기된다. 예를 들어서, 인간의 영혼의 존재를 어떻게 확인하며, 하나님의 존재를 어떻게 확인할 것인가? 그래서 극단적인 형태의 상응설은 결국 이와 같이 인간이 경험하지 못하는 모든 실재의 실재성을 부인하는 입장으로 나아가기 쉽다. 윤리적 문제에 대해서도 이런 상응설에 근거해서는 어떤 말을 하기가 어려운 것이다. 물론 공리주의적 입장에서는 어떤 주장을 할 수 있으며 그에 대한 수많은 논박이 있고, 따라서 결국 이런 입장에 서면 윤리적인 명제를 감정의 표현으로 여기는 정서주의(情緖主義, emotivism)로 나아갈 수밖에 없을 것이다. 이런 의미에는 20세기초의 논리 실증주의의 입장이 이런 상응설의 극단적인 전형이라고 할 수 있다. 따라서 논리 실증주의에 의하면 동어 반복(tautology)과 우리가 감각적으로 경험하는 사물들 이외의 모든 것에 대한 명제가 다 무의미(non-sense)한 명제로 여겨진 것이다.

그러므로 상응설이 어떤 입장에서 보면 매우 좋은 해결책처럼 보이지만, 이는 수많은 문제를 지닌 의견 제시라는 것이 일반적인 의견이다.

2) 정합설(coherence theory of the truth)

그런가하면 생각하는 관념과 명제들이 일종의 수미 일관성(首尾一貫性)을 가지고 내적 모순을 지니고 있지 않으면 그것은 진리로 여겨질 수 있다는 견해가 제기되었다. 수학의 증명의 경우에서 (특히 배리법에서) 잘 나타나는 것처럼 증명 과정에서 어떤 모순을 발견하면 그것은 참이 아닌 명제가 된다. 그러므로 논리적 일관성과 무모순성(無矛盾性)을 중심으로 정합설(整合說)이 진리의 이론으로 제시된 일이 있다. 이런 입장에 따르면 어떤 신념이나 판단의 진리성 여부는 감각적 경험에 의한 검증으로보다는 논리적 사유에 의해서 증명될 수 있는 것이므로, 이는 주로 합리론(rationalism)에서 진리의 이론을 제시한 입장이라고 할 수 있다.[2] 이들은 진리를 명제의 체계, 즉 명제들이 서로 결합되어 있는 체계라고 생각한다.

---

2. 이런 입장을 드러내는 이들을 열거하면 다음과 같다: Benedict Baruch Spinoza, G. Hegel, 그리고 신헤겔 학파 또는 이상주의자들로 알려진 Francis H. Bradley, Brand Blanshard, Edgar Brightman, 그리고 궁극적 실재를 상정하지 않고 단지 이론이나 기호의 체계만을 생각하면서 그 기호의 체계와의 정합 여부로 진위를 말할 수 있다고 하는 Rudolph Carnap도 이에 넣을 수 있다. 비교적 근자에 이런 이론을 제시한 이로 Nicholas Rescher, *The Coherence Theory of Truth* (Oxford: The Clarendon Press, 1973)을 들 수 있다.

그러나 (1) 내적 모순이 없으나 아주 기괴한 이론적 체계를 제시할 수 있다는 난점이 정합설에 대해서 제기될 수 있다. 그리고 (2) 논리적으로 정치한 세계의 모습에 대한 제시가 지금 여기에 생생하게 살아 있는 인간의 모습과 부합하지 않는다면 어떻게 그런 것이 진리라고 할 수 있느냐는 질문이 헤겔 같은 이의 모든 것을 포괄하는 체계 작성에 대해 제기되기도 하였고, 이런 전통의 일부를 부여받은 실존주의자들은 지금 여기 살아 있는 인간을 제대로 파악하는 데는 헤겔식의 논리적인 추론만으로는 안 된다는 주장을 하기도 하였다. 또한 (3) 정합설은 결국 어떤 진리 체계나 출발점을 전제로 하지 않을 수 없는데, 그것은 결국 진리를 진리 자체로 정의하는 일종의 순환론에 빠지지 않는가, 따라서 처음 전제된 진리는 과연 어디서 그 근거를 찾을 수 있는가 하는 질문이 제기되기도 하였다.[3] 그래서 그런 근거를 상응설에서 구하여 상응설과 정합설을 연관시키려고 하는 시도도 있었다.

3) 실천적 진리관

이 두 가지 이론적 진리 이해에 대해 반감을 표현하면서 제시된 것이 실천적 진리관이다. 이에는 서로 다른 강조점을 지닌 두 가지 다른 입장이 있다고 할 수 있다. 그 하나는 이제는 이 세상에 대해서 생각하는 것은 별로 의미 없는 일이고 이 세상을 변화시키는 데 도움이 되는 것만이 진리라고 주장하는 마르크스주의적 진리관이다. 이런 입장에 의하면 이 세상에 프롤레타리아 혁명을 이루고, 그 결과로 계급 없는 사회(class-less

---

3. 이런 질문의 대표적인 예로 Roderick Chisholm, *Theory of Knowledge*, Second Edition (Englewood Cliffs, New Jersey: Prentice-Hall, 1977), 100–101을 보라. 그는 이런 이론을 받아들이는 것은 합리적인 것으로 느껴지지 않는다고 하면서 이런 이론은 다음과 같은 아리스토텔레스의 기본적 통찰과 갈등을 일으킨다고 한다: "네가 창백하다고 우리가 참되게 생각하기 때문에 내가 창백한 것이 아니라, 네가 창백하기 때문에 이것을 말하는 우리가 참된 것이다"(*Metaphysics*, 1051b).(101).

society)를 이루는 실천에 도움이 되는 것이 진리이며, 그렇지 못한 것은 다 비진리라는 입장을 취한다. 이는 실천적인 진리관이므로 결국 매우 무서운 결과를 낳을 수도 있는 진리 이론이다. 프롤레타리아 혁명과 계급 없는 사회 건설을 위한 실천에 도움이 되면 진리의 편에 선 것이고, 그것에 도움이 되지 않으면 비진리의 편에 선 것이 된다고 하는 것이다. 따라서 이는 아주 강한 편들기를 요구하는 입장이다.

이런 마르크스주의적 실천관을 받아들인 입장이 예를 들어서 해방 신학적 진리관이라고 할 수 있다. 민중을 진정으로 해방하는 데 도움이 되는 것은 진리이고, 그렇지 않은 것은 다 허위의식에 찬 것이고 비진리라고 한다. 그러므로 가난한 이들과 억압받는 이들 편에 서는 것만이 참으로 진리의 편에 서는 것이라고 강조한다. 결국 실천적인 것이 인식조차도, 바르고 참된 것과 진리인 것조차도 지배하게 되는 것이다. 바른 실천이 바른 이론이 되는 듯한 강조를 하는 것이다.

이런 실천적 진리관의 또 다른 유형은 미국에서 발전된 실용주의적 진리관(pragmatistic theory of truth)이라고 할 수 있다. 이런 입장에서 진리는 신념의 기능이나 역할에 따라서 결정된다고 한다. 다른 것을 고려하지 않고 현실의 문제 사태를 해결하는 데 도움이 되는 것, 그래서 인간에게 만족을 주는 것이 진리이고 해결에 도움이 되지 않는 것, 따라서 일종의 불만족을 주는 것은 거짓이거나 이 문제에 타당하지 않은 것(irrelevant)이라고 간주하는 것이다. 그래서 윌리엄 제임스는 **"무엇을 믿어야 더 나은 것인가? 이것이 바로 진리의 정의인 것 같다"**라고 말했다.[4] 주어진 각각의 문제 사태에서 그 문제를 해결하는 것이 바로 진리라

---

4. William James, *Pragmatism* (New York: Longmans, 1910), 77. 그러나 그는 때로 상응설 비슷해 보이는 말도 한다. 즉 그는 참된 신념은 "사실과 상응하는 것이다"고 말하는 것이다(Lecture VI). 그러나 더 큰 강조점이 상응설 보다는 유용성(utility)에 있기에 실용주의, 도구주의 등의 말을 하는 것이다.

는 것이다. 존 듀이(John Dewey)의 입장이 바로 이런 실용주의적 진리관을 대변한다고 할 수 있다. 윤리의 문제도 복잡한 문제 사태를 해결하는 데 도움이 되는 것이 윤리적 가치와 진리의 길로 나아가는 것이라고 여기는 것이다. 이들의 입장은 결국 인간은 결코 절대적 진리를 획득할 수 없으므로 그저 신념의 가장 유용한 기능으로 만족해야 한다는 것이다.[5] 듀이는 이렇게 말한다: "과학은 하나의 추구(pursuit)라고 할 수 있으며, 어떤 불변하는 것을 소유하는 것이 아니다."[6]

4) 실존적 진리관

이에 비해서 실존적 진리관을 말하는 이들은 모든 진리 문제를 실존 문제로 환원하는 것은 아니다. 이들은 일반적인 진리 주장이 적용되는 영역이 있다고 한다. 그러나 인간의 실존 문제에 대한 진리는 다른 영역에서의 진리와는 다른 것이 작용해야 한다는 것을 주장한다. 수학이나 과학의 영역에서는 일반적인 진리 주장을 사용할 수 있지만, 인간 실존에 대해서는 그런 진리관을 사용하려 해서는 안 되고, 만일에 그렇게 하게 되면 실존 문제를 곡해하게 된다는 것이다. 그러므로 실존주의자들은 일종의 이중 진리관을 말하는 것이 된다. 즉, 일반적인 영역에 적용되는 진리관과 실존 문제에 적용되는 진리관을 나누어 말하는 것이다. 이런 의미에서 실존주의 진리관의 주장자들은 마르크스주의자들이나 실용주의자들이 말하는 진리관과는 좀 다른 측면을 지니고 있다. 마르크스주의나 실용주의자들은 그들 나름으로 일원론적 진리관을 주장한다. 이 세상의 과학의 문제나 경제 문제나 인간의 문제에 적용되는 각기 다른 진

---

5. 실용주의적 진리관에 대한 비판으로 Chisholm, *Theory of Knowledge*, 98도 보라.

6. John Dewey, *Reconstruction in Philosophy* (Boston: Beacon Press, 1948), xvii. 비슷한 내용으로 그의 *The Quest for Certainty* (New York: Dover Publication, 1929), 204도 보라.

리관이 있는 것이 아니라 오직 하나의 진리관이 있으니 그것이 마르크스주의적인 것이든지, 실용주의적인 것이다. 이는 일종의 전체주의적 성격을 지닌 입장의 표현이다. 이에 비해서 실존주의적 진리관을 가진 이들은 수학이나 과학이나 경제 문제는 일반적 진리관을 따라 말할 수 있으나, 인간의 실존은 그것으로 다 붙잡을 수 없는 포괄적인 개념이므로 이에 대해서는 다른 진리관이 적용되어야 하며, 따라서 과학적으로 진리인 것이 실존적으로는 진리가 아닐 수도 있으며, 그것은 각기 서로 다른 영역에 대한 언급일 뿐이라고 보는 것이다.

이는 어떤 의미에서 인간에 대한 과학적 설명을 전체적이고 절대적인 것처럼 여기는 입장에 대한 반발이며, 그런 점에서 인간 지식과 인식의 불완전성을 지적하면서 인간의 능력을 과대평가하지 않고 어떤 면에서 좀더 겸손해진 것이라고 할 수 있다. 그러나 이는 또한 인간에 대한 어떤 진리 규정을 다 거부하면서 따라서 인간은 각자가 스스로 의미를 창조해 나가야 한다는 프로메테우스적인 교만함을 드러내는 입장이기도 하다. 따라서 다른 모든 인간적 사상이 다 그러하듯이, 실존주의에는 겸손과 교만이 섞여 있는 것이다: 인식론적인 겸손("인간 실존은 그 무엇으로도 규정할 수 없다")과 함께 있는 교만("따라서 신[神] 같은 존재도 없으며, 그런 존재도 인간을 규정할 수 없고, 인간은 인간이 그 의미를 부여해 가는 것이다")을 잘 살펴보라.

2. 현대의 다양한 진리관들

위에서 살핀 이전 시대의 고전적이고 전통적인 진리관들과는 달리 현대에는 또 다른 다양한 진리에 대한 이해가 제시되고 있다. 그것을 간단히 일별하자면 다음과 같은 것들을 언급할 수 있다.

1) 다중적 진리관

위에서 언급한 실존주의적 진리관과 연관하면서 그 전후에 나타난 주장으로 인간을 구성하는 여러 요소들이 있어서 그 각각의 영역에 대한 진리 주장이 각기 다르게 있을 수 있다는 주장이 있다. 과학적 진리가 있고, 사회적 진리가 있고, 문학적 진리가 있고, 그와 다른 종교적 진리가 있다는 식이다. 이는 인간과 세상을 구성하는 요소를 어떻게 나누느냐에 따라서 다르게 구별되지만, 이는 어느 하나의 영역에서 작용하는 진리의 원리가 다른 영역까지를 통제하는 것을 거부하는 각각의 영역의 독자적인 진리성을 인정하는 입장이라고 할 수 있다.

이는 어떤 의미에서 현대적 의미의 대학 제도의 산물이라고 할 수도 있다. 일종의 종합 과학을 추구하던 중세나 근대의 대학과는 달리 각 분과가 각기 독립하면서 각 분과의 의미를 부여하고 그 독자성을 주장하게 된 결과로 각각 영역의 진리가 다르다는 주장이 나타나게 된 것이다. 또한 라이프니츠(Leibniz)와 레싱(Lessing) 이후로 언급된 '경험적 진리'(empirical truth)와 '이성의 진리'(truth of reason)의 구분, 그리고 그런 아이디어를 좀더 발전시킨 신칸트학파에서의 자연 과학적 진리와 역사 과학적 진리의 구별이 이를 도왔다고도 할 수 있다. 또한 논리 실증주의를 극복하는 듯한 후기 비트겐쉬타인의 다양한 삶의 형식(forms of life)에 대한 논의와 관련된 생각들이 이런 생각을 더욱 진작시켰다고 할 수 있다. 이런 이해는 다양한 개념의 진리 이해의 양립 가능성을 제시하는 것이다.[7]

---

7. 이와 연관해서 교육 내용을 의미로 이해하고, (상징적 의미, 경험적 의미, 심미적 의미, 실존적 의미, 윤

그러나 이런 견해는 결국 이 세상에 모든 영역에 적용될 수 있는 단일한 진리 체계란 있을 수 없다는 생각을 부추켰고, 그래서 결국에는 상대주의적 진리 이해를 허용할 수 있는 가능성을 낳게 할 수 있는 위험성을 배태하고 있는 견해라고 할 수 있다. 그러나 이런 입장 자체는 아직 상대주의적 주장은 결코 아니고 그 자체로서는 그래도 각 영역에서의 진리 주장의 가능성을 강하게 주장하는 것이 된다. 그러므로 이런 입장에 선 이들은 대개 상대주의를 강하게 비판하는 일이 많이 있다. 예를 들어서, "방법론적 유아주의"(methodological solipsism)라고 불리는 비실재론자(non-realist)나 검증주의자(verificationist)에 대한 비트겐슈타인의 비판을 보라. 그런 이는 결국 정신적 자살까지 수행하는 것이라고 보았다.[8] 그러므로 이런 입장은 우리가 후에 생각할 포스트모던주의자들과 같은 상대주의자들이라고 하기는 어렵다.

2) 의사 소통적 진리관

좀더 현대에 이르러서는 이런 진리 주장이 가능하다는 입장에 대해 좀더 회의적인 태도가 많이 나타나게 되었고, 그런 회의적 상황 가운데서도 이전의 근대성의 프로젝트를 포기하지 않고[9] 계속해서 주장하고 있는 것이 하버마스의 "의사 소통적 합리성 이론"이라 생각한다.[10] 이런 이

리적 의미, 총괄적 의미의) 6가지 의미의 영역을 제시한 페닉스도 이런 생각을 한 사람으로 제시할 수 있을 것이다. Cf. Philip H. Phenix, *Realms of Meaning* (New York: McGraw-Hill, 1964). 그에 대한 설명으로 이홍우, 『현대교육과정론』 (서울: 교육출판사, 1977), 219-23.

8. Cf. Hilary Putnam, *Reason, Truth and History* (Cambridge: Cambridge University Press, 1981), 121-22.

9. Cf. Jurgen Habermas, "Modernity: An Unfinished Project," in *Habermas and The Unifinished Project of Modernity: Critical Essays on the Philosophical Discourse of Modernity*, eds., Maurizio Passerin d'Entreves Sesla Benhabib (Cambridge, Mass.: The MIT Press, 1997): 38-55.

10. Cf. Habermas, *The Theory of Communicative Action*, vol. 1: *Reason and the Rationalization of Society*, trans. Thomas McCarthy (Boston: Beacon Press, 1984); *The Theory of Communicative Action*, vol. 2:

해에 따르면, 사회 속에서 의사 소통을 하기 위해서 같이 공유할 수 있는 것을 합리적인 것으로 여겨야 한다. 그러므로 이전의 진리 주장에서와 같은 강한 성질은 조금 사라지고, 의사 소통적인 사회 속에서 같이 살아가기 위해서 그래도 같이 인정할 수 있는 의사 전달의 기준을 합리성으로 받아들여야 한다고 하는 것이다. 즉, 어떤 이가 의사 전달의 기준을 따라 그의 의도를 드러내려는 것인지 아닌지에 따라서 그의 의사 전달 과정을 평가할 수 있다. 하버마스는 이해에 이르는 과정의 다음과 같은 합리적 내적 구조가 있다고 한다: (1) "객관적이고, 사회적이고 주관적인 세계를 포괄하는 세 가지 세계-관계에 관여되는 개념들" (2) "이해 가능성(comprehensibility), 진리(truth), 진실성(truthfulness), 그리고 옳음(rightness)의 타당성 주장" (3) "합리적으로 동기화된 동의의 개념" (4) "상황을 공통적으로 정의하는 협조적 협상"으로서 이해의 도달함에 대한 개념.[11] 이것이 근대성의 프로젝트의 연장이라고 판단될 수 있는 이유는 이 입장이 전세계적인 보편화 가능성을 어느 정도 열어 놓고 있기 때문이다. 이제는 명석판명(明晳判明)하여 누구나 자명하게 받아들여야 하는 그런 의미의 합리성에 대한 주장은 있을 수 없으나, 그래도 만인이 의사 소통적 사회 속에서 보편적인 것으로 받아들일만한 것은 있다는 것이다.

3) "누구의 합리성인가?"

이와는 조금 다른 입장에서 합리성이 항상 그런 합리성이 통하는 맥락 가운데서만 이해될 수 있는 것이어서 합리성이 과연 "누구의 합리성"

Life–world and System: A Critique of Functionlist Reason, trans. McCarthy (Boston: Beacon Press, 1987).

11. Habermas, *The Theory of Communicative Action*, vol. 1: *Reason and the Rationalization of Society*, 137.

인지를 심각하게 물으면서 사유하고 활동해야 한다는 주장으로 알래스데어 맥킨타이어의 입장이 있다.[12] 그는 이미 기포드 강좌에서도 말미에 대학에서 각 과목을 가르치는 이들은 그들의 작업의 단편적 성격과 자신들이 일종의 전통 안에서 작업하고 있음을 솔직히 인정하면서 그 전통 안에서 탐구를 증진시켜 나가려고 하고 다른 전통의 대표자들과 대화해 가야 한다고 했다.[13] 그러므로 그는 오늘날에도 어느 정도 현대성의 프로젝트를 유지시키려고 하는 하버마스적 입장과 다음에 생각할 포스트모던적 입장 사이에 있는 입장을 견지하고 있다고 할 수 있다. 그래도 합리성에 근거해서 판단을 해야 한다는 것을 주장하는 점에서는, 그리고 그 자신은 일종의 토미즘적인 결론을 내리는 점에서는 포스트모던주의에 강하게 반대하면서도, 우리의 합리성이라는 것이 실질적으로는 각 집단에서만 인정되는 성격을 지니고 있다고 주장하는 점에서는 일종의 보편적 합리성이 가능하다고 보는 하버마스의 견해와는 상당히 다른 입장을 제시한다.

4) 포스트모던주의적 진리 이해

그래도 맥킨타이어가 사유와 행동의 지침을 일정한 전통 안에 있는 합리성에 근거해 이끌어 내려고 하는데 비해 이보다 더 나아가는 이들은 진리 추구라는 것도 결국 주관적 권력의 의지(will to power)의 투사로 보든지(Nietzsche), 모든 것을 정신 분석적으로 보든지(Freud), 심

---

12. Alasdair MacIntyre, *Whose Justice? Which Rationality?* (Notre Dame, Indiana: University of Notre Dame Press, 1988), 특히 367-69를 보라.

13. Alasdair MacIntyre, *Three Rival Versions of Moral Enquiry: Encyclopedia, Genealogy, and Tradition* (Notre Dame, Indiana: University of Notre Dame Press, 1990), 216-36.

지어 형이상학적 체계 모두를 그렇게 보기도 하고(Morris Lazerowitz),[14] 모든 과학적 논의를 주관적이고 상대적인 것으로 여기기도 한다(Paul Feyerabend).[15] 그 결과 학문은 객관성을 상실하고, 상대주의적 입장이 대세를 차지하게 되었다.[16]

이런 포스트모던주의의 선구자들을 따라가는 좀더 본격적인 포스트모던주의자들은 도대체 합리성이라고 말하는 것에 의해서 또는 진리 주장에 근거해서 인간이 해 온 것이 무엇인가를 강하게 질문하는 일로부터 시작한다(특히 Michel Foucault). 합리성과 진리 주장으로 사람들은 이제까지 자신들과 의견이 다른 이들을 배제하고 벌하는 일종의 처벌 체계를 가져오지 않았느냐는 것이다.[17] 심지어 정상과 비정상(미침)의 구별조차도 그런 사회적 차별 과정이고, 그것이 참으로 정당하고 바른 것이라고 할 수 없다는 것이다.[18] 어떤 의미에서는 모든 진리 주장은 일종의 권력과 정치적 함의를 지니고 있다는 것을 현상적으로 드러내는[19] 이런 주장

---

14. 이에 대해서는 Cf. Morris Lazerowitz, *The Structure of Metaphysics* (New York: Humanities Press, 1955), Arthur Holmes, *Contours of a World View* (Grand Rapids: Eerdmans, 1983), 146, 한역, 『기독교 세계관』 (서울: 엠마오, 1985), 212에서 재인용.

15. Cf. I. Lakatos and A. Musgrave, eds., *Criticism and the Growth of Knowledge* (Cambridge: Cambridge University Press, 1970), cited in Holmes, 146=한역, 213. Feyerabend의 성향에 대한 비판으로 Putnam, 126도 보라. Feyerabend는 1975년의 저서 『방법에 반하여』(*Against Method*)에서 다음과 같은 주관주의적 결론을 제시하기도 한다: "카르납, 헴펠, 네이글(E. Nagel), 포퍼, 그리고 라카토스 등이 과학적 변화를 합리화 하기 위해 사용하는 방법들 중의 어느 하나도 실제로 적용될 수 있는 것은 없으며, 적용될 수 있는 유일한 방법은 반박은 그 힘이 크게 감소된다. 남은 것은 심미적 판단, 취향에 의한 판단, 형이상학적인 편견, 종교적인 바람이며, 간단히 말하면 남은 것은 우리의 주관적 바람들(subjecttive wishes)일 뿐이다"(*Against Method: Outline of an Anarchistic Theory of Knowledge* [London: NLB, 1975], 284f.).

16. 이런 평가에 대해서는 Holmes, 146= 한역, 213을 참조하라.

17. Michel Faucault, *Discipline and Punishment* (1975), trans., A. Sheridan (New York: Vintage, 1977).

18. Michel Faucault, *Madness and Civilization: A History of Insanity in the Age of Reason* (1961), trans. Richard Howard (New York: Pantheon, 1965).

19. 특히 Faucault, *Power/Knowledge: Selected Interviews and Other Writings*, trans. C. Gordon, et al. (New York: Pantheon Books, 1977)를 보라.

배후에는 결국 인간들로서는 진리 주장을 할 수 없으니, 이는 모든 진리 주장은 상대적인 것이며, 늘 권력의 작용과 연관되었기 때문이라는 생각이 강하게 깔려 있다. 상당히 많은 포스트모던적 사상가들은 이성중심주의는 다른 담론 체계를 비정상적인 것, 열등한 것으로 억압하는 하나의 특수한 담론 체계로 본다.[20] 강영안 교수가 지적하는 것처럼, "포스트모던 사고에 따르면 이성은 절대적 근원이 아니라, 오히려 현실을 합리화하고 은폐하는 수단이다."[21] 그러므로 포스트모더니즘에서는 데까르트부터 시작된 근대적 합리성을 신랄하게 비판하면서, 이제는 이성 중심의 논의보다는 의사 전달에서 이야기(story, narrative)가 중심적 위치를 차지한다. 이제는 합리적인 것을 보편적인 진리로 여겨서 모든 이들의 동의를 얻는다고 생각하기보다는 많은 사람들이 어떤 이야기를 믿게 될 때 그 이야기가 타인을 지배하는 힘을 부여받게 된다고 한다.[22] 왜냐하면 이야기와 이야기 사이도 연계와 연속이 있는 것이 아니라, 기본적으로 단절되어 상호 교통 불가능성(incommensurability)이 지배하고 간혹 소통이 있을 뿐이라고 생각하기 때문이다. 리요타르(Jean-François Lyotard)에 의하면 세상은 기본적으로 파편적인 것이고, 존재는 본래 분산되어 있다.

연약한 의미의 포스트모던적 주장은 맥킨타이어의 이른 바 "누구의 합리성인가?"를 물으려는 입장과 유사하게 보일 수도 있으나, 강한 의미의 포스트모던적 주장은 그런 진리 주장도 결국 그 사회 안에서 어떤 이들을 배제하기 위한 기제(mechanism)로 작용할 수 있다고 주장할 것이고, 사실 약한 포스트모던적 주장도 진리 주장 문제에 관한 한 그것은

---

20. Faucault를 인용하는 윤평중, 『포스트모더니즘의 철학과 포스트마르크스주의』 (서울: 서광사, 1992), 54-55.

21. 강영안, 『주체는 죽었는가?』 (서울: 문예출판사, 1996), 67.

22. James Sire, 『포스트모더니즘』, 송태연 옮김 (서울: IVP, 1998), 25.

맥킨타이어보다 더 회의적인 태도를 보이고 있다.[23]

2. 포스트모던 상황 속의 그리스도인

이런 상황 앞에서 기독교회와 그리스도인은 어떻게 판단하고 생각할 것인가? 어떤 면에서 이런 상황은 기독교적 진리 주장을 배제하며 계몽주의적 진리 이해만의 주권성을 강하게 주장하던 이전 세대의 상황보다는 좀더 겸손해진 인간 이성의 모습에 직면하게 되는 듯이 보인다. 포스트모던 사상가들은(이성 자체의 능력을 비판하던 그러나 그렇게 함으로써 이성의 능력을 탄탄히 하던 칸트적인 사유보다 좀더 겸손하게) 도대체 인간의 이성으로는 절대적인 주장을 할 수 없다는 입장을 강조하는 것이다. 이런 상황에서는 다른 이들이 각기 다른 주장을 할 수 있듯이 기독교회도 그들 나름의 목소리를 발할 수 있는 상황 가운데 놓이므로 이를 복음 전파와 기독교적 진리 주장을 주장할 수 있는 기회로 여기자는 목소리도 나오고 있다.

그러나 여기에 함정이 있음을 잊어서는 안 된다. 사실 이는 기독교회

---

23. 포스트모던주의에 대한 좋은 기독교적 평가로 Gene Edward Veith, *Postmodern Times, A Christian Guide to Contemporary Thought and Culture* (Wheaton: Crossway Books, 1994); David S. Dockery, ed., *The Challenge of Postmodernism: An Evangelical Engagement* (Grand Rapids: Eerdmans, 1995); James Sire, 『포스트모더니즘』, 송태현 옮김 (서울: IVP, 1998); Millard J. Erickson, *Truth or Consequences: The Promise & Peril of Postmodernism* (Downers Grove, Ill.: IVP, 2001)을 보라. 포스트모던주의에 대한 좀더 관용적인 평가로는 J. Richard Middleton and Brian J. Walsh, *Truth is Stranger than It used to Be: Biblical Faith in a Postmodern Age* (Downers Grove: IVP, 1995); Stanley Grenz, *A Primer on Postmodernism* (Grand Rapids: Eerdmans, 1996) 등을 보라. 우리 나라에서 나온 기독교적 입장에서의 좋은 논의로는 강영안, 『주체는 죽었는가?』 (서울: 문예출판사, 1996); 김영한, 『21세기와 개혁신학, II: 포스트모더니즘과 개혁신학』 (서울: 한국 장로교 출판사, 1998); 신국원, 『포스트모더니즘』 (서울: IVP, 1999) 등을 들 수 있다.

와 기독교인이 자신의 진리 주장을 **보편적이고 절대적인 것으로 주장하지 않는 한도 내에서** 가능한 것이다. (문제는 개개인의 진리 주장이 문제되는 것이 아니다. 개개인의 진리 주장에 관해서는 모두가 다 상대성을 인정해야 할 것이다. 그러나 포스트모던주의자들이 그리스도인에게 요구하는 것은 기독교가 말하는 하나님이 계시고 그가 자신을 기독교적인 방식으로 계시하셨다는 그런 이해조차 절대적인 것으로 여겨서는 안 된다는 것이기에 주의해야 한다.) 그러므로 이런 포스트모던 상황은 그 안에서 활동해야 하도록 그리스도인에게 주어진 조건임에는 틀림없으나 (그리스도인은 이런 포스트모던적 조건 아래 있으므로 그 안에서 다양한 포스트모던 주장들과 씨름하는 일을 계속해야 하지만), 결국 포스트모던적 주장을 그대로 받아들일 수도 없는 상황 가운데에 있는 것이다. 그렇다고 나름의 결론을 내리면서도 각각의 전통은 그 나름의 이야기를 할 수 있다고 하는 맥킨타이어의 입장에 서서 말할 수도 없고, 하버마스적 의사 소통적 합리성을 기독교적 진리관으로 받아들이고 논의할 수도 없다. 또한 바르트가 그리한 것처럼 이 세상의 다른 진리와 양립 가능한 신학적 진리가 있다는 다중적 진리 이해를 가지고 만족할 수도 없을 것이다. 하나님이 모든 진리 배후에 있는 존재임을 생각한다면 말이다. 그렇다면 기독교적 진리 이해는 과연 어떻게 나타나야 할까?

3. 기독교적 진리 이해

하나님의 존재와 계시를 전제로 하는 기독교적 입장에서는 결국 하나님의 존재와 그가 창조하신 세상의 존재에 대한 이해에 근거한 진리 이해를 말할 수밖에 없을 것이다. 따라서 이는 일종의 존재론적 인식론[형이상학적인 인식론]이 된다(그리고 하나님과 그의 계시를 전제로 하지 않을 때 우리는 과연 엄밀한 의미의 기독교적 진리 이해에 이를 수 있을지에 대해 의문을 제기하지 않을 수 없다). 하나님이 존재의 원천이듯이 "하나님이 지식의 원천이다."[24] 그리고 하나님의 이해에 따라 이해하는 것이라고 했으므로 인간의 진리에 대한 이해는 항상 유비적인(analogical) 것일 수밖에 없다[유비적 진리관].[25]

그러나 이런 유비론이 아퀴나스적인 유비론과 같은 것은 아니다. 그 차이는 (1) 아퀴나스에게 있어서는 원상의 것이 인간들 사이의 관계인 점이 주로 강조되는 데 비해서,[26] 지금 여기서 말하는 것은 하나님이 생각하고 계시는 것이 원형이고 인간의 생각은 항상 그것을 따라서 생각하는 것이어야 한다는 데에 있다. (2) 또한 아퀴나스에게 있어서는 그가 하나님과 인간의 것이 유비적임을 말하지만 그것이 철저하지 않아서 때로

---

24. 이 중요하고도 자명한 진리는 항상 그것이 받아야 하는 정당한 대우와 강조를 받지 못하였다. 이에 대한 큰 강조로 Vern S. Poythress, *Philosophy, Science and the Sovereignty of God* (Phillipsburg, New Jersey: Presbyterian and Reformed Publishing Co., 1976), 118: "God is the origin of knowledge."을 보라. 이는 그의 선생님들의 견해를 잘 반영한 것이다. Cf. Cornelius Van Til, *The Defense of the Faith* (1955; Phillipsburg, New Jersey: Presbyterian and Reformed Publishing Co., 1979), 특히 39: "… as Protestants we should definitely choose to make God the original in the knowledge situation." 또한 Robert L. Reymond, *The Justification of Knowledge* (Phillipsburg, New Jersey: Presbyterian and Reformed Publishing Co., 1979), 한역, 『개혁주의 변증학』(서울: CLC, 1989), 61, 63–65도 보라.

25. 이에 대해서는 Van Til, *The Defense of the Faith*, 39, *et passim*; Van Til, *Introduction to Systematic Theology*, 『개혁주의 신학 서론』(서울: CLC, 1995), 26–28; Van Til, *A Christian Theory of Knowledge* (Phillipsburg, New Jersey: Presbyterian and Reformed Publishing Co., 1959), 16; Van Til, *A Survey of Christian Epistemology* (Phillipsburg, New Jersey: Presbyterian and Reformed Publishing Co., 1969), 203f.를 보라.

반틸의 유비론에 대한 레이몬드의 같은 편에서의 비평으로는 Reymond, *The Justification of Knowledge*, 132–41을 보라. 그러나 레이몬드는 어느 정도의 일의성(univocism)을 좀더 생각하므로 반틸적인 이해가 좀더 진리에 가깝다고 할 수 있을 것이다.

26. Cf. Aquinas, *Summa Theologiae*, I, Q. 13. 아퀴나스적 의미의 유비론에 대한 간략한 설명으로 Colin Brown, *Philosophy & The Christian Faith* (Downers Grove, Ill.: IVP, 1968), 30–32을 보라.

는 그가 부인하는 일의론(univocism)적인 이해가 나타나는 때가 있다.[27] 그런 점에서 반틸적인 유비론은 좀더 철저한 유비론이며, 하나님의 원형되심에 충실한 유비론이라고 할 수 있다.

그러므로 위에서 말한 기독교적 전제에 의하면 **하나님께서 자신과 이 세상에 대해 생각하시는 바**가 진리의 기준이 된다. 따라서 하나님의 생각을 따라서 생각할 수 있을 때 피조물의 한도 내에서 진리에 이를 수 있다. 그러나 피조물이 어떻게 하나님의 생각을 따라서 생각할 수 있을 것인가? 여기에 하나님께서 당신님의 존재와 생각을 인간에게 참되게 계시하셨다는 계시 개념이 큰 의미를 가지고 등장하게 된다. 만일 위에서 언급한 생각이 옳다고 해도, 하나님께서 자신과 세상에 대한 자신의 생각을 계시해 주지 않으셨다면 하나님과 이 세상에 대해서 제대로 이해할 수 없다. 그러나 하나님께서 당신님과 이 세상에 대한 계시를 주셨으므로 이에 근거해서 하나님과 이 세상에 대해서 피조물의 한도 내에서 "비록 완벽하지는 않으나 바른 이해"에 이를 수 있다.

그러나 성경 계시에 의하면, 인간은 한 가지 상태에 계속해 머물러 있었던 것이 아니고 존재 상태의 변화를 겪었다. 그 존재 상태의 변화에 따라 인간의 의식과 인식 작용도 다르게 나타났다고 할 수 있다. 그러면 이제 인간이 그 안에 처해 있던 세 가지 상태 속에서 인간의 의식과 인식 작용이 어떻게 나타났는지 나누어 생각해 보자.[28]

---

27. 반틸의 저작 곳곳에 이런 강조점이 나타나고 있다. Cf. Van Til, *The Defense of the Faith*, 39, 69-78, 132-39. 반틸의 유비론에 대한 좀더 자세한 설명과 아퀴나스적 유비론과의 차이점에 대하 시사에 대해서는 졸고, "Cornelius Van Til의 합리성 개념에 대한 연구", 『개혁신학에의 한 탐구』 (서울: 웨스트민스터 출판부, 1995), 217-56, 특히 242-46을 참조하라. 반틸의 유비론과 아퀴나스의 유비론의 차이에 대한 또 다른 지적으로 Gilbert B. Weaver, "Man: Analogue of God," in *Jerusalem and Athens*, ed. E. R. Geehan, 321-27; *The Philosophy of Gordon H. Clark*, ed. Ronald H. Nash (Philadelphia; Presbyterian and Reformed, 1968), 303-305를 보라.

28. 이하의 논의는 그리스도인이면 누구나가 상식적으로 생각할 수 있는 것이나 이를 명확히 잘 표현해 낸

1) 타락하지 않은 상태에서의 인간의 진리 이해

타락하지 않은 상태에서는 "사람이 마땅히 어떻게 되어야만 한다고 하나님께서 말씀하신 것"(전구속적 특별 계시)에 근거하여 창조에 깃들어 있는 일반 계시를 바르게 파악하여 사람이 하나님과 이 세상에 대한 피조물의 수준에서 바른 이해에 이를 수 있었을 것이고, 따라서 하나님과 이 세상에 대한 진리를 소유하고 있었고 진리를 얻어 가고 있었다고 말할 수 있다. 그러므로 이런 상태에서의 그/그녀의 지식은 "그 성격상 철저(온전)하지는 못해도 참된 것이었다." 그리고 이때 그/그녀는 그/그녀의 합리성만이 아니라 영혼의 모든 기능과 몸 전체로, 즉 전인적으로 하나님의 진리에 바르게 반응하였을 것이다.

이때 사람의 의식은, 반틸이 잘 표현한 바와 같이, 주어진 계시를 수납하면서(receptively) 그것을 재구성하는(reconstructive) 의식이라고 표현할 수 있다.[29] 하나님과 이 세상에 대한 계시를 받아들이며, 온전하게 피조물의 수준에서 재구성하여, 하나님의 지식과 같이 완벽한 것은 아니나, 그래도 피조물의 수준에서는 바른 이해를 가지고 있었다. 예를 들어서, 아담이 동물들의 이름을 지어 주는 일을 그 일의 포괄적인 관점에서 보았을 때는 하나님의 뜻을 파악하여 동물들에 대한 자신의 주재권을 드러낸 것이며 고등의 이성 활동이 작용한 것으로 볼 수 있다. 레이몬드 교수가 재미있게 표현한 대로, "과학자로서 아담은 자연을 하나님의 영광을 위해 연구하였다. …… 여기에 하나님의 주님 되심 아래서 과학을 하고,

---

것은 Van Til, *The Defense of the Faith*, 48–51; Van Til, *Introduction to Systematic Theology*, 『개혁주의 신학 서론』, 50–56; 그리고 Van Til, *Christian Theistic Ethics* (Phillipsburg, New Jersey: Presbyterian and Reformed Publishing Co., n. d.), 18–24에 제시되었다고 할 수 있다.

29. 이 용어는 Van Til, *The Defense of Faith*, 49에서 온 것이다. 반틸을 따라 표현하는 Reymond, *The Justification of Knowledge*, 118도 보라.

진리를 발견하는 온전한 예가 있다."[30] 또한 여자가 지음 받아 하나님의 손에 이끌려 왔을 때 "이는 내 뼈중의 뼈요 살 중의 살이라"고 고백한 것에는 여자가 지음 받은 과정과 그 정체성에 대한 고도의 통찰이 나타나고 있다. 그러므로 타락하기 전의 인간은 하나님의 뜻을 받아 들여 그것을 피조물의 수준에서 재구성하는 방식으로 진리에 대한 바른 이해를 가지고 있었다. 이와 같이 창조 받은 상태에서의 인간은 바른 인식 작용을 하고 있었다. 그는 하나님의 해석을 바르게 재해석하였던 것이다.[31]

2) 타락한 상태에서 인간의 진리 이해

그러나 타락한 상태의 인간은 엄밀하게 말하면 진리에서 멀리 떨어져 있는 비진리(非眞理)이고, 진리를 추구하지도 않는다. 그는 하나님의 생각을 따라서 생각하지 않는다. 따라서 그는 진리에 대해 전인적 반응을 보이지 않는다. 그러나 그 자신이 진리에 반(反)하고 있다고 생각하지 않을 수도 있다. 때때로 자신이 진리를 추구한다고 생각하며, 진리 추구에 평생을 바친다고 할 수도 있다. 그러나 실상 자신의 의식과 활동으로 진리를 억누르고(κατέχειν) 있다(롬 1:18 참조).

하나님에 관한 (진리에 대한) 태도가 이런 인식 활동의 특성을 잘 보여 주는 가장 대표적인 예가 된다. 물론 그의 안에는 하나님을 알만한 것이 있다(롬 1:19). 하나님께서 사람을 그렇게 창조하셨고 그것을 보이신 것이다. 이것을 가리켜서 칼빈은 "신의식"(紳意識, *sensus divinitatis*)라고 말하기도 하였다. 또한 "창세로부터 그의 보이지 아니하는 것들, 곧 그의 영원하신 능력과 신성이 그 만드신 만물에 분명히 보여 알게 되어

---

30. Reymond, *The Justification of Knowledge*, 118.

31. Van Til, *The Defense of Faith*, 48.

있다"(롬 1:20). 그러므로 신의식이 이 세상에 드러내신 하나님의 일반 계시와 작용하면 바른 신지식(*scientia dei*)이 나타나야 한다. 그러나 타락한 인간은 그 안에 있는 신의식(하나님을 알만한 것)과 자연 계시에도 불구하고 결코 바른 신지식을 형성할 수 없다. 오히려 그는 그 진리를 억누르고(κατέχειν) "썩어지지 아니하는 하나님의 영광을 썩어질 사람과 새와 짐승과 기어다니는 동물의 우상으로 바꾸는 것이다"(롬 1:23). 하나님을 알만한 것과 일반 계시의 작용으로 어두워진 사람의 마음에서는 바르지 못한 신지식과 우상 숭배(idolatry)가 나오는 것이다. 그러므로 "우상 숭배는 소위 일반 계시에 기생하는 것이다"라는 포이뜨리스의 말은 매우 적절하다.[32]

하나님에 대한 지식은 이와 같이 타락한 사람이 제대로 된 신 이해를 가지지 못한다는 상황을 비교적 정확하게 지적할 수 있다. 다른 이론적 활동에서도 인간은 하나님을 전혀 염두에 두지 않고 생각하므로 모든 것을 바른 맥락 가운데서 해석하는 것이 아니다. 타락한 사람은 그들의 모든 인지적 활동에서 이런 잘못을 범한다.[33] 사실 레이몬드 교수가 잘 표현한 바와 같이, "그가 마땅히 알아야 할 바를 아무 것도 모른다."[34] 이를 전통적으로 죄의 인지적 영향(the noetic effects of sin)이라고 불렀다.[35] 그 영향으로 그는 이제 자신이 모든 것을 창조하고 구성할(creatively

---

32. Poythress, 121.

33. Cf. Poythress, 133.

34. Reymond, *The Justification of Knowledge*, 121.

35. 이에 대해서는 다음을 보라: Abraham Kuyper, *Principles of Sacred Theology*, trans., J. Hendrik De Vries (1898; reprinted, Grand Rapids: Baker, 1980), 106–14; Reymond, *The Justification of Knowledge*, 117–25.

constructive) 수 있다고 생각한다.³⁶ 그러나 사실 창조하고 구성하는 것은 잘못된 것을 구성할 뿐이다. 스스로 자신이 창조적으로 구성할 수 있다고 여기지만, 할 수 없는 것을 하려고 하는 것이다. 물론 개인으로서 자신이 모든 것을 창조적으로 구성한다고 여기지는 않는다. 그러나 인류 전체가 커다란 인식 작업을 하고 있는 것으로 여기면서 일정한 기간이 지난 후에는 사람들이 구축해온 것을 받아들이고 사회화하면서 나아가지만 결국 진리란 이렇게 사람들이 창조적으로 구성해 내는 것이라고 여긴다. 실재의 사회적 구성설(social construction of reality)은, 물론 다양한 함의를 가지고 주장되기는 하지만, 이런 인간의 마음을 잘 제시한 것이라고 여길 수 있다. 이는 자신들이 발견해 낸 바(사실 그것은 비진리인데) 그것을 진리에 가까운 것이라고 말하는 것보다는 좀더 겸손해진 것 같지만, 이는 실재의 객관성을 인정하지 않고 사회적 구성물 됨을 강조한다는 점에서 또한 문제가 있다.

그러나 타락한 사람이 모든 것을 다 잘못 아는 것은 아니고 이 세상의 어떤 부분은 제대로 관찰하고 말할 수 있다. 그것은 하나님의 일반 은총의 작용으로 (1) 비록 기형적인(deformed) 것이 되기는 했으나 잔존하는 하나님 형상됨이 작용하기 때문이며, (2) 창조된 사물들의 견고함과 강함(robustness)이 작용해서 적어도 그런 것은 아무리 타락한 자라도 부인하지 못하도록 하기 때문에 나타나는 현상이다.

그렇지만 타락한 인간이 어떤 것은 바르고 정확하게 말한다고 하는 것도 그가 가진 전체 틀 속에 있는 것이므로 그 전체 틀 안에서는 왜곡되고, 따라서 아무리 바르게 보는 것이라도 최대한으로 말해야 '반진

---

36. Van Til, *The Defense of Faith*, 49. 반틸을 따라 같은 표현을 사용하는 Reymond, *The Justification of Knowledge*, 118도 보라.

리'(半眞理, half-truth)로 나타나고 만다. 그러므로 부분적으로 그리고 때때로 바르게 보고 말할 수는 있지만, 결국 모든 것을 하나님께서 해석하는 빛에서 말해지는 않는 것이고, 그러므로 이는 잘못된 것이다. 이렇게 부분적으로 바르게 보는 것이 결국 그것을 보는 사람으로 하여금 하나님을 믿지 못하게 하는 것으로 작용하는 현실이 이런 문제를 잘 드러내어 주는 것이다. 하나님의 일반 은총의 작용으로 무엇인가를 바르게 보고 해석할 수 있는데, 바로 그것 때문에 자신이 모든 것을 판단할 수 있는 능력이 있다고 보며, 자신들이 바라본 것이 하나님으로부터 독립하여 있는 독자적인 실재라고 보고, 그것을 하나님의 의도와 관련시켜 해석하지 않을 수 있는 '순수 사실'(bruta facta)로 보고서 자신이 그것을 있는 그대로 받아들이고 해석할 수 있다고 하며, 따라서 우리의 지식 활동에서 하나님이 있을 자리가 없게 하는 것이다. 그러므로 길고, 더 넓은 맥락에서 보면 그는 모든 사실이 참으로 무엇을 의미하는지를 모른다고 할 수 있는 것이며, 그는 그 진리를 마땅히 사용해야 하는 대로 사용하지 못하는 것이다.[37] 이와 같이 타락한 사람에게서는 가장 기본적인 사실에 대한 이해에 있어서도 죄의 인지적 작용이 나타나고 있다. 이것이 바로 반틸을 따라 포이뜨리스가 잘 지적한 바와 같이 "반역하는 사람이 하나님을 모독하기 위해 하나님의 선물을 사용하는 것이다."[38]

3) 구속받은 이들의 진리 이해

그러면 인간은 도무지 진리에 이르지 못하고 진리의 단편들만을 가지

---

37. Cf. Poythress, 122f.
38. Poythress, 121. 그는 반틸이 말한 "어린아이가 아버지의 무릎에 앉아서 아버지의 뺨을 때린다"라는 말과 관련해서 이런 표현을 하는 것이다. Cf. Van Til, *Jerusalem and Athens*, ed. E. R. Geehan (Philadelphia: Presbyterian and Reformed, 1971), 403.

고 있고, 그런 단편들도 전체 틀 속에 들어가서 결국은 왜곡되는 상황에 처하기만 하는 것인가? 바로 여기서 구원이 우리들의 인지 작용에 미치는 측면이 있음을 말할 수 있고, 그것을 말해야만 한다.

구원받는다는 것은 그저 하나님과 관련해서 바른 관계를 가지고 살게 되었고 후에 하늘에 있다가 재림 이후에는 새 하늘과 새 땅에서 영원히 잘 살게 된다는 것만을 뜻하는 것이 아니다. 구원은 일차적으로 그런 관계성의 회복을 뜻하지만, 그것은 인간의 모든 인격적 활동의 회복도 다 포함한다. 따라서 하나님과 관련된 사람으로 하여금 바르게 느끼고 살며 옳은 윤리적 판단을 내리고 살뿐만 아니라, 진리에 대해서도 바른 생각을 하게 하는 것이다. 중생한 사람은 이제 하나님께서 계시하신 계시 내용을 옳고 바른 것으로 받아들인다. 그것이 진리가 아닌데 믿는다고 하는 것이 아니라, 오히려 그것이 참되고 옳은 것이라고 한다. 즉, 중생한 이들은 이성의 자살을 감행하는 이가 아니다. 오히려 그의 이성의 작용이 바뀐 이들이다. 중생하지 않은 이들은 자신들의 경험이나 판단에 근거하여 무엇이 옳고 바른 지를 생각하여 자신들의 경험과 이성의 활동이 진리에 중요한 시금석이라고 생각하지만, 중생한 이는 이제 하나님의 계시라는 시금석에 근거해서 자신들의 경험과 이성의 활동을 통제해 나가려고 한다.

여기서 중생한 이들의 진리 이해와 특성이 잘 나타난다. 이를 중생의 인지적 영향(the noetic effects of regeneration)이라고 한다.[39] 중생한 사람들은 이제 모든 것을 비로소 바르게 파악하고 해석하기 시작한다. 중생자의 의식은 다시 계시를 수납하여 그것을 재구성하는(receptively

---

39. 이를 시사한 이는 많이 있다. 카이퍼, 반틸 등. 그러나 아주 명확히 이런 용어를 쓴 예로 Reymond, *The Justification of Knowledge*, 125를 보라.

reconstructive) 의식이다.[40] 물론 그도 인지 작용을 하는 생각하는 사람이다. 생각하지 않으며 인지적 활동도 없다. 그러나 중생자의 생각은 이제 하나님과 계시를 받아들이는 태도를 가지고 있고, 그렇게 기능한다. 그는 이성을 사용하지 않은 사람이 아니고 그 이성의 작용을 가지고 하나님을 섬기며 하나님의 뜻을 바르게 파악하고 온 세상을 바르게 해석하며 판단한다.

이런 활동은 일차적으로 신인식과 신학 활동에서 나타난다. 간단히 말해서 하나님의 계시를 따라 신학하는(*theologieren*) 것이다. 따라서 신학 하는 과정에서 하나님께서 계시하신 계시를 받아들이고, 그 하나님의 계시를 따라 사유한다.[41] 물론 이 세상에는 하나님의 계시를 따라 제시되지 않는 신학들이 많이 나타났고 또 지금도 많이 나타나고 있다. 모든 이단적 사상은 하나님의 계시에 철저히 의존해서 신학하고 신앙하지 않는 것이며, 이것이 오늘날에는 성경에 철저하지 않은 모든 신학 운동으로도 나타나고 있다. 그러나 이것은 중생한 사람으로 하나님과 신학에 대해 사유하는 것이 아니다. 오히려 이는 중생하지 않은 배교적 의식을 가지고 사유하거나 그런 의식과 연관해서 나타나는 것이다. 그러므로 우리는 우리의 신인식과 신학 일반에 있어서 하나님의 계시를 따라 사유하는 계시 의존 사색을 해야 한다. 그것이 중생한 이답게 신학을 하는 것이며, 기독교적인 진리 이해를 따라 신학하는 것이다.

그러나 중생의 인지적 영향은 신인식에서와 신학에서만 작용하는 것은 아니다. 오히려 모든 그리스도인들은 계시에 근거한 인식 작용을 모

---

40. Van Til, *The Defense of Faith*, 49. Cf. Reymond, *The Justification of Knowledge*, 125–26.
41. 이에 대한 간단하나 좋은 설명으로 Van Til, *The Defense of Faith*, 39–41을 보라.

든 학문 분과와 모든 실천적 활동에서 감당해야만 한다.[42] 하나님을 배제한 학문은 그 학문에 대한 기독교적인 접근을 하는 것이 아니다. 또한 성경에 나타난 기독교적 신 개념이 아닌 다른 일반적 신 개념을 가지고 학문을 하는 것도 기독교적 접근을 하는 것이 아니다. 어떤 분야의 학문적 활동을 하든지 결국 성경이 계시하시는 바 하나님과 진리에 대한 바른 이해를 가지고 그 토대 위에서 학문적 활동을 해야 한다. 예를 들어서 심리학을 한다면, 성경이 말하는 인간에 대한 이해를 가지고 인간의 심리에 대한 접근을 해야지, 인간을 동물적 존재의 연장으로 보는 사고나 종교적 색채를 다 배제한 중립적 입장에서 접근하는 것이 옳다고 할 수 없는 것이다.

기독교적 사유와 기독교 학문에 대한 이런 주장은 아브라함 카이퍼가 주목한 바 비기독교적인 사유와 학문과 기독교적 사유와 학문 사이의 반립(反立, anti-thesis)을 생각하게 한다.[43] 우리가 철저히 기독교적인 입장에 서려고 하는 한 이런 반립은 불가피한 것이다. 따라서 사고의 모든 분야에서 철저하게 기독교적으로 사고하려고 해야만 한다. 여기에 기독교 학문과 기독교적 실천, 기독교적 문화 운동의 의미가 있다. 이는 하나님을 인정하지 않고 하나님을 배제한 이 세상에 현존하는 학문과 실천, 그리고 문화의 현실을 하나님의 존재와 계시의 빛에서 변혁하려고 해야 한다. 이런 변혁의 노력이 없는 것은 결국 기독교적 사유가 없거나, 그것이 너무 약해서 자기들의 세계에 갇혀 버리기 때문이다.

---

42. 이에 대해서는 Van Til, *The Defense of Faith*, 41-46을 보라. 또한 다음을 참조하라: *Foundations of Christian Scholarship: Essays in the Van Til Perspective*, ed. Gary North (Vallecito, California: Ross House Books, 1979); *The Reality of Christian Learning: Strategies for Faith-Discipline Integration*, edited by Harold Heie and David L. Wolff (Grand Rapids: Eerdmans, 1987).

43. 이에 대해서는 Kuyper, *Principles of Sacred Theology*, 150-82를 보라.

하지만 그렇다고 해서 기독교인은 논리적 실수를 전혀 하지 않는다거나, 그 사유가 항상 바르다거나, 이 세상 전체에 대해서 항상 더 나은 이론을 낼 수 있다는 말이 아님에 유의해야 한다. 중생한 의식은 **원칙상**(in principle) 타락 이전의 아담적 의식으로 회복된 것이다.[44] "원칙상"이라고 표현하였다. 이는 그리스도인이 실제로는(in practice) 이 원칙에 충실하지 않는 것이 있다는 점을 시사한다. 그러므로 그리스도인도 하나님의 특별 계시에 철저하게 서서 하나님의 일반 계시인 온 세상과 그 현상을 제대로 관찰하며 철저하게 사유하지 않으면 실수도 하고 잘못된 해석도 하며 따라서 엉뚱한 결론도 내릴 수 있다. 마치 그리스도인도 하나님 앞에서 죄를 범하고, 때때로 비기독교인보다 더 낮은 수준의 윤리적 의식과 태도와 행동을 드러낼 수 있는 것과 같다. 그러나 진정한 기독교인이라면 자신의 실수와 잘못 그리고 무지를 항상 인정하고 하나님의 계시에 근거해서 자신의 생각과 사유와 행동을 항상 고쳐 가려고 하며 모든 비판에 대해 열려 있는 존재일 것이다. 그것이 기독교적인 사유와 삶의 태도이기 때문이다. 그/그녀는 하나님과 하나님의 계시를 절대화하며 그것을 위해 모든 것을 다 바친다. 이 모든 것에 대한 자신의 이해를 절대화하지는 않는다. 또한 그/그녀는 결코 상대주의자가 될 수는 없다. 오히려 그/그녀는 자신의 이해를 하나님의 계시의 빛에서 부단히 고쳐 나가려고 한다. 개혁된 사유는 항상 하나님의 계시의 빛에서 개혁된다. 그는 자신이 믿는 바 하나님이 참되시다는 것을 믿고, 하나님께서 계시하신 것의 진리 됨을 믿으며 살게 되기 때문이다.

---

44. Van Til, *The Defense of Faith*, 49. Van Til, *Introduction to Systematic Theology*, 28. 아마도 반틸은 이런 표현을 Geerhardus Vos, *The Pauline Eschatology* (Grand Rapids: Eerdmans, 1972), 38에 있는 "원칙적으로 실현된 오는 세상"이라는 표현의 영향하에서 쓴 것이라고 생각된다.

4. 인식 과정에 대한 기독교적 이해의 시론적 진술

인식론의 중요한 문제의 하나로 "어떤 사물이나 사태를 도대체 어떻게 알게 되는가?" 그리고 "어떻게 서로 다른 많은 사람들이 다 같은, 아니면 적어도 비슷한 이해에 이르게 되는가?"하는 질문이 있다. 위에서 논의한 바와 같은 진리 이해를 가진다고 할 때, 그러면 그 진리를 어떻게 알게 되냐고 질문한다면 그리스도인은 과연 어떻게 대답해야 할 것인가? 그리스도인의 의식을 중심으로 인식 과정에 대한 이해를 논해 보자.

기독교 인식론은 존재론에 근거한 인식론이므로 하나님께서 객관적으로 주신 계시(사물, 피조계 전체, 이에 대한 하나님의 해석으로서의 하나님의 특별 계시)에 대해 중생한 의식이 작용하여 하나님께서 의도하신 세상을 바르게 인식하게 된다고 할 수 있다.

그러므로 (1) 하나님이 모든 인식 활동의 존재의 원리(*principium essendi*)이다.[45] (2) 그리고 하나님께서 객관적으로 주신 이 세상(이 세상의 소여성, 일반 계시)과 이 세상의 의미와 방향에 대한 하나님의 계시인 특별 계시가 우리의 객관적 인식의 원리(*principium cognoscendi externum*)이다. 여기에 (3) 성령의 능력으로 중생한 이의 의식 활동이 인식 활동의 주관적 원리(주관적 인식의 원리, *principium cognoscendi internum*)가 된다.[46] 모든 그리스도인들이 주어진 사물을 어떻게 파악하

---

45. 인식의 존재 원리로서의 하나님에 대한 강조를 위해서는 헤르만 바빙크, 『개혁주의 교의학』 (서울: 크리스챤다이제스트, 1996), 268; 반틸, 『개혁주의 신학 서론』, 23–26; 그리고 Louis Berkhof, *Introduction to Systematic Theology* (Grand Rapids: Eerdmans, 1932; reprinted, Grand Rapids: Baker, 1979), 93–94, 95–96을 보라.

46. 이는 고전적 개혁신학의 입장을 Louis Berkhof가 정리한 것을 나름대로 원용하여 제시한 것이다. Cf. Berkhof, *Introduction to Systematic Theology*, 93–97. 좀더 고전적 표현을 보려면 Kuyper, *Principles of Sacred Theology*, 341–97; Bavinck, 『개혁주의 신학 서론』, 263–71을 보라.

는 것이 옳은 지는 상당 부분 객관적 원리에 근거하여 나오는 것이지만, 성령의 능력 아래서 작용하는 그리스도인의 의식이 성령님의 작용과 하나님께서 그들을 변화시키시는 구조의 특성 때문에 나온다.

위에서 언급한 것이 중생한 사람과 처음 창조 받은 이들의 인식 과정을 설명한 것이라고 한다면, 타락한 상태에 있는 인간은 그 존재의 원리가 사라진 것은 아니나 객관적 인식의 원리를 따라 판단하지 않으며 주관적 인식 원리를 따라 사유하지 않으므로 진리에 대한 바른 인식에 이를 수 없는 것이다. 그럼에도 불구하고 타락한 사람들도 부분적인 진리와 진리의 단편을 말할 수 있는 것은 존재의 원리가 강렬하게 드러나고, 그들 안에서 작용하고 있는 성령의 일반적인 사역으로 인해 객관적으로 주어진 사물을 관찰한 결과에 대해, 그들도 나름대로 정합성을 유지하며 말하게 되면 진리의 단편들에 대해 이해할 수 있다.

5. 결론

그러므로 기독교적 진리 이해는 결국 하나님이 진리의 원천이시고 하나님의 계시, 즉 특별 계시와 특별 계시의 빛에서 해석된 일반 계시를 진리로 받아들이는 것이라고 할 수 있다. 따라서 이 하나님의 존재와 그의 계시와 부합하지 않은 세계이해는 참된 것일 수 없다고 여긴다. 그리고 이런 진리는 하나님 자신의 인격성에서 나온 것이므로 논의하는 과정에서는 우리가 명제화하여 논의할 수 있지만, 결국은 그 참됨을 인격성으로 드러내어야만 한다는 온전한 의미의 인격적 진리관을 말한다.[47]

---

47. 온전한 의미의 인격적 진리관이란 일반적 의미의 인격적 진리 주장과의 차이를 분명히 하는 것이다. 일

그러나 이런 인격적 진리 이해는 진리에 대한 명제적 진술이 불가능하지 않다는 입장을 취한다. 명제를 가지고 진리에 대한 논의를 할 수 있고, 보다 바른 명제와 바르지 못한 명제, 앞의 명제와 논리적으로 모순되는 명제와 모순되지 않는 문제에 대한 판단을 할 수 있지만, 그것은 반드시 인격과 삶에서 드러나야만 한다고 강조한다. 객관적으로 모든 것을 다 안다고 해도 그것이 자신의 인격과 관련되지 않으면 그것이 무엇이 유익한지를 묻는다. 그러므로 기독교적 진리관은 참된 객관성과 참된 주체성 모두를 중시하는 진리관인 것이다.[48]

반적 의미의 인격적 진리 주장을 위해서는 Michael Polanyi, *Personal Knowledge: Towards a Post–Critical Philosophy* (Chicago: University of Chicago Press, 1958)을 보라.

48. 객관성과 주체성 모두를 중시하는 입장이 전통적 기독교의 입장이었다. 이를 비교적 잘 드러내고 설명한 것으로 키에르케고르에게 있어서의 진리 개념에 대한 설명으로 이승구 *Barth and Kierkegaard* (Seoul: Westminster Theological Press, 1996), Cahpter 3, 또한 기독교적 진리관 일반에 대한 설명으로 Arthur Holmes, *Contours of the Worldview*, 『기독교 세계관』 (서울: 엠마오, 1984), 제9장을 보라.

제7장

기독교 가치관:
기독교 세계관의 가치론 근거

기독교 세계관은 과연 어떤 가치관을 함의하고 있는 것일까? 기독교적 관점에서는 과연 어떤 것을 가치 있다고 여기며, 도대체 가치의 근거는 무엇일까? 이것은 기독교 가치관의 기본적인 질문이다. 가치라는 용어는 그 사용범위가 매우 넓어서 윤리적 가치, 심미적 가치, 종교적 가치 등을 폭넓게 모두 포괄할 수 있지만, 여기서는 일단 윤리적 가치에 한정하여 논의한다. 그러므로 이렇게 좁혀진 주제를 중심으로 한 논의는 기독교 관점에서는 과연 윤리적인 가치가 어떻게 생성하는가, 윤리적 가치의 평가 기준이 무엇인가 하는 것이다.

1. 윤리적 가치 문제에 대한 기본적 논의

1) 윤리적 가치 문제에 대한 고전적 이해

전통적으로 사람들은 윤리적으로 가치 있는 것, 즉 선(善)과 바름[正]

이 있다고 생각하였다. 그런데 그것을 어떻게 규정하느냐에 따라 목적론적 윤리설과 규범적 윤리설로 나눌 수 있다. 인간이 마땅히 추구하고 지향해야 하는 목적에 도움이 되는 것이 윤리적으로 바른 것이라고 하는 목적론적 윤리설(teleological ethics)과 오히려 그런 생각을 떠나서 사람이 마땅히 행해야 하는 윤리적 의무가 있고 그것을 추구하는 것이 진정한 선(善)이라고 하는 규범론적 윤리설(deontological ethics)을 주장해 왔다.[1] 목적론적 윤리설의 대표자라고 할 수 있는 아리스토텔레스는 인간은 궁극적으로 행복(*eudaimonia*)을 추구하는데, 이에 도움이 되는 것이 윤리적으로 선하고 가치 있는 것이라는 입장을 제시한다. 그는 특히 인간에게 가장 큰 행복을 가져오는 최고의 덕은 어떤 외적인 목적을 가진 실천적인 덕이 아니라 아무런 외적인 목적도 필요로 하지 않고 아무런 외적 장애도 받지 않는 관조적인 덕이라고 하는 입장을 제시했다. 이런 전통을 이어 받아 그것을 변용한 공리주의자들은 "쾌락과 고통으로부터 해방이 목적이며, 바람직한 유일한 것이다"라는 입장에서 출발해서 최대 다수의 최대 행복과 보다 바람직한 쾌락에 대한 추구가 인간에게 깃들여 있다는 입장에서 논의해 간다.

그런가하면 규범론적 윤리설의 주장자들은 그런 식으로 도덕에 있어서 목적을 생각하는 것은 잘못된 것이라고 한다. 오히려 인간에게는 인간이라면 마땅히 행해야 할 행위의 의무가 있다는 것을 강조하면서 오직 의무 수행을 위한 의무의 수행을 강조한다. 그런데 그런 의무가 각각의 상황에서 어떤 행위가 규범적인지를 파악해야 한다는 행위 규범주의(E. F. Carritt, H. A. Prichard)와 최고 기준은 하나이거나 그 이상의 규칙으

---

1. 이는 일반적인 분류이나 이를 잘 제시한 대표적인 예로 William K. Frankena, *Ethics*, 2nd edition (Englewood Cliffs, New Jersey: Prentice-Hall, 1973), 14ff.를 들 수 있다.

로 이루어진다고 하는 규칙-규범주의(I. Kant, Samuel Clarke, Richard Price, Thomas Reid, W. D. Ross)로 나눌 수 있다.[2]

또한 이러한 고전적 윤리설을 그러한 보편적 인생의 목적이나 절대적 행위의 법칙의 존재를 전제하고 그것을 어떻게 발견할 수 있느냐를 가지고 (1) 형이상학적인 윤리설(metaphysical ethics: Platon, Aristoteles, Spinoza), (2) 자연주의적 윤리설(naturalistic ethics: 쾌락주의적 자연주의자[Epicuros, J. Bentham, Thomas Hobbes], 진화론적 자연주의자[Herbert Spencer, F. Nietzsche, J. M. Guyau], 실용주의적 자연주의[W. James, J. Dewey, C. I. Lewis), 감정론적 자연주의[G. Santayana, D. W. Prall], 그리고 근자의 관심론적 가치설(interest theory of ethics, R. B. Perry, D. W. Parker), 그리고 (3) 직각주의적(직관론적) 윤리설(intuitional ethics, R. Cudworth, H. More, Richard Price, I. Kant, G. E. Moore, W. D. Ross, C. D. Broad)로 나누기도 한다.[3] 이런 여러 윤리설들은 그래도 우리가 지향하는 목적이나 행위의 의무가 있고 인간이 그런 것을 발견할 수 있으며, 수행할 수도 있다고 보았다. 이런 점에서 고전적 윤리설들에는 인간의 능력에 대한 낙관이 깃들여 있었고, 따라서 이런 윤리설들은 기본적으로 펠라기안적이라고 할 수도 있다. (비록 그들이 구원 문제를 생각한 것은 아니었으나 인간 스스로가 윤리적 기준을 찾아 수행할 수 있다고 본 점에서는 그렇게 말할 수 있는 것이다.)

---

2. 이에 대해서는 Frankena, 16–17을 보라.

3. 고전적인 윤리설을 이렇게 세 가지로 나누는 일은 G. E. Moore, *Principia Ethica* (Cambridge : Cambridge University Press, 1903, 1956), 38ff.에서 시도된 것이고, 우리나라에서는 무어를 따르면서 김태길, 『윤리학』(서울: 박영사, 1963, 증보판, 1980), 30 이하에서 제시된 바 있다.

2) 현대적 정황

이와 같이 이전에는 그래도 윤리적으로 가치 있는 것이 있다고 하여, 어떤 것이라고 논의하는 일이 상당히 많았다. 비록 고래로부터 피론(Pyrrhon) (c. 360–c. 270) 등과 같은 윤리적 회의론들이 없었던 것은 아니었고, 무엇이 정확히 윤리적으로 가치있는 것인가는 논란거리가 되었어도 적어도 이 세상에는 누구나 동의할 수 있는 보편적인 윤리적 가치가 있으며, 윤리적으로 옳은 것을 판단해 가는 어떤 보편적인 기준이 있다고 하면서 그런 기준에 대해 논의하였다. 그러나 (1) 이 다양한 윤리 이론들이 서로 대립하는 듯한 모습을 보이고, 어떤 논의점들은 더 이상 해소될 수 없는 듯한 교착 상황에 빠지고, (2) 다른 학문들, 특히 문화 인류학 등이 드러내는 문화 상대주의와 심리학, 사회학 등의 발달과 그로부터 나온 상대주의의 영향, 그리고 (3) 검증할 수 없는 명제는 무의미한 것이라고 보는 논리 실증주의적 철학관의 등장으로 해서, 도대체 윤리적 규범을 말할 수 있으며 윤리학이 학문으로서 성립할 수 있는가를 묻는 일이 일반화되었다. 여기서 윤리학이 학으로 성립할 수 있는가를 묻는 "메타 윤리학"(meta-ethics)에 대한 논의가 나타난 것이다.[4]

물론 이런 윤리적 회의론 속에서도 윤리학자들은 직각주의적(直覺主義的) 윤리설을 새롭게 제시하기도 하고(G. E. Moore, W. D. Ross), 자연주의적 윤리설을 다시 시도하기도 하며(Ralph B. Perry, John Dewey), 절충적 이모티비즘을 제시하기도 하고(C. L. Stevenson), 일상 언어의 분석을 통해서 도덕 언어의 특성을 드러내고 그로부터 규정적 진술의 가능성을 시도하기도 했다(R. M. Hare, Stephen Toulmin).[5]

---

4. "메타윤리학"이라는 용어를 조어(造語)한 이는 A. J. Ayer라고 한다. "On the Analysis of Moral Judgement," *Horizon* 20 (1949), reprinted in *Philosophical Essays* (London: Macmillan, 1954), 246ff.

5. 이런 메타 윤리적 윤리학설들에 대한 좋은 논의와 검토로 George C. Kerner, *The Revolution in Ethical*

그러나 오늘날에는 소위 포스트모던주의의 흥기로 말미암아 이런 절충적 의미의 보편화 가능성을 논의하던 것조차 무색해진 감이 없지 않다. 이제는 다른 면에서도 그렇지만, 특히 도덕과 윤리를 각 집단이 자신들의 사회적 규범으로 정했다는 것 외에 다른 의미가 있다고 생각하지 않으며, 오히려 그런 것을 비판적으로 보는 분위기가 강하다. 특히 실재를 사회적 구성물(social construction)이라고 이해하는 분위기 가운데서는 윤리적 가치는 그 어떤 초월적 근거를 가질 수 없는 듯이 보인다.

그러므로 1960년대 이후의 우리는 다른 문제에 있어서도 그렇지만 윤리적 상대주의에 빠져있다고 해도 과언이 아니다. 단지 주어진 집단 안에서 그 집단 안에서만 통용되는 윤리적 가치가 논의될 수 있는 여지는 있으나 그것이 포괄적인 의미에서 보편성을 가지고 있다든지, 보편화 가능성을 생각하는 일은 거의 불가능한 상황이다. 예를 들어서, 여러 전통에서의 정의 이해와 그 근거가 되는 실천적 합리성 이해를 논의하고 자기 자신은 토마스주의적인 결론을 내린 맥킨타이어는 "서로 대립하는 전통의 서로 대립하는 진리 주장의 입증(vindication)은 갈등하는 각각의 전통의 자료들이 그 전통에 충실한 자들로 하여금 쓰도록 하는 역사들의 적절성과 설명력에 의존한다"라는 마지막 말로 그의 두 번째 대작인 『과연 누구의 정의, 누구의 합리성인가?』를 끝맺고 있다.[6] 그는 도덕성에 대한 세 가지 입장을 비교하면서 다룬 기포드 강좌에서도 말미에 대학에서

Theory (New York and Oxford: Oxford University Press, 1966), 또한 Alasdair MacIntyre, *A Short History of Ethics* (London: Routledge & Kegan Paul, 1967), Chapter 18("Modern Moral Philosophy), 249–69를 보라. 또한 이런 상황 가운데의 논의들을 모은 선집으로 Philippa Foot, ed., *Theories of Ethics* (Oxford: Oxford University Press, 1967)을 보라. 또한 우리나라에서 이들 중 일부에 대한 논의로 김태길, 167–313; 이승구, "일상언어학과 윤리설의 가치 교육적 의미", 미출판 석사 학위 논문 (서울대학교 대학원, 1984)을 보라.

6. Alasdair MacIntyre, *Whose Justice? Which Rationality?* (Notre Dame, Indiana: University of Notre Dame Press, 1988), 403.

각 과목을 가르치는 이들은 그들의 작업의 단편적 성격과 자신들이 일종의 전통 안에서 작업하고 있음을 솔직히 인정하면서 그 전통 안에서 탐구를 증진시켜 나가려고 하고 다른 전통의 대표자들과 대화해 가야 한다고 했다.[7] 더구나 포스트모던적 주장에 익숙한 이들은 다른 영역에서와 마찬가지로 윤리와 도덕 영역에서의 주장은 그저 각자의 관점을 가지고 말하는 것으로 여길 뿐이다.

물론 이런 상황 가운데서도 모든 사람이 동의할 수 있는 공통의 근거에 서서 윤리적 가치를 추구해 보려는 노력이 없는 것은 아니다. 그러나 그것이 어떻게 제시되며, 과연 모든 이들이 받아들일만한 것을 제시할 수 있는지는 의문이다.

3) 이런 정황의 기독교적 의미와 기독교 관점의 출발점

이런 정황은 기독교적으로 평가해 볼 때 한편으로는 의미가 있는 정황이고, 또 한편으로는 대단히 심각한 정황이다. 어떤 측면에서 이런 포스트모던적 상황이 기독교적으로 의미 있다고 할 수 있는가?

첫째로, 인간 스스로 가진 능력으로 윤리적 가치를 발견하지 못하는 주장들은 서로 대립하며, 결국 보편적인 윤리적 가치를 찾을 수 없다는 윤리적 타락성의 한 측면을 드러내 준다는 의미에서 그렇다. 인간 스스로가 가진 능력으로는 어떤 것을 윤리적 가치라고 말할 수 없음을 스스로 인정한 것이기 때문이다. 즉, 오늘날 나타나고 있는 포스트모던적 현상은 인간 스스로 가진 힘으로서는 그 어떤 윤리적 가치도 진리도 발견해 낼 수 없음을 적나라하게 보여 준다는 면에서 의미 있다. 이는 인간

---

7. Alasdair MacIntyre, *Three Rival Versions of Moral Enquiry: Encyclopedia, Genealogy, and Tradition* (Notre Dame, Indiana: University of Notre Dame Press, 1990), 216–36.

스스로 가진 힘으로 인간 문제를 해결할 길이 있다고 말하던 시대보다는 좀더 인간의 문제를 적나라하게 본 측면이 있다고도 할 수 있다.

그러나 또 한편으로 이는 결국 기독교의 가치 주장까지도 그런 상대적인 것의 하나로 취급하든지, 아니면 기독교가 절대성과 보편성을 강조하게 되면 그런 기독교 자체를 아예 거부하거나 무시하게 한다. 포스트모던적 상황에서는 기독교적 주장을 절대성과 보편성을 제거하고 주장해야만 받아들인다. 그 결과, 인간이 윤리적이고 도덕적 문제에 대해 보편적인 말을 하고 논의할 수 있는 가능성 자체를 부인함으로써 기독교적 가치에 근거한 보편적 입론(立論)의 가능성조차도 버리게 하는 문제를 지니고 있다.

이와 같은 현대 상황은 한편으로는 윤리적 위기 상황이다. 어떤 문제에 대한 보편적이고 타당한 입장을 말하거나 발견하기 어려워 보인다. 그러나 이는 또한 기회이기도 하다. 인간 스스로 논의에 저항하고 절망하고 있음을 어느 정도 드러내고 있기 때문이다. 하지만 문제는 그 절망이 철저하지 않다는 데에 있다. 따라서 어느 정도 절망한 이들이 다시 절충적 입장을 제시하기도 하고, 일정한 집단 내에서의 윤리적 논의 가능성을 생각하기도 한다. 이런 생각은 한편으로는 윤리적 판단에 대한 회의의 시기에 그래도 윤리와 도덕적 판단 기준이 있음을 제시해 보려고 했다는 점에서 의미가 있다. 그러나 그것이 참된 의미에서 윤리에 대한 기준이 될 수 없는 것을 제시한다는 문제와 함께 인간의 윤리적 판단의 가능성과 실천 가능성에 대해 철저하게 절망하지 않았음을 드러내는 것이다. 그러므로 현대는 윤리적 판단에 대한 혼돈의 상황이라고 할 수 있다. 물론 인류 역사의 어느 시기도 그렇지 않은 때가 없었으나, 그래도 이전에는 각기 다른 의견을 내어놓아도 윤리적 판단 가능성에 대해서는 어느 정도 의견의 일치가 있는 것으로 나타나는데 비해서, 오늘날에는 그것에 대해서마저도 회의적인 태도가 나타나고 있는 것이다. 이것이 기독교에는 좋은 기회일 수도 있다. 우리는 철저한 기독교적 관점에서 그것이 타락한 인간의 본연의 모습을 잘 반영하는 것임을 발견한다. 타락한 인간은 이렇게 참된 의미의 윤리적 판단을 할 수 없는 것이다. 물론 그들이 항상 괴악한 일만 하지 않고, 그래도 희미하게나마 윤리와 도덕의식을 가지고 있는 것은 그들에게도 일반 은총이 작용하기 때문이다. 이런 의미에서 기독교적 가치관의 현실적 출발점은 가치 판단의 원리와 현실에 대한 절망이라고 할 수 있다. 이런 상황에서 기독교는 과연 무엇을 말해야 할 것인가?

2. 기독교 윤리의 기초

1) 기독교 윤리의 기초(1): 절대 원리로서 하나님과 하나님의 뜻

기독교 가치관은 이런 상대주의적인 시대 가운데서도 절대적인 가치의 원천과 원리가 존재한다는 것을 주장하는 데서 출발한다. 무엇이 절대적인 것인가? 기독교에서는 하나님과 하나님의 뜻이 절대적이라고 주장한다. 여기서 "절대적"(absolute)이라는 말은 변함이 없으며 다른 것들과 비교되지 않고, 그것이 내적 정합성을 지니고 있으며, 따라서 다른 모든 판단의 근거와 척도가 될 수 있다는 것을 뜻한다. 이 세상은 위에서 살펴본 바와 같이 그런 것은 없고, 있을 수도 없다는 생각에 익숙해지고 점점 더 그런 방향으로 나아가고 있다. 그러나 기독교는 처음부터도 그러했거니와 오늘날과 같은 상대주의적 시대에도 하나님이 그런 의미의 절대적인 분이시며, 따라서 하나님의 뜻도 절대적이라고 여긴다. 이런 기독교 원리에 따르면, 이 세상에서 모든 가치의 원천은 궁극적으로 하나님과 하나님의 뜻이다. 그러므로 아주 단순해 보이는, 따라서 이 세상 사람들이 어리석은 것으로 치부해 버리는, 다음과 같은 원리를 강조하지 않을 수 없다. 하나님의 뜻에 부합하는 것이 선(善)한 것이며 바른[正] 것이고, 하나님의 뜻에서 벗어난 것이 악(惡)이고 옳지 않은[邪] 것이다. (그러므로 이런 관점에서는 선과 바름 사이에, 그리고 악과 옳지 않은 것 사이의 근본적인 구별이 있다고 하기는 어렵다. 하나님의 뜻에 일치하는 것이 [하나님께서 선하신 분이시므로] 선한 것이고, 하나님의 뜻에 부합하지 않은 것이 악하고 옳지 않은 것이 된다. 그러므로 이하에서 일상 언어에서의 용례와 비슷하게, 선과 바른 것, 악과 그른 것을 거의 비슷하게 사용할 것이다.)

이렇게 하나님의 뜻이 선악과 정사의 기준이 된다는 것이 기독교 윤리적 가치관의 근본이다. 이것은 중세 말기 유명론자들의 생각과 어떤 면에서는 비슷하지만, 다른 점이 있다. 하나님의 뜻을 기준으로 하여 판단하고 논의하고자 하는 데서는 우리의 입장과 유명론자들의 생각 사이에 일치점이 있다. 그래서 루터나 칼빈 같은 이들이 이런 점에서는 이런 유명론의 입장을 받아들였다고 할 수 있다. 이렇게 함으로 소크라테스, 플라톤 그리고 아퀴나스가 대변하는 바 중세 로마 가톨릭 교회의 입장, 즉 선의 원리가 하나님이나 하나님의 뜻보다 더 선행하며 우선하는 것 같은 인상을 불식할 수 있었다. 그러나 정통적 기독교의 입장이 유명론과 다른 점은 유명론자들은 하나님의 뜻이 자의적(恣意的, arbitrary)인 것 같은, 즉 어느 한 시점에서 나타내시는 의지와 다른 때에 나타내시는 의지가 차이가 있는 것 같은 인상을 주고 있는 점을[8] 정통적 입장은 반

---

8. 오캄(William of Occam)의 신명령설(divine command theory)에 나타나는 자의성(恣意性) 문제에 대한 좋은 지적으로 MacIntyre, *A Short History of Ethics*, 119; F. C. Copleston, *A History of Medieval Philosophy* (New York: Haper & Row, 1972), 253ff.를 보라.

박한다는 데에 있다. 정통적 기독교 입장은 하나님이 모든 가치의 원천이고, 따라서 윤리적 가치에 대해서도 그가 원천이므로, 그가 원하는 것이 선하고 바른 것이나, 그는 일관성 있고 정합성을 지니며, 변하지 않으신다는 점을 강조한다. 따라서 실제적으로는 하나님의 뜻이 자의적일 수 없음을 강조하는 것이다. 이것이 기독교 가치관이다. 이 점은 조금만 잘 생각하면 모든 기독교인이 충분히 받아들일 수 있다. 하나님의 뜻이 절대적이므로 교훈적인 하나님의 뜻이 명령이요 의무가 된다. 그래서 기독교 윤리를 신명령설(divine command theory)로 이해하는 일은 어느 정도 일반화되었다고 할 수 있다.⁹

그러나 문제는 그 절대적인 하나님의 뜻을 어떻게 알 수 있느냐는 것이다. 정통적 기독교회는 이에 대해 "오직 성경"(*sola scriptura*)과 "전체 성경"(*tota scriptura*)의 원리를 말하는 성경적 원리(Scripture Principle)를 주장해 왔다. 오늘날에는 기독교회 안에서도 이에 대한 다른 견해가 많이 존재하며, 성경적 원리를 형식적으로는 받아들여도 실질적으로는 말하기 어려워하는 분위기가 늘고 있다. 따라서 기독교 윤리적 가치론의 출발점에서 성경적 원리를 수립하는 것이 매우 중요한 요인으로 작용한다. 정통적 기독교회가 말해 온 바는 하나님의 교훈적인 뜻이 여러 시

---

9. 신명령설(the divine command theory)에 대한 일반적인 논의에 대해서는 다음을 보라. Ian Ramsey, ed., *Christian Ethics and Contemporary Philosophy* (London: SCM Press, 1966); Philip Quinn, *Divine Commands and Moral Requirements* (Oxford: Clarendon Press, 1978); Robert Adams, "A Modified Divine Command Theory of Ethical Wrongness," in *Religion and Morality*, ed., Gene Outka and J. P. Reeder, Jr. (New York: Doubleday, 1973), 318-47; J. M. Idziak, ed., *Divine Command Morality: Historical and Contemporary Readings* (New York: Edwin Meller Press, 1979); Paul Helm, *Divine Commands and Morality* (New York: Oxford University Press, 1981); Arthur F. Homes, *Contours of a World View* (Grand Rapids: Eerdmans, 1984), 158ff.

그러나 이런 신명령설 주장 중의 일부는 너무 일반적인 신 개념을 말하는 문제가 있을 수 있고, 또한 하나님에 대한 이해가 전통적 기독교 유신론의 이해와 다르게 제시되고 성경의 계시에 충실하지 않게 제시하는 것이 있을 수도 있음을 유의하면서 논의해야 할 것이다.

대에 걸쳐서 여러 모양으로 계시되었고 그 중에 가장 요긴하고 필수적인 것이 성경에 성문화되었으므로 우리는 성경에서 직접 교훈하는 것과 그 각각의 교훈을 종합하여 그로부터 선하고 필연적인 귀결로 자연스럽고 합리적으로 추론할 수 있는 것은 모두 하나님의 뜻으로 여길 수 있다. 사실 이는 각각의 교훈을 중심으로 파악하기보다는 그 각각의 교훈이 이루고 있는 하나의 전체로서(as a whole)의 하나님의 뜻을 중심으로 파악해야 한다. 그러나 무엇이 각각의 교훈을 하나로 묶을 수 있는 교훈인가 하는 것에 대해서는 다양한 의견이 있을 수 있으므로 이 둘 사이의 일종의 순환적 작용이 있어서 하나님의 뜻을 더 온전히 파악하게 한다고 할 수 있다. 기본적으로 각각의 개별적인 교훈들로부터 출발할 수 있다. 그러나 그것이 하나의 전체를 이루는 것을 발견하고 이제 그 하나의 전체의 빛에서 또 다시 각각의 교훈을 바라보게 되고, 그러면 또 새로운 통찰을 얻어 그 하나의 전체로서의 하나님의 뜻이 무엇인지를 더 확실히 알게 되며, 그 빛에서 각각의 교훈을 또 살피게 되는 이런 열매 있는 순환의 과정이 우리를 더 깊은 진리에로 인도한다. 그리고 우리 각자는 이 순환의 과정 가운데 어느 곳에서든지 시작할 수 있다.

우리가 믿는 바는 이 순환적 과정 가운데서 결국 하나님이 이 땅에 이루어 가려고 하는 하나님 나라를 중심으로 모든 교훈을 주고 있다는 것을 발견하게 되리라는 것이다. 그러므로 하나님 나라를 이루는데 유익한 것이 하나님 보시기에 선한 것이고, 하나님 나라를 이루는 데 유익하지 않거나 방해가 되는 것은 하나님 보시기에 악한 것이 된다.[10] 이것이 궁극적인 하나님의 의도에 근거한 판단이다. 하나님이 친히 경영하고 세

---

10. 기독교 윤리의 하나님 나라와 관련된 절대 윤리적 성격을 잘 논의한 글로 G. L. Ladd, 『예수와 하나님의 나라』(서울: 여수룬, 1985), 제12장(하나님 나라의 윤리) 중, 338-40을 보라.

우는 하나님 나라를 위한 이런 선을 우리는 영적인 선(spiritual goodness)이라고 한다. 그러므로 영적인 선은 그것이 하나님 나라의 객관적 원리인 성경의 가르침에 부합하는 것이어야 하고, 동시에 주관적으로 그것이 하나님 나라를 위해서 하나님을 위해서 수행되는 것이어야만 한다. 그렇지 않은 것은 영적으로 악한 것으로, 옳지 않은 것으로 판단된다. 이 세상의 다른 선악 정사(善惡正邪)의 원리가 우리를 주관하지 않도록 해야 한다. 이렇게 철저한 영적인 선의 원리에 따르면, 어떤 이가 상대적으로 선한 일을 했어도 그것이 하나님 나라를 위한 동기와 하나님께 순종하려는 동기에서 행해진 것이 아니라면, 그것은 하나님 앞에서는 옳은 것이 아니다. 더구나 때로는 자신이 상대적으로 선하다는 것 때문에 자신이 하나님 앞에서 옳지 않다는 점을 망각할 위험이 있으므로 더욱 위험한 상황일 수도 있다.

이렇게 이 세상에는 상대적으로 선한 일도 있다. 이런 상대적인 선(relative goodness) 또는 시민적 선(civil goodness)은 하나님의 명령에 따라 행한다는 주관적인 동기는 문제 삼지 않고, 성경 가운데서 객관적으로 하나님께서 명령하신 바와 비교적 근접하게 행하는 것들을 지칭하는 것이다. 예를 들어서, 도적질하는 이보다는 하나님과 상관없이 살면서도 도적질하지 않는 이들이 상대적으로 선하다. 살인하는 이들보다는 믿음이 없어도 살인하지 않는 이가 상대적으로 더 선하다. 남을 미워하는 증오(憎惡)의 마음을 가진 이보다는 믿음이 없이도 남을 증오하지 않는 이들이 상대적으로 더 선하다. 욕하고 저주하는 이보다는 하나님과 상관없이 살면서도 남에게 따뜻한 말을 해 주는 이들이 상대적으로 더 선하다. 물론 이렇게 상대적인 선을 행하는 이들이 그렇게 하는 동기는 매우 다양할 수 있다. 그렇게 해야 결국 이 세상이 좋아지고, 자신에게도 궁극적으로는 좋은 것이라는 목적론적 윤리관의 행복 추구적이고, 공리주의적 동기에서 그렇게 할 수도 있고, 그저 그렇게 하면 좋은 미래가 있을 것이라는 막연한 보상 심리에서 그리할 수도 있고, 다른 종교의 가르침에 충실해서 자비를 실천하려고 하거나 선을 베풀고 적선하려는 동기에서 그리할 수도 있고, 그저 인간이라면 마땅히 그렇게 해야 한다는 의무감에서 그리할 수도 있고, 그저 천성적으로 비교적 사람이 좋아서 그리하는 것일 수도 있다. 그러나 어떤 동기에서 하든지 그가 객관적 도덕의 기준인 하나님의 뜻에 좀더 가까운 데로 나아가면 그는 상대적으로 다른 이보다는 더 선한 것이라고 판단될 수 있는 것이다.

이점에서 상대적 선에 대한 정통적 기독교적 판단은 철저한 의무론자인 칸트의 생각과는 좀 다르다고 할 수 있다. 칸트는 인간으로 마땅히 행해야 하는 일에 대한 의무감에서 행한 것만이 선한 것이라고 주장하기 때문이다. (물론 우리의 영적인 선에 대한 기준으로 보면 정통적 기독교의 생각은 칸트의 생각보다 더 철저하고, 상당히 다르다.) 그러나 상대적인 선에 관한 한 어떤 사람이 어떤 동기에서 그리하든지 하나님의 뜻에 좀더 가까이 있는 이를 상대적으로 선하다고 판단할 수 있다. 물론 이때도 그 사람의 생 전체나 적어도 일정 단위 전체를 고려해야 할 것임은 물론이다. 어떤 이가 다른 사람을 속이고 사기 치기 위해 일시적으로 친절하게 하고 따뜻하게 하는 것을 그 행위만 가지고 상대적으로 선하다고 할 사람은 없을 것이기 때문이다.

그러므로 우리는 성경의 가르침으로부터 영적인 선과 상대적인 선에 대한 판단 기준을 가진 것이 된다. 우리는 성경이 가르치는 가르침, 특히 하나님 나라와 그 나라의 성취에 부합하는 것을 그의 나라와 그의 의를 추구하는 것을 선하고 바른 것이라고 하며, 그에 저항하고 반대되는 것을 악하고 옳지 않은 것이라고 한다.

2) 기독교 윤리의 기초 (2): 인간의 실패와 절망

바로 위에서 우리는 이 상대주의적이고 혼돈스러운 세대의 한 가운데서 매우 절대적이고 엄청난 선언을 하였다. 이런 절대주의적 주장 앞에서 자연스럽게 다음과 같은 질문을 하게 된다: "도대체 이 세상에 그런 절대적인 하나님의 뜻에 철저히 순종하는 이가 있는가?"

이 질문에 대한 성경의 대답은 "한 사람도 없다"이다. 성경의 여러 곳에서 이에 대해 말하고 있지만 아마 고전적인 구절들로 다음과 같은 구절들을 언급할 수 있을 것이다.

> 기록된 바 의인은 없나니 하나도 없으며 깨닫는 자도 없고 하나님을 찾는 자도 없고 다 치우쳐 함께 무익하게 되고 선을 행하는 자는 없나니 하나도 없도다(롬 3:10–12)

> 모든 사람이 죄를 범하였으매 하나님의 영광에 이르지 못하더니(롬 3:23)

> 범죄하지 아니하는 사람이 없사오니(왕상 8:46)

> 만일 우리가 범죄하지 아니하였다 하면 하나님을 거짓말하는 이로 만드는 것이니 또한 그의 말씀이 우리 속에 있지 아니하니라(요일 1:10)

그리고 그 죄악의 내적 깊이를 잘 표현하는 대표적인 말은 아마도 다음과 같은 구절이다.

만물보다 거짓되고 심히 부패한 것은 마음이라 누가 능히 이를 알리요마는 나 여호와는 심장을 살피며 폐부를 시험하고 각각 그의 행위와 그의 행실대로 보응하나니(렘 17:9-10)

여호와께서 사람의 죄악이 세상에 가득함과 그의 마음으로 생각하는 모든 계획이 항상 악할 뿐임을 보시고(창 6:5)

사람의 마음이 계획하는 바가 어려서부터 악함이라(창 8:21)

성경의 가르침에 따르면 모든 이들은 하나님이 명령하신 바를 다 지키지 못하였고, 아무도 하나님께서 정하신 기준에 미치지 못한다. 하나님의 절대적인 기준 앞에서 철저히 절망하지 않을 수 없다. 모든 인간적인 것에 대한 철저한 절망이 여기에 있다. 따라서 우리는 참으로 우리 존재 전체를 들어 절망해야만 한다. 그것이 성경의 가르침에 따른 판단이다. 왜냐하면 위에서 말한 바와 같이, 또한 래드가 잘 강조하는 바와 같이, "하나님 나라의 요구는 정상적인 인간의 책임을 훨씬 넘어서야 하기" 때문이다.[11] 그러므로 "기독교 종말론은 인간적 수단과 힘으로 완전한 형태의 평화 사회를 성취하기를 기대하는 모든 사회적 정치적 유토피아의 종말을 의미한다"라는 벤트란트의 말은 아주 옳다.[12]

이런 보편적 절망에의 유일한 예외가 있다면, 그것은 하나님께서 인성(humanity, human nature)을 취하셔서 우리 가운데 오신 예수 그리스도이시다. "그는 근본 하나님의 본체시나 …… 오히려 종의 형제를 가져

---

11. Ladd, 『예수와 하나님 나라』, 347.

12. Hans Dietrich Wendland, "The Relevance of Eschatology for Social Ethics," *Ecumenical Review* V (1952/53): 364-68. 인용문은 365에서 온 것임. 래드, 『예수와 하나님의 나라』, 352, n. 65에서 재인용.

사람들과 같이 되었고 사람의 모양으로 나타나셨으매 자기를 낮추시고 죽기까지 복종하셨으니 곧 십자가에 죽으심이라"(빌 2:6-8). 이렇게 인간성을 취하셨으므로 그는 우리의 연약함을 체휼(體恤)하시고 "모든 일에 우리와 한결 같이 시험을 받은 자로되 죄는 없으시다"(히 4:15). 그는 "거룩하고 악이 없고 더러움이 없고"(히 7:26), 그만이 죄가 없으신 분이시니, 그는 하나님의 모든 뜻을 다 성취하신 분이시기 때문이다. 그가 십자가에서 외치신 말씀 중 "다 이루었다"는 말씀은 그 말이 가진 포괄성 가운데 하나로 이런 의미에서 하나님의 뜻을 온전히 성취하셨다는 것도 포괄하는 것이라고 보아야만 한다. 인성을 취하신 성자이신 예수님은 하나님의 뜻을 다 이룬 유일한 존재이다.

그러므로 예수님은 다른 사람들을 위한 희생의 죽음을 죽으실 수 있으셨고, 그의 희생이 우리를 구원하는 데 작용한다. 그가 죽으셔야만 할 정도로 인간은 부패하고 타락한 것이고, 이 세상에는 그분 외에 그 어떤 구원의 가능성이 없다. 그가 지신 십자가는 인간의 실패와 절망을 가장 웅변적으로 말해준다. 그의 십자가는 인간의 모든 도덕과 윤리의 실패를 드러낸다.

이 십자가 앞에서 죄의 노예가 된 인간의 모습을 절감하고, 어거스틴과 펠라기우스의 논쟁을 바라보면서 오직 하나님의 은혜를 말하던 어거스틴의 입장이 옳음을 발견한다. 또한 의지의 자유를 말하는 에라스무스와 의지가 죄에게 노예가 되었다는 노예 의지론을 주장하는 루터의 논쟁 앞에서 우리는 루터의 입장이 성경의 가르침에 좀더 부합하다고 판단하게 된다.

이렇게 모든 인간적인 것에 대한 절망이 기독교적 가치관에서 하나의 기초라면, 도대체 기독교 윤리란 있을 수 없는 것인가? 그러나 성경은 우리가 진정한 의미에서 하나님의 뜻의 수행에 대해서 말할 수 있는 여지를 열어 주고 있다. 이것이 다음절에서 살펴보려고 하는 성령론적 윤리이다.

3) 기독교 윤리의 기초 (3): 성령님께 의존하여 수행되는 윤리

기독교 윤리는 하나님의 뜻을 수행하는 것으로 이루어진다고 했다. 그러나 부패하고 타락한 인간은 하나님의 뜻을 수행할 수가 없다. 그렇지만 십자가에서 이루어진 구속은 인간의 죄에 대한 형벌을 담당한 것일 뿐만 아니라, 그 은혜가 인간에게 작용하여 인간을 새롭게 만든다고 성경은 주장한다. 이제 그리스도 안에서 구속된 이들은 원칙상 하나님의 뜻을 수행할 수 있게 되었다는 것이다. 이를 가장 분명하게 말하는 구절은 다음과 같다: "육신을 좇지 않고 그 영을 좇아 행하는 우리에게 율법의 요구를 이루어지게 하려 하심이니라"(롬 8:4).

그러므로 이제 (1) 그리스도인은 율법의 요구, 절대적인 하나님의 뜻을 수행하는데, 그것이 자신의 힘으로나 자연적 능력으로 되는 것이 아니라, (2) 성령님을 따라 행함으로써만 이루어진다. 따라서 온전한 기독교 윤리는 결국 성령님을 따라 행하는, 성령님께 의존하여 수행하는 윤리가 된다. 여기서 기독교 윤리의 두 가지 기준이 다 충족되는 것을 볼 수 있다. 객관적인 원리인 하나님의 말씀과 그 율법의 요구를 따르는 것과 주관적인 원리인 성령님을 의존하여 그것을 이루는 것이다. 그러므로 그 동기도 성령님에 의존하여 발생하며 그것을 행할 수 있는 힘도 성령님을 의존하여 이루어진다.

그리고 성령님이 바로 하나님의 뜻을 우리에게 계시하시고 영감하신 분이시기에 객관적인 원리와 주관적인 원리 사이의 충돌이 있을 수 없다. 그런 충돌은 우리의 인식이 잘못되었거나 부족한 데서 오는 것일 수밖에 없다. 이런 의미에서는 진정한 기독교 윤리에서는 목적론적 윤리(teleological ethics)와 규범적 윤리(deontological ethics) 사이의 갈등도 긴

장도 없고, 덕성의 윤리, 성품의 윤리 그리고 규범의 윤리 사이의 충돌도 있을 수 없다. 모든 것의 근원과 목적이 모두 하나님이기 때문이다.

4) 기독교 윤리의 기초 (4): 신국적 윤리

그렇다면 결국 기독교적 윤리는 무엇을 위한 것이고 무엇을 중심으로 한 것인가? 이에 대해서는 궁극적으로 하나님이라고 말할 수도 있고, 하나님 나라라고도 말할 수 있으나,[13] 이 둘은 서로 다른 대답이 아니다. 왜냐하면 하나님 나라는 하나님께서 영광을 받으시고 거룩히 여김을 받으시며, 지극히 높임을 받으시는 나라요, 하나님의 뜻이 성취되는 나라이기 때문이다. 그러므로 기독교 윤리의 궁극적 목적이 하나님 나라라고 말하는 것과 하나님이라고 말하는 것을 너무 분리시켜 생각하면 안 된다. 전통적으로 기독교에서는 하나님을 최고선(*summum bonum*)으로 여겨 왔는데, 이는 바른 통찰이다. 그는 모든 선의 원천이요 근원이시기 때문이고, 모든 도덕적 활동은 그를 지향해야 하기 때문이다. 이것을 온전히 인정하고 수행할 때 하나님의 통치가 나타나며 인정되는 것이고, 그것이 바로 하나님 나라이다. 그러므로 모든 윤리는 하나님 나라[神國]적인 것이어야 한다. 모든 하나님 나라 신학자들이 잘 강조하는 대로 하나님 나라의 백성은 이제 "더 이상 자신을 위해 살지 않고 하나님 나라를 위해 사는 것이다."[14] 따라서 하나님 나라를 이루는 데 도움이 되는 것, 하나님의 뜻이 수행되고 하나님께서 영광을 받으시는 데 기여하는 것이 진정한 의미의 도덕적 선이 되기도 한다. 또한 하나님의 통치를 인정하

---

13. 이를 가장 잘 시사하는 책으로 역시 Cornelius Van Til, *Christian Ethics* (Phillipsburg, New Jersey: Presbyterian and Reformed Publishing Company, 1970)을 들 수 있을 것이다. 그는 일반적으로는 하나님을 최고선이라고 하고(41), 구체적으로는 하나님 나라를 최고선이라고 한다(44).

14. Ladd, 『예수와 하나님 나라』, 348.

지 않거나 그의 뜻에 반하여 나아가며 그의 영광을 탈취하거나 무시하는 것들은 모두 악한 것으로 여겨질 수밖에 없다.

따라서 진정한 기독교인은 이 땅에 있는 하나님 나라 백성으로서 그 나라가 지금 어떤 상황에 처해 있는 지를 살피면서 그 나라의 역사적 진행 과정 가운데서 어떤 일을 수행해 가야 하는 지에 모든 신경을 다 기울여 나가야만 한다.[15] 여기에 기독교 윤리의 진정 기독교 윤리다운 특성이 나타난다. 위에서 언급한 상대적인 선(즉, 시민적인 선)과 영적인 선(즉, 기독교적 의미의 진정한 선)의 차이가 여기서도 나타난다. 인간들이 보기에 아무리 선한 것이고, 이 땅의 인간의 평화와 행복을 위해 자신을 다 바치는 노력이라도 하나님 나라에 대한 순종과 그 나라를 드러내는 데 기여하는 것이 아니라면 그것은 진정 기독교적인 선은 될 수 없다. 알버트 슈바이처의 노력과 희생과 사랑이 고귀한 것이기는 하지만 그것이 기독교적으로 선한 것이라고 할 수 없는 이유가 바로 여기 있다. 간디의 삶이 매우 귀한 것이고 좋은 모범이 되는 것이지만 그것이 기독교적인 삶의 전형이라고 할 수 없는 이유가 바로 여기 있다. (물론 이는 위의 세 가지 기준들, 즉 ① 절대적 기준으로서의 하나님의 뜻, ② 부패한 인간성과 이와 관련된 모든 인간적인 것에 대한 철저한 절망, ③ 성령님께 의존해서 수행되는 지의 여부에 의해서도 같은 판단을 받게 되는 것이다.) 결국 예수 그리스도 안에서 이 땅에 임하였으며, 그의 재림으로 극치에 이르게 될 하나님 나라를 인정하고 그 나라 안에 들어와서 그 나라의 통치를 받아 가는 것으로 사는 사람의 모습을 보이는 지가 어떤 사람의 행위를 진정 기독교 윤리적이라고 할 수 있는 지를 결정한다.

---

15. 이 점을 가장 잘 드러내고 효과적으로 제시하고 있는 글은 역시 김홍전 목사님의 다양한 글들이다. 참조하라.

3. 마치면서: 오해 극복을 위하여

이상에서 진정한 기독교적 윤리가 과연 어떤 모습을 지니고 나타나야 하는가에 대한 기본적인 논의를 하였다. 그러나 이는 이 땅에 있는 하나님 나라 백성인 기독교인은 모든 일에 있어서 완벽하다거나 항상 하나님의 뜻을 제대로 판단해서 제대로 살아간다거나 하는 의미는 아니다. 하나님 나라 안에서 하나님 나라를 위해 살며, 하나님의 뜻을 절대적 기준으로 살아 나가는 이들도 그들 자신의 원칙에 충실하지 않게 부패한 인간성인 육체(σάρξ)의 소욕에 굴복하는 경우들이 있고, 따라서 성령님을 따르지 않고 성령님께 복종하지 않는 일들이 있을 수 있다. 여기에 그리스도인들의 죄와 문제가 있는 것이다. 그러므로 이런 문제 앞에서 항상 겸손하게 자신의 문제를 직시하고 그것을 미워하며 버리고, 자신과 모든 사람 앞에서 그런 방향과는 다른 영을 따라 가는 방향으로의 노력에 최선을 다해야만 한다. 그런 의미에서 기독교적 실존은 이렇게 죄와 육체와 싸워간다는 의미에서 아직 완전하지 않은 도상의 실존이고, 항상 싸우는 그리스도의 정병으로서 모습을 지닌다. 그/그녀는 이 땅에서 사탄과 세상과 육체에 대항하여 '싸우는 교회'(church militant)의 한 지체이기 때문이다.[16] 그러므로 성경의 가르침을 객관적 원리로 하고 성령님의 인도하심과 힘주심을 주관적 원리로 하는 그/그녀의 기독교 윤리적 노력은 그런 투쟁의 한 부분이다.

---

16. Cf. Ladd, 『예수와 하나님의 나라』, 353: "교회는 하나님의 백성이며 악과 싸우는 하나님 나라의 도구이다."

제8장

기독교 세계관의 실천:
기독교 세계관적 직업관

　우리는 그리스도인으로서 노동과 직업을 어떻게 생각하고 수행해야 할까? 그리스도인의 직업 이해는 그리스도인이 아닌 이들의 직업 이해와 과연 어떻게 다를까? 그리스도인은 과연 어떤 직업을 선호하여 선택하고, 일단 직업을 선택한 후에는 어떤 태도로 그 직업을 수행해야 할까? 직업이나 노동 문제에서는 신앙과 그리스도인 됨이 적용되지 않는 것일까?

　물론 이 세상에 살면서 그리스도인의 직업관과 비그리스도인의 직업관의 **차이를 발견하기 어려운 현실**에 많이 직면하게 된다. 예를 들어서, 현대 산업 사회 속에서는 좋은 직업으로 대개 (1) 그 직업을 통해서 많은 수입을 얻을 수 있고, (2) 그 직업이 자기 발전의 기회와 수단이 될 수 있고, (3) 그 직업 활동을 하면서도 여가를 어느 정도, 또는 상당히 많이 얻을 수 있으며, (4) 다른 이들이 낮추어 보지 않고, 그 직업에 대해서 존중을 표하게 되는 직업들이 선망의 대상이 되는 직업이다. 이는 대개 현대를 사는 불신자들이 생각하는 좋은 직업에 대한 상당히 세속적인 기준이지만, 그리스도인의 직업에 대한 의식에서도 실제적으로 다른 것을 발견하기가 어려울 때가 많다.

그러나 그리스도인의 직업관이 비그리스도인과 전혀 차별이 없는 이런 현실은 과연 바른 것인가? 또한 우리의 직업 활동 수행의 구체적인 방식이 비그리스도인의 활동과 과연 얼마나 다를까? 과연 그리스도에 대한 신앙은 우리의 직업 선택이나 직업 활동의 수행이라는 구체적인 현실에는 아무런 영향을 미치지 못하는 것일까? 이런 문제 의식이 이 논의의 근본적인 출발점이 되었다고 할 수 있다.

나는 이 장(章)에서 (1) 문화 명령과 (2) 대위임령, 그리고 (3) 하나님 나라의 빛에서 그리스도인으로서 우리의 직업 이해를 생각해 보고자 한다. 이를 통해서 나는 우리의 직업과 노동은 성경이 말하는 그 이상(理想)적인 의미에 있어서는 하나님의 영광을 드러내기 위한 것이라는 점을, 따라서 우리는 직업 선택과 수행에서 하나님의 영광의 증시라는 목표를 중심으로 생각하고 활동해야만 한다는 것을 주장하고자 한다.

1. 문화 명령의 빛에서 본 직업

개혁 신학에서는 오래 전부터 창세기 1:28의 말씀을 하나님께서 창조하신 인간에 대한 하나님의 축복(blessing)이며, 동시에 인간에게 무엇을 위해서 어떻게 살아야 하는지를 규정해 주시는 명령이라는 뜻에서 **'문화 명령'**(cultural mandate)으로 이해해 왔다. 이 문화 명령을 때때로 창조 명령(creation mandate)이라고 언급하기도 했고, 기독교적 청지기직

(Christian stewardship)과 동일시하기도 했다.¹ 사람들이 이 세상에서 아이들을 낳고[生育], 그래서 많아지고[蕃盛], 그리하여 이 땅 위에 널리 퍼져 나가는[充滿] 목적은 이 땅을 정복하고 돌아보며, 그 안에 있는 모든 것을 다스리도록 하려는 데에 있었다. 하나님께서는 하나님께서 창조하신 세상, 하나님께서 친히 왕이 되시는 세상에 인간을 **대리 통치자(vice-regent)**로 세우신 것이다.² 그래서 사람은 "하나님을 대신하여(on God's behalf) 세상을 다스리는" 것이다.³ 메레디스 클라인은 이렇게 말한다: "하나님 같은 왕(the God-like king)인 사람의 통치는 그의 자연적인 영역인 첫 삼일의 마른땅에서 시작하여, 그로부터 첫 삼일의 피조계에 대한 지배와 둘째 삼일의 모든 피조적 지배자들(creature-kings)에 대한 문화적 정복(cultural conquest)을 통해서 확대되어 나간다."⁴ 이런 언급 속에서 클라인은 인간의 통치 사역이 문화적 과업과 연관되어 있음을 분명히 한다.

이런 문화적 사역을 포함한 이 세상에 대한 통치를 위해서 하나님께서는 우리를 그의 형상을 따라 아주 고귀하게 창조하셨다. 통치권 그 자체가 형상이 아니라, 우리가 하나님의 형상이므로 세상을 하나님의 뜻에

---

1. '창조 명령'이란 명명이나 '기독교적 청지기직'이란 명명에 대해서는, 예를 들어서 Arthur F. Holmes, *Contours of A World View* (Grand Rapids: Eerdmans, 1983), Chapter 7, 이승구 역, 『기독교 세계관』 (서울: 엠마오, 1985), 169f.을 보라.

2. See also John Calvin, *Commentaries on Genesis*, trans. John King (Edinburgh: Calvin Translation Society, 1843; Grand Rapids: Baker, 1933), 96: "He appointed man… lord of the world."

3. Gordon J. Wenham, *Genesis 1-15, Word Biblical Commentary 1* (Waco, Texas: Word Books Publisher, 1987), 33. See also Harold G. Stigers, *A Commentary on Genesis* (Grand Rapids: Zondervan, 1976), 62: "Adam was God's vicar."

4. Meredith G. Kline, "Genesis," in *The New Bible Commentary*, D. Guthrie and J. A. Motyer, eds., revised edition (Leicester: IVP; Grand Rapids: Eerdmans, 1970), 83.

따라 통치하게끔 되어 있는 것이다.⁵ 즉, 키드너가 델리취를 인용하며 말하고 있듯이, "통치는 형상의 내용이 아니라, 형상됨의 결과이다."⁶ 웬함도 같은 생각을 다음과 같이 표현한다: "사람이 하나님의 형상으로 창조되었으므로 사람은 자연 위의 왕이다."⁷ 그러므로 이 세상을 하나님의 뜻대로 다스려 나가는 일이 우리들에게 맡겨진 사명이다.

따라서 이 구절에서 말하는 "땅을 다스림"이란 린 화이트(Lynn White)나 그를 추종하는 이들이 생각하는 바와 같이 온 세상에 대한 인간의 전횡(專橫)을 뜻하는 것이 아니다. 이런 해석을 하고 이와 같은 구절을 믿는 그리스도인들로부터 심각한 환경 파괴가 야기되었다고 말하는 린 화이트의 주장은⁸ 전혀 옳지 않다. 왜냐하면 빅토르 해밀턴이 잘 말하고 있듯이, "이것은 환경계(the environment) 안에 있는 모든 것을 마음대로 하고 파괴하라는 권한(a licences to rape and destroy)을 준 것이 아니다." 왜냐하면 "여기서도 사람은 모든 것을 지배하고자 하면, 모든 것의 종이 되어야 하기" 때문이다.⁹ 그러므로 다음과 같은 아더 홈즈의

---

5. 이 점에 대한 좋은 지적으로 H. D. McDonald, *The Christian View of Man* (London: Marshall Morgan & Scott; Westchester, Ill.: Crossway Books, 1981), 36: "It is because of the image that man has dominium; it is not that dominion is the image."를 보라.

6. Derek Kidner, *Genesis, An Introduction & Commentary*, in *Tyndale Old Testament Commentaries* (Leicester: IVP, 1967), 52. 폰 라트는 형상과 통치를 아주 밀접히 연관시키면서도 이와 같은 요점을 강조하면서 통치의 위임은 하나님 형상의 정의에 속한 것이 아니라 그 결과, 즉 형상 때문에 하게 된 것임을 말하고 있다. Gerhard von Rad, *Genesis, A Commentary* (1972²), trans. John H. Marks, revised by John Bowden (London: SCM Press, 1972), 59. See also Francis Nigel Lee, *The Origin and Destiny of Man* (Memphis, Tennessee: Christian Studies Center, 1977), 이승구 옮김, 『성경에서 본 인간』(서울: 엠마오, 1984), 61.

7. Wenham, 33. See also p. 38: "The divine image… makes him in a real sense God's representative on earth, who should rule over the other creatures as a benevolent king."

8. Cf. Lynn White, Jr., "The Historical Roots of Our Ecological Crisis," *Science*, vol. 155 (March 10, 1967): 1203–1207; idem, "Continuing the Conversation," in Ian G. Barbour, ed., *Western Man and Environment Ethics* (Reading, Mass.: Addison-Wesley, 1973), 55–64.

9. Victor P. Hamilton, "Genesis," in *Evangelical Commentary on the Bible*, Walter A. Elwell, ed. (Grand

말은 아주 정확한 것이라고 할 수 있다.

> 하나님께서 우리에게 맡기신 신체와 다른 물질, 그리고 자연 자원을 잘 돌보며, 그것들을 경제적, 심미적 목적 등을 위해 잘 사용하고 보존하고, 자기 몰입적인 착취나 남용이 없이 하나님의 선하심을 찬양하고, 그의 은혜에 반응하는 태도로서 그 모든 것들을 감사함으로 즐겨야 하는 것이다. 책임 있는 예술과 과학, 책임 있는 경제와 과학 기술, 책임 있는 신체 활동 및 신체적 향락 — 이 모든 것이 포함되는 것이다.[10]

김균진 교수도 창세기 1:26, 28이 말하는 것은 "자연에 대한 인간의 억압과 파괴와 착취가 아니라 자연을 위한 인간의 '섬김'과 '고난'을 뜻한다"고 말하면서, "인간은 하나님이 지으신 에덴 동산을 섬기고 그것을 위하여 고난을 당해야 한다"고 잘 지적하고 있다.[11] 그는 몰트만에게 동의하면서 다른 모든 바른 성경 해석자들과 같이 창세기 1:28을 2:8, 15과 연관시켜서 조화롭게 이해해야 한다는 것을 분명히 한다. 이는 옳은 관찰이다. 성경은 그 궁극적 저자가 하나님이시라면, 성경을 해석할 때 종국적으로는 이런 조화적 이해를 추구해야 하기 때문이다. 그러므로 우리는 다음과 같이 말할 수 있는 그의 주장과 그에 함의된 태도에 대해서

Rapids: Baker Book House, 1989), 12. See also Wenham, 33: "This is of course no license for the unbridled exploitation and subjugation of nature… Mankind is here commissioned to rule nature as a benevolent king, acting as God's representative over them and therefore treating them in the same way as God who created them"; and Walter Brueggemann, *Genesis, Interpretation* (Atlanta: John Knox Press, 1982), 32f.

10. Holmes, 170.

11. 김균진, 『생태계의 위기와 신학』 (서울: 대한기독교서회, 1991, 1997), 107.

의문을 표해야 할 것이다: "그러므로 창세기 1장의 '지배'와 '정복'에 대한 하나님의 명령을 야위스트의 전승사적 맥락과 성서 전체의 연관성 속에서 이해해야 한다. 그렇지 않을 때 이 '지배'와 '정복'은 인간적으로 곧 억압과 착취로 이해하기 쉽다."[12] 사실 창세기 1:28의 명령을 하실 때 하나님의 의도를 생각하면 과연 그렇게 말할 수 있을까를 물어야 할 것이기 때문이다.

그리고 이 땅을 다스리는 일은 결국 하나님께서 창조하신 피조계에 인간의 힘을 가해서 문화를 만들어 나가는 것이다. 그러므로 개혁파 선배들은 이를 문화 명령이라고 불렀다. 이 **문화 명령**을 후크마 교수는 "하나님을 위해서 땅을 통치하고 하나님을 영화롭게 하는 문화를 개발시키라는 명령"이라고 요약하고 있다.[13] 개혁파 선배들은 이 땅 위에 하나님께서 원하시는 다스림을 수행해 나가는 것을 하나님께서 원하시는 문화를 세상에 만들어 가는 것이라고 이해했다. 그리고 그것이 바로 하나님께서 인간을 하나님의 형상으로 창조하여 이 땅 위에 세우신 목적으로 보았다.

그런데 이렇게 이 세상을 다스리고 하나님께서 원하시는 문화를 만들어 나가는 일을 한 사람의 인간이 수행하도록 하신 것이 아니다. 아담 혼자서 이 일을 감당하도록 하지 않았다. 이 문화 명령의 수행을 위해서 하나님께서는 '그에게 상응하는 돕는 배필'(עֵזֶר כְּנֶגְדּוֹ, a help of his like or a helper matching/fit for/corresponding to him)로 여자를 만드시고, 그들에게 함께 이 명령을 수행하도록 하셨다. 카일이 말하는 것과 같이, "아이들을 낳고 인류를 번성시키는 일 뿐만이 아니라, 땅을 지키고 다스리

---

12. 김균진, 107.

13. Anthony A. Hoekema, *Created in God's Image* (Grand Rapids: Eerdmans, 1986), 14: "the command to rule the earth for God, and develop a God-glorifying culture."

는 그의 소명을 성취하도록" 말이다.[14] 그리고 그들은 그 둘 만이 이 일을 하는 것이 아니라, 그들로부터 기원하여 존재하게 되는 모든 사람들이 다 같은 사명을 감당하도록 되어 있다. 이 문화 명령은 이 땅의 모든 사람들이 그들에게 **주어진 은사에 따라서 분담하여** 함께 수행하도록 된 것이라고 추론할 수 있다. 그러므로 이 문화 명령의 빛에서 보면 사람은 자기의 은사와 능력에 따라서 하나님의 뜻을 쫓아 이 땅 위에 하나님께서 원하시는 문화를 만들어 나가는 데 힘써야만 한다. 이런 문화적 과업을 아주 구체적으로 정리해 본 학자 중의 대표자인 프란시스 나이젤 리는 다음과 같은 것들을 언급하고 있다.

> 그것은 첫째로, 사람이 세상을 지배하고 땅을 정복해야 함을 의미한다. 이는 말 뜻 그대로 다스리는 자답게 만물을 발아래 복종시킴으로 피조계에 대한 우리의 권위를 세워야 함을 의미한다 (κατακυριεύω, LXX).
>
> 둘째로, 그것은 바다의 물고기를 다스려야 함을 의미한다. 이 말은 단지 하나님의 영광을 위하여 물고기를 잡아야 한다는 것뿐만이 아니라, 그것을 잡아서 통조림으로 만들고 매매하는 것과 대륙간을 연결하는 정기선을 운행하는 것, 잠수함으로 깊은 바다 속을 개발하는 것 …… 양식장을 만들어 굴과 해초를 양식하며, 물고기와 플랑크톤을 양어 하는 등의 이 모든 일들을 오직 하나님의 영광만을 위해 해야 한다는 것까지를 포함한다.
>
> 셋째로, 그것은 육축과 온 땅과 땅에 기는 모든 것을 지배해야

---

14. C. F. Keil, *Genesis*, in *Keil–Delitzsch Commentary on the Old Testament*, vol. 1, trans., James Martin (Grand Rapids: Eerdmans, 1976), 86f.

함을 뜻한다. 이것도 …… 새롭고 더 좋은 육축의 종자를 개발해야 한다는 것뿐만 아니라 …… 양을 쳐서 양모를 생산하고, 운송을 위해 말을 기르고 또 자동차를 개발하며, 곡식을 거두고, 빵을 구우며, 밥을 하는 등 이 땅 위의 모든 것을 다스려야 한다는 것을 모두 포함한다.

넷째로, 그것은 아담이 그 본래의 의미를 따라 모든 동물의 이름을 지었듯이(창 2:19), 이 모든 활동이 조직적이고 체계적이도록 과학적으로 수행되어야 함을 의미한다. ……

다섯째로, 그것은 또한 하나님의 피조계를 조화롭게 개발해야 함을 의미한다. …… 그러므로 조경, 윤작, 일반 생태학적 농촌 계획, 그리고 도시 계획과 교통 문제에 대한 모든 계획도 힘써서 할 일이다.

여섯째로, 이것은 동산을 지키고 수호하는 일, 즉 환경을 정비하는 일을 포함한다. 특별히 죄가 들어 온 후 사람들은 이제 많은 세균과 싸우고, 좋은 하수 시설을 하며(칼빈이 제네바에서 그리하지 않았던가?), 사탄적인 적들을 막고, 오염과 투쟁하며, …… 죄와 그 모든 결과에 대해서도 지배권을 행사해야 한다.

일곱째로, 그것은 또 공중의 모든 새를 지배해야 할 것을 의미한다. 이것은 …… 공중 전체를 지배하는 것을 포함하는 것이다.[15]

이와 같은 리(Lee)의 말은 지나친 면이 없지 않지만 그래도 그는 문화 명령이 무엇을 의미하는지를 잘 설명하고 있다. 여기에 창조와 문화 명령의 빛에서 본 노동과 직업의 의미가 있다. 그러므로 결국 노동과 그것의

---

15. Lee, 133-36.

구체화된 형태인 직업은 하나님의 이 문화 명령을 이루기 위한 일이다.

그러나 인간이 타락한 이후에는 인간이 이 문화 명령을 제대로 수행하지 못하므로 여러 가지 문제가 발생하고 있다. 또한 인간의 죄에 대한 하나님의 저주의 일부로 이 세상에 가시와 엉겅퀴가 나타나(창 3:18), 이 세상에서의 우리의 노동이 고되고 힘든 일이 되었다: "네가 네 아내의 말을 듣고 내가 네게 먹지 말라 한 나무의 열매를 먹었은즉 땅은 너로 말미암아 저주를 받고 너는 네 평생에 수고하여야 그 소산을 먹으리라 땅이 네게 가시덤불과 엉겅퀴를 낼 것이니라 …… 네가 얼굴에 땀을 흘려야 먹을 것을 먹고"(창 3:17-19). 그리하여 인간은 이 세상에서 힘든 노동을 하다가 땅으로 돌아가도록 되었다: "너는 흙이니 흙으로 돌아갈 것이니라"(창 3:19). 이제 노동은 하나님의 뜻을 따라 이 세상을 발전시키며, 하나님의 뜻을 이 땅 위에 드러내는 일일뿐만 아니라, 저주의 한 부분이 된 것이다.

그래도 이 땅 위에서 문화가 진전하도록 하나님의 일반 은총이 작용하고 있다. 그러므로 타락 이후에도 노동은, 저주로서 괴롭고 슬픈 것일 뿐만 아니라, 긍정적인 의미를 가질 수도 있음을 생각해야만 한다. 더구나, 다음 두 번째와 세 번째 요점에 대한 생각에서 고찰할 바와 같이, 그리스도를 통한 구속을 경험한 이들에게는 노동도 **원칙적으로 구속된 것으로 보아야** 한다. 물론 아직 타락의 영향력이 우리의 노동에도 미치고는 있지만, 그럼에도 불구하고 원칙적으로 그리스도인들에게는 노동의 구속된 의미가 있다.

이런 의미에서 생각하면 그리스도인들의 노동과 직업은 하나님께서 인간을 창조하시면서 복 주시며 명령하신 '하나님께서 원하시는 문화'를 이 땅 위에 가득하게 하는 일이다. 문화 명령의 빛에서 보면 직업과 직업 활동은 하나님의 영광을 이 땅 위에 증시(證示)하는 문화를 이루기 위한 활동이다.

2. 대위임령의 빛에서 본 직업

신약에는 또 하나의 명령이 주어져 있다. 그것은 주 예수께서 부활하신 후 승천하시기 전까지 제자들에게 주신 명령이다. 마태복음 28:19-20절에서는 이 대위임령(the great commission)을 다음과 같이 제시하고 있다.

> 너희는 가서 모든 민족을 제자로 삼아 아버지와 아들과 성령의 이름으로 세례를 베풀고 내가 너희에게 분부한 모든 것을 가르쳐 지키게 하라 볼지어다 내가 세상 끝날까지 너희와 항상 함께 있으리라

이 말씀은 갈릴리에서 주신 말씀이므로(28:16), 이 말씀을 하신 후에 곧바로 예수님께서 승천하셨다고 극적으로 말하는 것은 성경의 의도를 벗어난 잘못된 해석을 유포하는 것이다. 사도행전에 의하면 주님께서는 감람산에서 승천하신 것으로 되어 있기 때문이다(행 1:9-12). 그러므로 아마도 주님께서는 부활하신 후에 이와 비슷한 말씀을 여러 번 하셨다고 보아야 한다. 그리고 극단적인 비판적 입장을 취하여 성경 기록의 역사성을 논외로 하는 태도를 취하지 않는다면 최후로 사도행전 1:7-8의 형식으로 같은 의미의 대위임령을 거듭 명하신 후에 승천하신 것으로 보아야 할 것이다(행 1:9).

이렇게 주님께서 부활 후에 제자들에게 주신 대위임령을 한국 교회 안에서 흔히 선교와 양육을 위한 말씀으로 이해하고 있다. 물론 이 말씀

이 전도와 선교, 그리고 그 후에 양육과 기독교 교육을 명하고 있는 말씀이라는 것은 분명하다. 왜냐하면 이 말씀은 (1) 모든 족속들에게로 "너희들은 가서"(πορευέντες) (2) 모든 족속으로 제자를 삼아(μαθητεύσατε πάντα τὰ ἔθνη) (3) 예수님을 믿어 제자가 된 이들에게 "성부의, 성자의, 성령의 이름으로 세례를 주고"(βαπτίζοντες αὐτοὺς εἰς τὸ ὄνομα τοῦ πατρὸς τοῦ υἱοῦ καὶ τοῦ ἁγίου πνεύματος) (4) 세례 받은 자들을 가르쳐(διδάσκοντες αὐτοὺς) "내가 너희에게 분부한 모든 것을 지키게"(τηρεῖν πάντα ὅσα ἐνετειλάμην ὑμῖν) 하라고 명하고 있기 때문이다. 여기 나타난 4가지 동사들 가운데서 주 동사는 "너희들은 제자를 삼으라"(μαθητεύσατε)는 말씀이고, 나머지 3개의 분사는 이 주 동사를 중심으로 하는 것이라고 보아야 한다. 물론 분사가 이와 같은 방식으로 명령형과 연관되면 그 분사도 명령의 의미를 지닌다.[16] 그러므로 우리말 개역 성경에서처럼 4가지 모두를 명령형으로 번역한 것은 잘된 번역이다.

그러므로 모든 족속에게로 가는 일은 결국 그들에게 복음을 제시해서 제자로 만들기 위한 것이다. 주님께서는 이스라엘 중심으로 사역을 하셨지만, 제자들에게는 모든 족속에게로 나아가라고 말씀하신다. 칼빈의 말과 같이 "여기서 그리스도께서는 유대인과 이방인들의 구별을 제거하시고 그 둘을 동등시하시면서, 그 둘 모두를 같이 언약의 공동체(the company of the Covenant)에로 받아들이신다. …… 이제 벽이 허물어지고 주께서는 복음의 사역자들로 하여금 땅의 모든 지역에로 나아가 구원의

---

16. Leon Morris, *The Gospel According to Matthew* (Leicester: IVP, 1992; Grand Rapids: Eerdmans, 1992), 746, n. 30. 또한 D. A. Carson, "Matthew," in *The Expositor's Bible Commentary*, Vol. 8 (Grand Rapids: Zondervan, 1984), 595. (그는 C. Rogers, "The Great Commission," *Bibliotheca Sacra* 130 [1973]: 258-67도 언급하고 있다). 이런 용례로 마 2:8, 13; 9:13; 11:4; 17:27을 들 수 있다.

가르침을 전하라고 명령하신다."¹⁷ 그러므로 교회의 이방 선교는 명령된 일이다.¹⁸ 닉슨이 잘 표현하고 있듯이, "주님의 보편적 권위는 교회의 보편적 사명으로 우리를 인도한다."¹⁹ 카슨은 "그가 보편적 권위에로 높여짐은 그의 보편적 사명(universal mission)의 시작을 도입시키는 종말론적 표시(an eschatological marker) 구실을 한다"고 말한다.²⁰ 그러므로 우리는 모든 족속으로 그리스도의 제자를 삼기 위해 모든 족속들에게로 가야 한다.

또한 세례 주는 일은 그 대상자가 이미 복음을 믿고 제자가 되었음을 드러내는 일이다. 이는 칼빈이 잘 말한 바와 같이 "부분적으로는 하나님 앞에서 영생을 얻었다는 것의 표이고, 또 부분적으로는 사람들 앞에서 신앙의 외적인 표이다."²¹ 이런 세례는 성부, 성자 성령과의 교제 관계에로 들어가게 한다는 의미를 지닌다. 성부의, 성자의, 그리고 성령의 이름 안으로(εἰς τὸ ὄνομα, into the name)라고 표현한 것에 그런 관계성에 대한 암시가 있다는 것을 시사하는 이들이 많다.²² 물론 "이름 안

---

17. John Calvin, *Calvin's New Testament Commentaries*, vol. III, New Translation by A. W. Morrison (Edinburgh: The Saint Andrew Press, 1972; Reprinted, Grand Rapids: Eerdmans, 1978), 251.

18. Cf. Francis W. Beare, *The Gospel According to Matthew, Translation, Introduction and Commentary* (Peabody, Mass.: Hendrickson Publishers, 1981), 544: "The Gentile mission of the church is not merely authorized but commanded." 그런데 Beare은 후에 사도와 예루살렘 교회의 장로들이 이방인들에게 복음 전하는 것에 대해 논의한 것에 근거해서 이 말씀의 진정성을 부인하려고 한다(544f.). 비슷한 견해로 David Hill, *The Gospel of Matthew* (Grand Rapids: Eerdmans, 1972), in loco. 이에 대한 좋은 반론으로 Carson, "Matthew," 596f.; Morris, *The Gospel According to Matthew*, 746을 보라.

19. R. E. Nixon, "Matthew," in *NBC*, 850. 이런 보편적 사명이 구약에서부터 함의되었음을 잘 논의한 글로 J. Barton Payne, *The Theology of the Older Testament* (Grand Rapids: Zondervan, 1962), 188–94를 참조하라.

20. Carson, "Matthew," 595.

21. Calvin, 251.

22. 예를 들어서 Willoughby C. Allen, *A Critical and Exegetical Commentary on the Gospel According to S. Matthew* (Edinburgh: T. & T. Clark, 1907), 306을 보라. 또한 다음 글들도 보라: Nigel Turner, *A Grammar of New Testament Greek*, vol. III, *Syntax* (Edinburgh, 1963), 255, cited in Morris, 747, n. 34; W. F. Albright and C. S. Mann, *Matthew* (Garden City: Doubleday, 1971), in *loco*.; Carson, "Matthew,"

으로"(εἰς τὸ ὄνομα, into the name)라는 전치사구와 신약의 다른 부사람들(행 2:38; 8:16; 19:5)에서 나타나는 "이름으로"(ἐν τῷ ὀνόματι, in the name)를 엄밀하게 구별하는 것은[23] 무의미하다. 그 두 가지 표현 중의 어떤 표현을 쓰든지 별 차이는 없기 때문이다. 그러나 "이름 안으로"라는 표현을 자연스럽게 사용한 것에는 그런 관계성과 교제의 연합이라는 의미가 이런 표현 안에 함의되어 있다고 생각하는 것이 좋을 것이다. "이름"이란 말이 사용된 것에 이미 소유권(ownership)을 시사한다고 볼 수 있다.[24] 그러므로 세례를 베푸는 것은 그 대상자가 이미 예수 그리스도의 제자가 되었음을 표하는 것이다.

그리고 가르치는 일도 제자 된 이들에게 필요한 것을 가르치는 일이다. 이것은 이제 제자로서 존재하고 행하는 것과 관련된 일이라고 할 수 있다. 그 내용은 그저 윤리적인 것만도 아니고,[25] 삶과 분리된 교리적 가르침도 아니다. 기독교적 가르침 전체가 항상 그러하듯이 교리와 윤리가 함께 하는 가르침이다. 진지한 신약 학자들이 늘 강조하듯이 케리그마(κήρυγμα)와 디다케(διδαχή)는 상호 호환적으로 사용될 수 있는 것이기 때문이다.[26] 예수님께서 가르치신 모든 것을 다 가르쳐야 한다.

이제까지 살핀 것처럼 이 모든 것이 다 "제자 삼는 일"과 연관되어 있다. 가는 일도 제자를 삼기 위해서 가라는 것이고, 세례 주는 것과 가르

597; 그리고 Sherman E. Johnson, "Exegesis of Matthew," in *The Interpreter's Bible*, vol. 7 (Nashville: Abingdon Press, 1951), 624: 이것은 "하나님의 소유와 보호에로 세례를 준다, 그리고 하나님과 신자 사이에 생명적 연합을 수립한다는 것을 의미한다."

23. 그런 구별의 예로 Allen, 306을 보라.

24. Cf. Nixon, 850.

25. 이 가르침을 주로 윤리적인 것으로 보는 견해로 Beare, *Matthew*, 545f.을 보라.

26. Herman Ridderbos; J. I. H. McDonald, *Kerygma and Didache* (Cambridge: Cambridge University Press, 1980).

치는 것도 별도로 명령된 일이지, 그것이 제자 삼는 방도일 뿐이라고 생각하는 것은 옳지 않다(*pace* Willoughby C. Allen, Erich Klostermann, M. J. Lagrange, Adolf Schlatter).[27]

그러나 이 대위임령의 뜻을 그저 좁은 의미의 전도와 선교, 양육 등으로 다 말했다고 할 수는 없다. 이 말씀은 결국 예수님의 제자를 만들라는 뜻이고, 제자가 된 이들에게 예수님의 뜻을 다 가르쳐야 한다는 것이다. 그런데 진정한 예수님의 제자는 어떤 사람인가? 그저 성경을 읽고 기도하고 예배에 열심히 참석하고, 다른 이들을 제자로 만들기 위해서 전도에 힘쓰는 이인가? 그것도 제자됨의 한 부분이기는 하다. 그러나 그것은 제자됨의 의미를 다 소진(消盡)한 것이라고 할 수는 없다. 제자는, 카슨이 잘 표현한 바와 같이, "예수님의 가르침을 듣고, 이해하고 지키는 자이다(마 12:46-50)."[28] 예수님에게서 배우고, 예수님을 따르는 자들이다. 그러므로 예수님의 진정한 제자는 이 세상에서 **하나님께서 의도하신 모든 것을 다 수행하는 사람**이다. 하나님께서 의도하신 모든 것에는 좁은 의미의 종교적인 일만이 해당된다고 할 수는 없다.

이런 맥락에서 문화 명령과 대위임령의 관계를 생각해 보기로 하자. 복음 전도를 통해 그리스도의 제자가 된 사람은 이제 정상적인 사람의 일을 할 수 있게 된 것이다. 따라서 예수님의 대위임령을 다 수행한다는 것은 결국 인간들이 제대로 수행하지 못한 문화 명령을 제대로 수행할 수 있게 되었다는 것을 의미한다.[29] 프란시스 나이젤 리는 이런 요점들에

---

27. 비슷한 견해로 George A. Buttrick, "Exposition of Matthew," in *The Interpreter's Bible*, vol. 7, 623: "제자 삼는 것은 (대위임령의) 방법이고, 세례 주는 것과 가르치는 것은 그 주된 과제의 요소들이다." 이런 견해에 대한 좋은 지적과 비판으로 Carson, "Matthew," 597을 보라.

28. Carson, "Matthew," 596.

29. 이점에 대한 좋은 논의로 Lee, 121–60.

유의하면서 다음과 같이 옳게 말한다.

> 그리스도께서 '모든 것'(all things whatsoever)이라고 하셨을 때, 그가 의미하신 것은 문화 명령을 포함한 모든 것이다. 그렇게 해석할 때에야 우리는 비로소 높아지신 (그리스도의) '전포괄적 권위'를 인정하는 것이며(Grosheide), '그리스도의 권위 전체'에 바른 관심을 두는 것이 된다(Ridderbos). 캄파이스(Kamphuis)는 이렇게 말한다: "이 '그리스도의 권위'는 온 세상에 미쳐야만 한다. 이 말은 구원의 사실을 전하는 것을 전제로 한다. 그러나 그것만은 아니다. 복음 전파를 통해서 온 세상이 그리스도의 지도 하에 있게 되면, 우리가 본대로 '태초의' 그 절대적인 규범이 다시 요청되기 때문이다."30

그러므로 문화 명령의 수행에 이르지 못하는 사람은 아직 진정한 의미의 제자됨을 온전히 다 실현했다고 할 수 없다. 그러므로 진정한 제자는 그저 성경 읽고 기도하고 전도에 힘쓰는 사람으로 되는 것이 아니라, 그런 일에 힘쓰면서 또한 주어진 직업의 영역에서 하나님의 뜻을 수행하기 위해서 힘쓰는 데서 이루어진다. 그러므로 주어진 직업의 영역에서 하나님의 뜻을 제대로 수행하지 못하는 이는 진정한 의미의 제자됨을 다 이루었다고 할 수 없다. 따라서 대위임령의 빛에서 보았을 때도 직업도 하나님의 뜻을 수행하는 귀한 작업의 한 부분이다.

직업에 대해서 이런 성경적 의미를 제대로 밝히고 드러낸 이들은 개혁자들(reformers)이었다. 루터로 말미암아 소명이라는 뜻의 Beruf 라는

---

30. Lee, 145.

단어가 독일어에서 일상적인 직업을 지칭하는 말로 정착하게 되었다는 것은 이제 얼마나 상식적인 말이 되어 버렸는가. 이전에는 세속적인 일이라고 하던 것이 개혁자들 덕분에 이제 더 이상 세속적인 것이 아니라 하나님을 섬기는 거룩한 소명이라고 의식하게 되었다. 이 개혁자들의 소명으로서의 직업 개념을 주님의 지상 명령과 연관시켜야 한다. 그래야 소명으로서의 직업의 그 진정한 의미를 다 드러내었다고 할 수 있다.

3. 하나님 나라의 빛에서 본 직업

이와 연관해서 하나님 나라[天國]와 직업의 관계를 생각해 보아야만 한다. **신약 성경이 가르치는 바에 의하면, 하나님 나라[天國]는 예수 그리스도의 메시아로서의 사역을 통해 이미 우리에게 임하여 왔으며, 그의 재림을 통해 그 나라의 극치에 이르게 되리라는 것이다.**[31] 그러므로 진정한 그리스도인은 이 땅에서 이미 하나님 나라, 즉 천국(天國)에 속해 있는 천국 백성이다. 그리스도인은 죽은 후에야 비로소 천국에 가는 것이 아니라, 중생하는 그 순간부터 이 땅에서도 이미 천국에 속해 있는 것이다. 왜냐하면 천국은 위에서 말한 바와 같이, 예수님의 메시아적 사역을 통해 이미 이 땅으로 임하여 와서, 이 땅의 역사 가운데서 진행하며 성장하고 있기 때문이다.[32]

---

31. 이에 대해서는 별 다른 주석을 붙이지 않아도 될 만큼 이 명제는 이제 일반화된 관찰이다. 대표적으로 다음 몇 가지 글만을 언급해 본다. Hoekema, *The Bible and the Future* (Grand Rapids: Eerdmans, 1979); Adrio König, *The Eclipse of Christ in Eschatology* (Grand Rapids: Eerdmans, 1989); 이승구, "신국적 세계관으로서의 기독교 세계관", 본 책, 제3장.

32. 하나님 나라에 대한 이런 이해가 신학 전체에 미치는 의미를 다룬 논문으로 이승구, "종말 신학의 프롤레고메나 – 하나님 나라 신학을 지향하여", 『개혁신학탐구』 (서울: 도서출판 하나, 1999), 13–39를 보라.

이런 하나님 나라 이해의 빛에서 보면 이 세상에서의 진정한 그리스도인의 삶은 하나님 나라 백성[天國百姓]으로서의 삶이다. 그러므로 하나님 나라의 일에는 종교적인 활동만이 아니라, 우리의 모든 활동이 포함된다. 따라서 그리스도인에게 있어서는 직업 활동도 진정하고 실재적인 의미에서 하나님 나라의 일이다. 따라서 직업과 그와 관련된 활동은 그저 돈을 벌거나 이 세상에서의 삶을 살기 위해서 하는 일이 아니라, 결국은 하나님 나라를 이 땅에 잘 드러내기 위해서 하는 활동이다. 이런 의식이 충실한 가운데서 성령에 의존해서 수행되는 직업 활동은 그 자체가 하나님 나라 안에서의 일이요, 바로 하나님 나라의 일이다.

이런 하나님 나라의 일로 주어진 일을 감당하는 태도를 권면하는 바울의 말 중 대표적인 것은 다음과 같은 바울의 권면이다.

"그런즉 너희가 먹든지 마시든지 무엇을 하든지 다 하나님의 영광을 위하여 하라."
εἴτε οὖν ἐσθίετε εἴτε πίνετε εἴτε τι ποιεῖτε, πάντα εἰς δόξαν θεοῦ ποιεῖτε(고전 10:31).

이 말씀이 언급된 직접적 문맥은 교회 공동체 안에서 어떤 태도로 살아야 할 것인가와 관련된 논의의 문맥, 특히 다른 이들에게 거침이 되지 말고 유익이 되는 태도로 살라는 권면의 문맥이다. 그러나 이런 권면은 결국 그리스도인이 어떤 존재인가와 밀접히 연관된다. 그러므로 고린도전서의 앞부분에서 그리스도인들은 그 몸을 가지고 죄를 피하는 삶의 태도를 가져야 한다는 것을 권면하면서 바울이 하고 있는 다음과 같은 말을 함께 생각하는 것이 마땅하다.

"값으로 산 것이 되었으니 그런즉 너희 몸으로 하나님께 영광을 돌리라."

ἠγοράσθητε γὰρ τιμῆς. δοξάσατε δὴ τὸν θεὸν ἐν τῷ σώματι ὑμῶν(고전 6:20).

여기에는 우리가 몸으로 행하는 모든 것을 다 포함한다.[33] 그러므로 직업과 그 직업 활동의 모든 일도 당연히 여기에 포함하고 있다. "삶 가운데 합법적인 자리를 가진 모든 것은 예수 그리스도에게 복속되어야만 하는 것이다."[34] 그러므로 직업 활동도 "하나님의 영광을 위해서"(εἰς δόξαν θεοῦ) 하는, 즉 하나님을 영화롭게 하는(δοξάζειν τὸν θεὸν) 일이어야만 한다. 이런 태도는 결국 구속을 받아서(골 1:13-14; 고전 7:23; 행 20:28; 벧후 2:1 참조), 지금 여기서도 하나님 나라에 속한 이들이 되었다는 정체성(identity)에 대한 바른 인식에서 온다. 구속함을 받아 죄의 노예 됨에서 해방되어 다시 하나님의 자녀와[35] 하나님 나라의 백성이 된 이들은 "모든 것을 하나님의 영광을 위해서"(πάντα εἰς δόξαν θεοῦ) 행한다. 하나님을 영광스럽게 한다는 말이나 하나님의 영광을 위해서 한다는 말은 이 "영광스럽게 한다"는 희랍어 '독사조'(δοξάζω)의 히브리어

---

33. Cf. F. W. Grosheide, *The First Epistle to the Corinthians (NICNT)* (Grand Rapids: Eerdmans, 1953), 244: "…Paul seeks to promote the glory of God in the ordinary things of life." See also Calvin, *The First Epistle of Paul the Apostle to the Corinthians*, John W. Fraser, trans. (Edinburgh: Oliver and Boyd, 1960; Grand Rapids: Eerdmans, 1976), 224: "Paul teaches that there is no part of our life or conduct, however insignificant, which should not be related to the glory of God…"

34. John Short, "Exposition of I Corinthians," *The Interpreter's Bible Commentary*, vol. 10 (Nashville: Abingdon Press, 1953), 122.

35. 구속함을 받음에서 다시 하나님의 자녀가 됨으로 죄의 노예 됨에서 해방되는 측면을 강조하는 C. K. Barrett, *A Commentary on the First Epistle to the Corinthians* (1968; Peabody: Mass.: Hendrickson Publishers, 1987), 152와 W. Harold Mare, "I Corinthians," in *The Expositor's Bible Commentary*, vol. 10 (Grand Rapids: Zondervan, 1976), 225f.를 보라.

병행어인 '카베드'(כָּבֵד)가 함의하고 있듯이 하나님 자신을 무겁게 여긴다 (make heavy=give honour)는 뜻이다. 그러므로 그것은 하나님의 뜻과 규범을 높이고 존중하며, 그에 따라 주어진 일을 감당하는 것을 뜻한다고 볼 수 있다. 그러므로 일상적 영역에서 "하나님의 율법이 우리의 삶 전체를 주관해야만 한다"고 말하는 호로쇠이데의 관찰은[36] 아주 정확한 것이다. 칼빈도 삶의 외적 행동들이 그의 말씀에 의해 방향 지워지도록 하기 위함이라고 한다.[37] 또한 하나님의 영광을 위하여 일한다는 것은 몸을 가치 있는 일에 드려 그 일이 하나님을 위한 봉사의 일이 되도록 해야 한다는 뜻이다.[38] 그리고 고린도 전서 10장의 문맥에서는 다른 사람들의 유익을 생각하고 돌아본다는 것을 의미한다.[39]

직업을 이와 같이 이해하는 그리스도인은 직업 활동도 하나님을 섬기는 일로 다른 사람들을 돌아보는 사랑의 태도로 해야 한다. 그는 결코 아무런 뜻 없이 자신의 직업 활동에 임할 수는 없다. 왜냐하면 자신의 직업 활동이 하나님 나라의 일이라면 무성의하게 그 일을 할 수는 없을 것이기 때문이다. 그러므로 진정한 그리스도인은 하나님의 뜻과 하나님의 다스리심에 근거해서 그 일을 하려고 해야만 한다. 그런 태도로 직업에 임하는 이들은 주어진 일을 건성으로 하거나, 사람만을 위해서 일하지 않을 것이다.

---

36. Grosheide, 244: "It is precisely in that realm [the ordinary things of life] that the law of God must govern our entire life."

37. Calvin, *The First Epistle of Paul the Apostle to the Corinthians*, 133.

38. 로마서 12:1과 관련시켜서 이 점을 강조하는 논의로 Clarence Tucker Craig, "Exegesis of I Corinthians," in *The Interpreter's Bible Commentary*, vol. 10, 75을 보라.

39. 32절과 관련해서 이 점을 강조하는 주해로 Mare, "I Corinthians," 253을 보라.

4. 구체적인 예

이제 이런 진정한 그리스도인들의 직업 활동의 구체적인 예를 신약 성경으로부터 들어보자. 이제까지의 논의를 보면서, 그것은 너무나 이상적이며 어떤 좋은 직업들과 관련해서만 그런 것을 말할 수 있지, 구체적인 직업 속에서 과연 그런 이야기를 할 수 있느냐고 생각할 이들을 위해서, 신약 성경에 나타난 직업 가운데서 가장 천한 직업을 하나 생각해 보자. 그것도 직업이라고 할 수 있는지는 모르지만, 아마도 '노예'로서의 일이 그것에 해당하는 대표적인 예가 될 것이다. 노예의 일을 보면서, 그것은 문화 명령이나, 대위임령이나 하나님 나라나, 하나님의 영광과는 전혀 상관없다고 생각할 이가 많을 것이다. 그러나 신약 성경에서 사도 바울이 노예들(종들)에게 주고 있는 권면에 의하면 이런 생각이 옳지 않다는 것이 드러난다. 예를 들어서, 에베소서 6:5-8을 보라.

> 종들아 두려워하고 떨며 성실한 마음으로 육체의 상전에게 순종하기를 그리스도께 하듯 하라 눈가림만 하여 사람을 기쁘게 하는 자처럼 하지 말고 그리스도의 종들처럼 마음으로 하나님의 뜻을 행하고 기쁜 마음으로 섬기기를 주께 하듯 하고 사람들에게 하듯 하지 말라 이는 각 사람이 무슨 선을 행하든지 종이나 자유인이나 주께로부터 그대로 받을 줄을 앎이라

이 말씀에 의하면 종들이 하는 일은 사실상 사람을 섬기는 것이 아니라, 주님과 하나님을 섬기는 것이다. 이로써 신약 성경은 근본적으로 하나님의 시각에서 노예와 육체의 상전의 차이를 무시한다. 그 상전은 오

직 "육체적으로"(κατὰ σάρκα) 상전이라는 것이다.⁴⁰ 이는 내면적인 노예 해방을 낳는다. 그러므로 고대 사회의 노예들은 비록 "육체의 상전들을"(τοῖς κατὰ σάρκα κυρίοις) 섬기는 종일지라도 실질적으로는 하나님의 뜻을 수행하는 그리스도의 종들(οἱ δοῦλοι τοῦ χριστοῦ)이다. (특정한 사람들만을 그리스도의 종으로 생각하는 것에 반하여, 신약 성경의 가르침에 의하면 모든 그리스도인들은 다 그리스도의 종이요, 하나님의 종이다! 심지어 고대 사회의 노예들도 기독교적 의미에서는 다른 주인들의 노예[종]가 아니라, 그리스도의 종(slave of Christ)이고 그리스도의 자유인(Christ's freeman)인 것이다. 고전 7:20–22 참조.) 그러므로 그들은 "성실한(단일한) 마음으로"(ἐν ἁπλότητι τῆς καρδίας, in singleness of heart) 섬겨야 한다. 이는 동기의 순수함(the purity of motivation)을 강조하는 표현이다. "아무런 속임이나 두 마음을 품지 않고서"⁴¹ 주님을 섬기는 섬김으로 주어진 일을 감당해야 한다. 따라서 눈가림만 하여서는 안 된다(μὴ κατ' ὀφθαλμοδουλίαν, 골 3:22: μὴ ἐν ὀφθαλμοδουλίᾳ 참조). 여기 '오프딸모둘리아'(ὀφθαλμοδουλία)라는 이 말은 문자적으로는 "눈으로만 섬기는 것"(eye-service)을 해서는 안 된다는 뜻이다. 그렇게 하는 것은 "사람을 기쁘게 하는 자들처럼"(ὡς ἀνθρωπάρεσκοι) 일하는 것이기 때문이다. 즉, 사람의 주목을 받거나 사람의 승인을 받는 데 신경을 쓰지 말고, 마음을 다해서, 마음으로부터 섬겨야 한다.⁴² 이렇게 눈에 보이는 것 이상을 한다는 것은 주도권을 가지고 자유스러운 주체로 일을 하는 것이

---

40. 이 점에 대한 좋은 관찰과 시사로 Francis W. Beare, "Exegesis of Ephesians," in *The Interpreter's Bible Commentary*, vol. 10, 733을 보라.

41. Francis W. Beare, "Exegesis of Ephesians," 733: "without deception or divided loyalty."

42. Cf. Arthur G. Patzia, *Colossians, Philemon, Ephesians, A Good News Commentary* (San Francisco: Harper & Row, 1984), 258.

고, 그렇게 하여 그가 노예라는 사회적 지위를 뛰어 넘고 있음을 나타내는 것이다.[43]

그리고 이런 이는 "마음으로부터 하나님의 뜻을 행하는 것이다"(ποιοῦντες τὸ θέλημα τοῦ θεοῦ ἐκ ψυχῆς). 그러므로 이런 이들은 "주를 기쁘시게 할 것이 무엇인지를 배워야 한다"(고전 5:10 참조). 바울은 하나님의 뜻이 일상적인 의무와 일들과도 관련되어 있다고 말한다.[44] 하나님의 뜻을 행하기에 그는 "마음으로부터, 영혼을 다해서"(ἐκ ψυχῆς) 그 일을 감당할 것이다. 따라서 그는 "열정적으로, 단 마음으로, 기쁘게"(μετ' εὐνοίας) 섬겨야 한다.

고대 사회의 노예의 상황을 안다면 그들에게 대해서 이런 식으로 말해서는 안 된다고 반응할 사람이 많을 것이다. 그래서 때때로 이런 바울의 권면을 기득권자로서 현상 유지(status quo)를 위한 권면이라고 반응하는 이들이 있었다. 그러나 그런 식으로 반응할 수는 없을 것이다. 그리고 이것은 오늘 답답하고 숨막힐 것 같은 직업의 상황 가운데 있는 그리스도인들에게도 적용되는 권면이다. 이에 대한 존 스토트의 다음과 같은 설명은 아주 적절하다고 할 수 있다. 그는 이렇게 말한다.

> 주부가 마치 예수께서 그 음식을 드실 것처럼 정성스럽게 요리하며, 또한 예수께서 손님으로 오신 것처럼 정성스럽게 집안을 청소하는 것은 모두 가능한 일이다. 마찬가지로 교사들이 어린아이

---

43. Cf. A Skevington Wood, "Ephesians," in *The Expositor's Bible Commentary*, vol. 11 (Grand Rapids: Zondervan, 1978), 83: "By showing some initiative, they would be acting as free agents and so transcend their social status."

44. 비록 저자 문제에 대해서는 의견을 달리하지만, 여기서 하나님의 뜻이 구원의 계획만이 아니라 일상사를 포함한다는 점에 대한 언급으로 Andrew T. Lincoln, *Ephesians, Word Biblical Commentary* 42 (Dallas, Texas: Word Books, 1990), 421을 보라.

들을 교육할 때, 의사가 환자들을 치료할 때, 점원이 손님을 대할 때, 간호원이 환자를 돌볼 때, 변호사가 의뢰인을 도울 때, 점원이 손님을 대할 때, 회계원이 장부를 정리할 때, 비서들이 편지를 타이프 칠 때 등 각각의 경우에 예수 그리스도를 섬기는 것처럼 행동할 수 있는 것이다. 이와 같은 주장을 기계적인 작업을 하는 공장 노동자들이나 지하에서 작업해야 하는 광부들에게도 말할 수 있겠는가? 물론이다. 나쁜 조건이라 해서 광산이나 공장에 그리스도께서 임하시지 않을 이유는 없다. 반대로 그리스도의 임재하심은 나쁜 조건들을 개선시키는 데 큰 격려가 되어야 할 것이다. 또한 그들의 상황은 로마 제국에서의 노예 제도만큼 나쁜 것도 결코 아니다. 따라서 그리스도인인 종이 "주께 하듯" 일을 행할 때 그 일이 훌륭한 일로 바뀌어진다면, 이것은 그리스도인 광부들, 공장 근로자들, 청소부들, 건물 관리인들에게도 적용될 수 있음이 분명하다.[45]

이렇게 오늘날 그대로 적용될 수 있는 것이라면, 이런 권면의 근거는 무엇일까? 이 본문의 직접적 맥락에서는 종이 섬기는 것은 그저 인간 상전이 아니고, 주님이시기 때문이라고 말해야 한다. 어떻게 인간 상전을 섬기는 것이 주님을 섬기는 것이 될 수 있을까? 그는 오직 주님을 기쁘시게 하려는 목적만을 가지고 섬긴다.[46]

이를 우리의 논의와 연관시켜서 대답해 보면 다음과 같이 말할 수 있

---

45. John Stott, *God's New Society: The Message of Ephesians*, 전영근 옮김, 『성도들이 만드는 새로운 사회』 (서울: 기독지혜사, 1986), 305f.

46. C. Leslie Milton, *The New Century Bible Commentary, Ephesians* (London: Marshall, Morgan & Scott; Grand Rapids: Eerdmans, 1973), 215: "His 'single' purpose is to please Christ."

다: 바른 정신과 마음에 근거한 직업 활동은, 그것이 여기 제시된 이런 정신과 태도로 수행되기만 한다면, 그것이 문화 명령을 수행하는 것이며, 그리스도의 대위임령을 수행하는 것이고, 하나님 나라의 일을 하는 것이기 때문이다. 다시 말해서, 그리스도의 종으로 존재한다는 것은 하나님의 뜻을 행하는 이라는 뜻이다. 그러므로 숨막힐 것 같은 직업 현장 가운데서도 하나님의 뜻을 수행하는 태도로 직무를 수행하도록 해야 한다. 왜냐하면 "우리가 어떤 기능과 어떤 권위 밑에서 일상의 의무를 수행하든지, 우리는 그리스도를 섬기는 것이며 우리의 삶에 대한 그의 뜻을 따르는 것이기 때문이다."[47]

바울은 이런 태도를 확실하게 하기 위해서 이런 식으로 다른 이들에게 "만일 어떤 선을 행하면"(ἐάν τι ποιήσῃ ἀγαθόν), 비록 그것이 노예의 지위에서 그 육체의 상전을 섬긴 일일지라도, 주님을 섬기는 태도로 섬긴 그 섬김에 대해서 "주께서 갚아 주신다"(τοῦτο κομίσεται παρὰ κυρίου)는 인센티브도 제시한다(8절). 그리고 이 일은 단순히 종들에게만 적용되는 것이 아니라, 이 보상이 시행되는 대상을 아주 구체적으로 열거하면서 "종이든지, 자유인이든지"(εἴτε δοῦλος εἴτε ἐλεύθερος)라는 말을 덧붙이고 있다. 이 선행에 대한 보상이 일반적인 것임을 분명히 하려는 듯이 보인다.[48]

그러나 여기서 말하는 보상이 물질적 보상이 아니라는 것은 아주 자명하다. 이 점에 대해서는 거의 모든 이들이 다 동의하는 것 같다.[49] 그리

---

47. Francis W. Beare, "Exegesis of Ephesians," 734.

48. 이 점에 대한 관찰과 논의로 Lincoln, 422를 보라.

49. Cf. Milton, 216f.; Patzia, 258.

고 그들 중 많은 이들이 이 보상을 최후의 심판 이후에 있을[50] 영생으로 이해하든지,[51] 골로새서 3:25과 관련하여 미래의 유업(inheritance)으로 이해한다.[52] 이는 영생이나 미래적 유산 이외의 어떤 다른 보상을 생각하고 다른 이들을 섬기라는 뜻이 아니다. 그렇게 이 말씀을 이해하면 바울이 여기서 제시하고 있는 의도가 다 상실될 것이기 때문이다. 그러므로 우리는 후에 주께서 보상해 주신다는 것에 근거해서가 아니라, 우리의 구속받은 존재 의미에 근거해서 다른 이들을 섬겨야 할 것이고, 그런 힘씀에 대한 하나님의 보상도 정상적으로 오직 하나님의 은혜에만 근거한, 분에 넘치는 것으로 제대로 이해해야 할 것이다.

이처럼 우리는 진정으로 그리스도의 종이어야만 한다. 밀톤은 다음과 같이 그리스도의 종들을 묘사하고 있다: "그는 24시간 그리스도에게 속해 있다, 그는 그 어떤 물질적 보상도 바라지 않는다, 그리스도에 대한 그의 헌신은 영원하다. 그는 그리스도의 소유(the property of Christ)이다."[53]

5. 마치는 말

지금까지 창조 후에 인간들에게 주신 문화 명령과 그리스도의 부활 후에 주신 대위임령과 그리스도의 삶과 죽음으로 세우신 하나님 나라의

---

50. Cf. Wood, 84; Lincoln, 422: "eschatological reward."

51. Milton, 217.

52. Patzia, 258.

53. Milton, 216.

빛에서 직업을 어떻게 이해해야 하는가 하는 문제를 논의하고, 그 구체적인 예로 1세기 때의 노예들이 과연 어떻게 직업을 수행해야 한다고 사도적 교훈이 권면하고 있는지를 살폈다. 이 모든 논의에 비추어 볼 때 그리스도인은 직업을 어떻게, 어떤 태도로 선택하고, 그 활동을 어떻게 수행해야 할 것인가? 이 논의에 근거한 몇 가지 제안을 해 본다.

1. 그리스도인은 무엇보다 먼저 **하나님의 뜻을 수행하기 위한 태도**로 직업을 선택하고 수행해야 한다. 그러므로 **직업은 결국 하나님 나라를 위한 일, 하나님의 영광을 드러내기 위해 하나님을 섬기는 것**이 되어야만 한다.
2. 그리스도인은 될 수 있는 대로 **다른 이들을 많이 도울 수 있는 직업**을 선택하고, **다른 이들을 돕는 태도**로 직업 활동을 수행해야만 한다.
3. 그리스도인은 될 수 있는 대로 **피조계 전체를 돌아 볼 수 있는 직업**을 선택하고, **피조계를 돌아보는 태도**로 직업 활동을 수행해야만 한다.
4. 그리스도인은 이렇게 하나님을 섬기고, 이웃을 섬기며, 피조계 전체를 돌아보면서 자아의 진정한 의미와 자아의 실현을 이루어야 한다. 그러므로 직업 활동은 이렇게 **제대로 이해된 자아 실현의 한 부분**이라고 할 수 있다.

결론적으로 그리스도인으로서 직업과 관련해서 이렇게 말해야만 할 것이다.

"우리는 우리에게 주어진 직업을 통해서도 하나님을 섬기며, 이웃을 돕고, 이 피조계를 돌아봄으로써 하나님 나라를 이 땅에 잘 드러내며, 하나님의 영광을 중시해야만 한다. 이 수행 과정 가운데서 그리스도 안에서 은총으로 주어진 나의 진정한 나됨이 나타나고 실현된다."

이제 남은 문제는 과연 이런 생각을 **실존적으로 드러내는가** 하는 것이다. 그런 실천이 없이는 직업에 대한 선택과 활동에 있어서 비그리스도인과 차이가 없을 것이고, 진정한 의미의 신앙을 직업 선택과 직업 활동에는 적용하지 않는 것이나 다름없다. 그런 사람은 명목상의 그리스도인일 뿐이다. 그러므로 문제는 직업 문제에 있어서도 어떻게 하면 명목상의 그리스도인으로부터 진정한 그리스도인이 되는가(how to become a genuine Christian) 하는 것이다.

제9장

"영성" 문제에 대한 기독교 세계관적 접근:
"영성"과 성경적 경건[1]

소위 "영성"(spirituality)과 기독교 세계관은 어떤 관계를 가지고 있을까? 오늘날 우리 주변에서 가장 많이 사용되는 단어들 가운데 하나인 "영성"이라는 말은 사용하는 사람에 따라서 그 어감(語感)이 매우 다양하다. 그런 의미에서 이 "영성"이라는 말은 많은 사람들이 이 용어를 사용해서 우리를 현혹하는 말이고, 동시에 많은 사람들이 현혹당할 수 있는 말이 아닐 수 없다. 따라서 "영성"이라는 이 용어를 사용할 때 주의해야 할 것이다.

진실한 그리스도인들은 자신들의 의식과 삶과 활동이 참된 영성의 표현이기를 원하며, 그런 소원을 담아서 "영성 있는 삶", "영성 있는 예배", "영성이 살아 있는 사역" 등등의 말을 즐겨 사용한다. 이와 같이 그리스도인들은 그들 나름의 영성 개념을 가지고 이 용어를 사용하는 것이다.

---

[1] 이 글의 초안이요 일반적으로 읽을 수 있도록 된 축약된 글은 기독교 세계관 학술동역회 편, 『기독교 세계관』(서울: CUP, 근간)에 실렸다. 이 논문은 그 내용을 더 확대하고 학문적으로 발전시킨 것임을 밝힌다.

그리스도인들은 대개 성경의 하나님과 성령님과 깊이 연관되어 있는 것들에 대해서 이 용어를 즐겨 사용한다. (물론 이 용어의 용례는 매우 다양하여 종잡을 수 없는 경우가 많지만 말이다). 일반적으로 성경의 성령님과 연관성이 깊을 때 "영성이 있다", "영성이 넘친다" 등으로 표현해 보려고 한다.

그런가 하면 일반적인 사람들은 얼마 전에 개봉되었던 영화 <아바타>를 생각할 때나, 또한 인도의 요가 명상가들의 말과 행동을 언급할 때, 또한 달라이 라마에 대해서 말할 때, 또는 테레사 수녀를 생각할 때도 쉽게 "영성"이라는 말을 사용한다.[2] 미국에서 영매(靈媒)로 활동하며 최근에 종말론에 대한 책을 낸 실비아 브라운이라는 여자는 "영성이 이 세상에서 전례 없이 무럭무럭 성장하고" 있다고 하고, 또 "금세기가 진행되면서 인류가 점점 더 영적으로 성장하고 있다는 것은 부정할 수 없는 사실이다"라고 말한다.[3] 이런 것을 보면 그리스도인이 "영성"이라는 말을 사용할 때와 일반적으로 사람들이 이 용어를 사용할 때 그 함의(connotation)가 상당히 다르다는 것은 사람들이 쉽게 알 수 있다. 그런데도 오늘날 많은 그리스도인들조차도 '영성'이라는 이 용어를 매우 모호한 의미로 사용하고 있다.

이 복잡한 상황을 해결할 수 있는 좋은 방법은 이 "영성"에 대해서도 기독교 세계관의 기본 틀을 적용해서 생각하는 것이다. 기독교 세계관의

---

2. 이외에도 "영성"이라는 말이 얼마나 광의적이고 무차별적으로 사용되고 있는지에 대한 논의로 이승구, "영성 개념의 문제점과 성경적 경건의 길", 『한국 교회가 나아갈 길』 (서울: SFC, 2007), 특히 211–14; 또한 "소위 '영성' 문제에 대하여", 『기독교 세계관으로 바라보는 21세기 한국 사회와 기독교』 (서울: SFC, 2005), 83–89를 보라.

3. Sylvia Brown, *Ends of Days* (Dutton, 2008), 노혜숙 옮김, 『종말론』(서울: 위즈덤하우스, 2010), 13, 244. 비슷한 이해를 1990년에 이미 언급하고 있는 John Naisbitt and Patricia Aburdene, *Megatrends 2000: Ten New Directions for the 1990's* (New York: William Morrow and Co., 1990), chapter 9 ("Religious Revival of the Third Millennium")도 보라.

기본 틀이라고 할 때 우리는 "창조, 타락, 구속, 극치"라는 역사적인 틀을 말하는 것이다.[4] 그러므로 기독교 세계관과 영성에 대한 논의는 기독교 세계관을 통해 매우 자연스러울 것이다. 영성 문제에 대한 기독교 세계관적 접근이 오늘날 많은 사람들이 혼동하며 혼란스러워하는 이 영성 문제에 대한 최선의 접근이 된다는 것을 이 글이 드러내어 줄 것이며, 이런 접근을 취할 때 우리들은 오늘날 사람들이 제각기 사용하고 있는 "영성"이라는 말로 인한 혼동을 피할 수 있게 될 것이다. 그러므로 이 글은 한편으로는 기독교 세계관의 빛에서 영성을 이해하려는 노력이며, 동시에 영성 문제 때문에 혼란스러워하는 사람들에게 기독교 세계관적으로 이해하도록 도움을 주기 위한 의도의 글이다.

1. 창조의 빛에서 본 영성: "창조 받은 영성"

하나님께서 인간을 창조하실 때 하나님께서는 영혼과 몸을 지닌 전인(全人)으로서의 사람이[5] 하나님과 관계를 갖고 살아가도록 창조하셨다. 창조의 빛에서 보면 사람은 그 존재 전체가 하나님과 관련되어 있다. 이를 달리 표현하여 창조된 사람은 그 존재 전체가 영적(spiritual)이었다고 말할 수 있다. 여기서 우리는 잘못된 영육이원론(dualism)을 극복할 수

---

4. 기독교 세계관의 기본 틀에 대해서는 기독교 세계관 학술동역회 편, 『기독교 세계관』의 이 문제를 다룬 필자의 글을 참조하라.

5. 전인에 대한 성경적으로 바르며 이런 전인 개념의 목회적 함의까지를 잘 드러낸 논의의 대표적인 예로 Anthony A. Hoekema, *Created in God's Image* (Grand Rapids: Eerdmans, 1986), chapter 11 ("The Whole Person")=203–26을 보라. 또한 하이델베르크 요리 문답이 얼마나 전인을 잘 파악하고 표현하고 있는 지에 대한 논의로 Fred H. Klooster, *A Mighty Comfort: The Christian Faith According to the Heidelberg Catechism* (Grand Rapids: CRC Publications, 1990), 이승구 옮김, 『하나님의 강력한 위로』, 개정역 (서울: 토라, 2005), 19; 이승구, 『하나님의 진정한 위로』 (서울: 여수룬, 1996), 제 1장을 보라.

있는 귀한 통찰을 얻을 수 있다. 즉, 기독교적 의미에서 "영적"이라는 말은 단지 인간을 구성하는 요소로서 영혼과만 연관되는 것이 아니라는 통찰을 얻을 수 있다. 인간을 구성하는 두 부분인 영혼과 몸 가운데서 영혼만이 영적인 것이 아니라, 창조의 빛에서 보면 몸과 영혼이 다 "영적"일 수 있다는 것이 우리들이 성경에서 배우는 중요한 교훈이다.

이런 점에서 보면 "영적"(spiritual)이라는 말을 인간의 구성 요소의 영혼과만 연관시키는 것은 성경적(biblical)이거나 기독교적인(Christian) 것이 아니고 희랍적인(Greek) 것이다. 피타고라스로부터[6] 시작해서 플라톤으로 대변되는 희랍의 사상가들은 인간의 영혼만을 고귀한 것으로 여기고, 인간의 몸은 물질적인 것이므로 일종의 필요악으로 생각하는 경향이 농후했다. 따라서 인간의 몸을 천하게 보고, 이 몸으로부터 벗어나는 것을 고귀하게 여긴다.[7]

그러나 기독교는 이 문제에 대해 혁명적 변화를 가져 왔다고 할 수 있다.[8] "기독교는 몸을 정죄하지 않고 몸이 정결하게 되어 그리스도와 연합해야 한다고 요구한다."[9] 그러므로 기독교적 이해에 의하면 "몸은 그 자체가 악한 것이 아니다."[10] 또한 하나님께서는 인간의 몸과 영혼을 모

---

6. 피타고라스학파는 영혼을 중시해 몸을 영혼의 감옥으로 여기며 이로부터 벗어나는 것을 구원으로 여겼다는 이해에 대해서는 특히 Sterling P. Lemprecht, *Our Philosophical Traditions: A Brief History of Philosophy in Western Civilization* (Appleton Century Crifts, 1955), 김태길, 윤명노, 최명관 공역, 『서양철학사』(서울: 을유문화사, 1963), 28–29를 보라.

7. 신플라톤주의자로 알려진 플로티노스의 이런 구원 이해에 대한 간단하지만 좋은 설명으로 Lemprecht, 『서양철학사』, 160–63을 보라.

8. 예를 들어 사도 바울의 생각이 희랍적 사상과 얼마나 다른 지에 대한 일반 철학적 논의로 Lemprecht, 『서양철학사』, 179f.을 보라.

9. William Sanday and Arthur C. Headlam, *The Epistle to the Romans*, ICC, fifth edition (Edinburgh: T. & T. Clark, 1902), 352.

10. Everett F. Harrison, "Romans," in *The Expositor's Bible Commentary*, vol. 10 (Grand Rapids: Zondervan, 1976), 127.

두 선하게 창조하셔서 그 존재 전체가 선하고 고귀하다는 성경의 가르침을 강조하고, 따라서 전인(全人)이 영적이라고 선언하였다. 성경이 말하는 인간은 영육 단일체(psycho-somatic unity)의 인간인 것이다.[11] 기독교는 인간이 몸으로 하는 것도 "영적"(spiritual)이라고 선언하기 시작했다. 따라서 기독교적 사물에 대한 이해에서는 몸이 매우 중요하다.[12] 희랍어를 사용하는 당시 사람들이 "너희 몸을(τὰ σώματα) 하나님이 기뻐하시는 산제사로 드리라"(롬 12:2)라는 바울의 말을 들었을 때 매우 놀랐을 것이다. 희랍적으로 사유하는 그들은 "영혼을 하나님께 드리라"라는 말은 매우 당연하다고 여겼을 것이다. 그러나 몸에 대해서는 생각이 달랐다. 이렇게 희랍적 사유를 하는 사람들은 '어떻게 천한 몸을 하나님께 드릴 수 있는가?' 하고 의문을 가졌다. 그러나 성경과 기독교는 인간의 몸과 영혼이 다 고귀하며, 그 모든 부분이 다 하나님의 피조물이라고 생각했고 그렇게 가르쳤다. 그러므로 이 구절은 기본적으로 우리의 물리적인 몸을 하나님께 드리라는 의미이고, 그 몸을 사용해서 하는 모든 것을 드리라는 뜻이므로 결국 사람이 세상과 연관하는 그 전인 전체의 활동을 하나님께 드리라는 말이다.[13] 그러나 전인의 헌신은 일차적으로 물리적

---

11. 이 개념에 대한 좋은 논의들로 John Murray, "Trichotomy," in *Collected Writings of John Murray*, vol. 2 (Edinburgh: Banner of Truth Trust, 1977), 33; G. W. Bromiley, "Anthropology," ISBE 1: 134; Henry Stob, *Ethical Reflections* (Grand Rapids: Eerdmans, 1978), 226; 그리고 Hoekema, *Created in God's Image*, 217 등을 보라.

12. 이 점을 특히 강조하는 Leon Morris, *The Epistle to the Romans* (Leicester, IVP and Grand Rapids: Eerdmans, 1988), 433을 보라.

13. 이 점을 강조하고 있는 C. K. Barrett, *A Commentary on the Epistle to the Romans* (Harper & Row, 1957; reprint, Peabody, Massachusetts: Hendrickson, 1987), 231("By 'body' Paul means the whole human person, including its means of expressing itself in common life (cf. 6: 6, 12)"); John Murray, *The Epistle to the Romans*, NICNT (Grand Rapids: Eerdmans, 1968), 110; F. F. Bruce, The Letter of Paul to the Romans, 2nd edition, TNTC (Grand Rapids: Eerdmans, 1985), 213; Douglas Moo, *The Epistle to the Romans*, NICNT, New Series (Grand Rapids: Eerdmans, 1996), 751; 그리고 Roger Mohrlang, "Romans," in *Cornerstone Biblical Commentary* 14 (Carol Stream, Ill.: Tyndale, 2007), 185를 보라.

몸의 헌신도 내포하고 있음을 잊어서는 안 된다.[14] 바울은 그리스도인이 "그 몸과 영혼이 다 거룩하다"라고 했다(고전 7:34).

물론 이런 성경적이고 기독교적 이해에서 벗어난 사람들도 있기도 했는데 그 전형적인 예가 초대 교회의 가장 심각한 이단의 하나로 늘 언급되는[15] 영지주의(靈智主意, Gnosticism)적 가르침을 주장하는 사람들이었다.[16] 희랍적 사상을 받아들인 이 이단은, 영혼은 고귀하고 선하지만 몸

---

14. 이 구절에서 바울이 몸을 강조하고 있다고 서술하는 John Murray, *The Epistle to the Romans*, 110f.("But there is not good warrant for taking the word 'body' as a synonym for the whole person. Paul's usage elsewhere would indicate that he is thinking specifically of the body (cf. 6:6, 12, 8:10, 11, 23, I Cor. 5:3, 6:13, 15–20, 7:4, 34, 9:27, 15:44; II Cor. 5:6, 8, 10)."); Matthew Black, *Romans*, The New Century Bible Commentary, second edition (Grand Rapids: Eerdmans, 1989), 166; 또한 James D. G. Dunn, *Romans 9–16*, WBC 38B (Dallas, Texas: Word, 1988), 709("The point to be emphasized, however, is that soma denotes not just the person, but the person in his corporeality, in his concrete relationships within the world; it is because he is body that man can experience the world and relate to others.")를 보라. 비슷한 이해를 표현하는 Ernst Käsemann, *Commentary on Romans*, trans. Geoffrey W. Bromiley (Grand Rapids: Eerdmans, 1980), 327("It is our being in relation to the world.")도 보라.

15. 영지주의를 가장 심각한 이단으로 언급한 예로 Jaroslav Pelikan, *The Christian Tradition: A History of the Development of Doctrine*, vol. 1: *The Emergence of the Catholic Tradition (100–600)* (Chicago and London: University of Chicago Press, 1971), 81을 보라. 영지주의가 엄마나 심각한 문제인지 제러미 잭슨은 "영지주의에 비교하여 몬타니즘이나 펠라기우스주의는 그다지 중요하지 않다'라고 표현할 정도였다(Jeremy C. Jackson, *No Other Foundation: The Church Through Twenty Centuries* [Crossway Books, 1980], 김재영 옮김, 『현대인을 위한 교회사』 [서울: IVP, 1998], 55). 물론 이런 표현이 우리를 오도해서는 안 된다. 논란이 있지만 기독교 이전에 이미 (오늘날 우리들이) 영지주의라고 부르는 것과 비슷한 생각들이 있었던 것으로 보이며, 그런 사상과 기독교를 섞은 기독교적 영지주의가 발전했으며 교부들은 이런 기독교 영지주의에 반발했고, 또한 영지주의 사상 일반도 비판했다고 보아야 할 것이다.
영지주의라는 용어를 버리고 "데미우르고스적 사상을 성경적으로 바꾼 전통들"(biblical demiurgical traditions)이라는 용어로 대치하자는 M. A. Williams, *Rethinking "Gnosticism": An Argument for Dismantling a Dubious Category* [Princeton: Princeton University Press, 1996]의 주장은 초기 사상가들이 "영지주의"라는 용어를 사용하지 않았다는 점에서는 일리가 있으나 이미 고정된 용어가 바뀌기는 어려울 것이라는 견해가 더 지배적이라고 할 수 있다.

16. 영지주의에 대한 설명과 논의로 E. M. Yamauchi, "Gnosticism," *The IVP Dictionary of the New Testament*, ed., Daniel G. Reid (Downers Grove, Ill.: IVP, 2004), 406–10; Pelikan, *The Emergence of the Catholic Tradition (100–600)*, 81–97; David Christie-Murray, *A History of Heresy* (Oxford: Oxford University Press, 1976, paperback edition, 1989), 20–32; Elaine Pagels, *The Gnostic Gospels* (New York: Random House, 1979, Vintage Book edition, 1981); John Poster, *The First Advance: Church History 1: AD 29–500*, revised by William H. C. Frend, 심창섭, 최은수 공역, 『새롭게 조명한 초대교회의 역사』 (서울: 웨스트민스터 출판부, 1998), 79–86, 그리고 초대 교회사의 교과서들에 나타나는 설명들을 보라.

은 낮고 악다고 하였고, 따라서 영혼이 몸을 떠나가는 것을 구원이라 생각하여 영혼만의 구원을 말했다. 교회는 이런 영지주의의 가르침이 성경적이지 않음을 분명히 하고 이단성을 명확히 지적하여 많은 성도들이 오도(誤導)되지 않도록 변증에 많은 힘을 썼다.

그러나 교부들이나 그들의 영향을 받은 사람들 중에서는 영지주의를 비판하면서도 인간의 영혼을 상대적으로 더 강조하는 잘못된 성향이 있었다는 점도 우리는 솔직히 인정해야 한다. 기독교 안에서 잘못된 생각을 했던 가장 대표적인 예로 우리는 "니케아 공의회 이전에 가장 뛰어난 교부"로 칭송받는[17] 오리겐을 언급할 수 있다. 적어도 그에게 "몸은 인간 본성의 본질적인 혹은 본래적 구성 요소가 아니기 때문이다."[18] 오리겐 같은 이들에 비하면 후대의 사람들이 성경의 가르침을 보다 온전히 따랐다고 할 수 있는데 그들은 영육 모두를 강조하여 전인이 하나님의 형상이며,[19] 모두 영적일 수 있음을 말하기 시작했다. 이런 생각이 훨씬 더 성경적이며 기독교적인 것이다.

---

17. 이 평가는 F. L. Cross, *The Early Christian Fathers* (London: Gerald Duckworth & Co., 1960), 122의 나타난 평가이다. 그러나 나름대로 성경에 충실하려 했고 헌신하려 했던 오리겐은 영혼선재설 등을 포함한 여러 가지 신학적 문제가 담긴 주장을 했고, 후대에 많은 비판을 받다가 553년 콘스탄티노플 제 5차 공의회에서 이단으로 선포되었다(William Cunningham, *Historical Theology*, 4th edition [London: Banner of Truth Trust, 1960], 라은성 옮김, 『역사 신학』 [서울: 그리심, 2004], 227).

18. Wlliston Walker et al., *A History of the Christian Church*, fourth edition (Edinburgh: T. & T. Clark, 1986), 송인설 옮김, 『기독교회사』 (서울: 크리스챤다이제스트, 1993), 109.

19. 이에 대해서 특히 Herman Bavinck, *Reformed Dogmatics*, vol. 2 (Grand Rapids: Baker, 2006); Bavinck, *Our Reasonable Faith* (Grand Rapids: Eerdmans, 1956, reprint. Grand Rapids: Baker, 1977), 212; Francis Nigel Lee, *The Origin and Destiny of Man* (Philadelphia: Presbyterian and Reformed Publishing Co., 1977), 34f.; John Murray, "Man in the Image of God," in *Collected Writings of John Murray*, 2: *Systematic Theology* (Edinburgh: The Banner of Truth Trust, 1977), 39; Louis Berkhof, *Systematic Theology* (Grand Rapids: Eerdmans, 1941), 207; Hoekema, *Created in God's Image*, 65; J. Van Genderen and W. H. Velema, *Concise Reformed Dogmatics* (Phillipsburg, New Jersey: P& R, 2008), 321 등을 보라. 이점에 대한 논의로 이승구, "하나님 형상에 대한 칼빈의 이해" (칼빈 출생 500주년 기념 논문 발표회 발제 논문, 서울교회, 2009. 6.), 14를 보라.

이렇게 우리의 전인이 하나님과 긍정적으로 관련되어 있을 때 우리는 그것을 건전하고 바른 "영성"(spirituality)이라고 말할 수 있다. 이를 일컬어 "창조함을 받은 영성"이라고 할만하다. 그리고 이는 하나님 형상의 한 부분이라고 말할 수 있다.[20] 이와 같이 선한 창조의 빛에서 보면 우리의 삶 전반이 영성으로 가득 차 있는 것이다. 왜냐하면 처음 창조 받았을 때에는 삶의 어떤 부분도 하나님과의 적극적 관계에서 벗어나 있지 않았기 때문이다. 영혼이 몸을 사용하여 하는 모든 것에 전혀 죄가 물들어 있지 않았고, 하나님의 의도에 따라 하나님의 뜻을 실현하는 것이니 그 모든 것이 "영적"이었다. 그런 의미에서 바른 영성이란 "삶의 모든 측면을 하나님과 건강하게 연관시키는 것이요, 그렇게 할 수 있는 능력"이다. 창조의 빛에서 보면 우리 삶의 모든 측면, 그것이 먹는 것이든지, 자는 것이든지, 활동하는 것이든지, 혼인 관계의 모든 것이든지 그야말로 우리의 삶의 모든 것이 다 하나님과 건강하게 연결되어 있었다. 바울이 말하는 바와 같이 "하나님의 지으신 모든 것이 선하매 감사함으로 받으면 버릴 것이 없는" 것이다(딤전 4:4). 그러므로 "먹든지, 마시든지 무엇을 하든지 다 하나님의 영광을 위해" 할 수 있는 것이다(고전 10:31). 타락 이전의 아담과 하와는 그야말로 모든 활동에서 영적이었고, 영성에 충만했다. 그들의 삶에 영적이지 않은 것은 하나도 없었다. 이런 상태가 영성이 무엇인지를 바로 알 수 있는 상태라고 하지 않을 수 없다.

그러므로 그들은 앞으로 자신들이 가야 할 방향을 하나님께서 주신 말씀으로부터 잘 파악하여 자신들이 창조함을 받은 상태보다 더 높은 상

---

20. 영성(spirituality)을 하나님 형상의 한 부분으로 명백히 언급하는 예들로 다음을 보라: Philip E. Hughes, *The True Image* (Grand Rapids: Eerdmans, 1989), 55f.; Wayne Grudem, *Systematic Theology* (Grand Rapids: Zondervan, 1994), 445-49.

태(the higher state)로 나아가야 하는 사명을 잘 알고 있었고,[21] 하나님과 교제하면서 자신들에게 주어진 동산을 다스리는 일을 감당하고 있었다.

2. 타락의 빛에서 본 영성: "타락한 영성"

아담과 하와는 이런 상태를 지속시키지 못했다. 그들은 하나님의 말씀을 불순종하고 자신들의 의지를 주장하여 하나님께서 원하셨던 "더 높은 상태"로 나아 간 것이 아니라 오히려 창조함을 받은 그 상태에서 타락하여(떨어져서, fall) 죄악과 그 결과로 인한 비참함 가운데 있는 존재가 되었다.[22] 따라서 인간의 "영성"도 **타락한 영성**이 된 것이다. 이 세상에서 사람들이 일반적으로 말하는 영성은 결국 이와 같은 타락한 영성의 각기 다른 표현들인데, 이는 하나님과 건강하게 (또는 바르게) 관계하지 않는 것이다. 그것을 하나님과의 "잘못된 관계"(mis-relationship)라고 표현할 수도 있다. 창조 받은 원상태에서 타락하기 전의 온전한 사람이 하나님과 바르고 건강하게 관계하던 것과는 달리 타락한 뒤에는 하나님과의 관계가 뒤틀렸고, 그 결과 하나님께서 창조하신 이 세상의 모든 것과의 관계도 모두 뒤틀리게 된 것이다.

그래서 이렇게 타락한 사람들은 때로는 일체의 신적(神的)인 것을 부인하고 이 세상과 자신들을 모두 다 물질적인 것으로만 여기면서 이 세

---

[21] 이에 대한 좀 더 구체적 논의로 Geerhardus Vos, *Biblical Theology* (Grand Rapids: Eerdmans, 1948, 10th Printing, 1977), 28, 또한 32, 37–51; Berkhof, *Systematic Theology*, 211–18도 보라. 또한 이를 시사하는 J. Gresham Machen, *The Christian View of Man* (1937, London: The Banner of Truth Trust, 1965), 149–61을 보라. 좀 더 구체적 논의로 이승구, 『인간복제, 그 위험한 도전』, 개정판 (서울: 예영, 2006), 21f.; 이승구, "생명에 관한 종말론적 접근," 「신학정론」 27/2 (2009년 11월): 217–44, at 222–26도 보라.

[22] 타락한 인간의 참상에 대한 좋은 묘사로 Lee, *The Origin and Destiny of Man*, 45–66을 보라.

상에 대해서 완전한 세속적 해석을 하고, 세상에 관련하여 세속적 관계를 유지해 가기도 한다. 또 때로는 이 세상의 어떤 피조물을 신격화하여 피조물을 하나님이라고 부르고 그것을 섬기면서 살기도 한다. 그런 피조물을 섬기면서 그것에 헌신하여 자신을 희생하기도 하고 자신의 자녀들을 드리기도 하며, 전적으로 그런 신적 존재에게 노예처럼 복종하여 살기도 한다. 이런 상태를 언급하면서 바울은 "스스로 지혜 있다하나 어리석게 되어 썩어지지 아니하는 하나님의 영광을 썩어질 사람과 새와 짐승과 기어다니는 동물 모양의 우상으로 바꾸었느니라"라고 말한다(롬 1:22, 23). 이렇게 하나님이 아닌 것을 하나님으로 섬기는 것은 뒤틀린 영성의 대표적 표현이다. 또 어떤 때는 그런 것들은 다 인간들이 만든 것이라고 생각하여 어떤 신적인 것에도 인격성을 부여하지 않으면서 이 세상을 지배하는 이법(理法)이나 고귀한 원리를 자신과 세상의 해석원칙으로 높이며 살아가기도 한다. 스토아 사상은 서구의 그런 사상의 대표적 예라고 할 수 있다면, 불교는 동양의 그런 사상의 대표적인 예라고 할 수 있을 것이다.

스토아 사상은 "우주는 어떤 이성적 목적에 의해서 형성되어 있으며, 자연의 과정은 목적론적이요. 모든 사건들은 단일적, 예지적인 계획 속에 포함되어 있다"라고 하면서 "일체 만물 속에 일관하고 있는 우주의 목적"인 "자연에 따라 살라"는 것을 강력하게 주장했다.[23] 이런 이해에서 오는 엄격한 의무감에 대한 강조, 겸손과 기도의 정신 등이 스토아 사상을 특징 짓는다. 이런 스토아 사상은 본질적으로 기독교의 사상과 불연속적이고 다르다.[24]

---

23. 스토아 사상에 대한 이 요약은 Lemprecht, 141에서 온 것이다.
24. 이점에 대한 강조로 박윤선, 『개혁주의 교의학』 (서울: 영음사, 2003), 600f.을 보라.

소승불교(Hinayana)는 여러 가지 법으로 구성된 자아를 부정하고 그것이 공허하다는 것을 주장하면서도 "그 구성 요소인 법(法) 자체는 실재(實在)로 보았다."[25] 그러나 대승불교(Mahayana)의 철학적 토대를 제시한 용수(龍樹, Nagarjuna, 150–250 A.D.)에 의하면 "제법(諸法) 그 자체도" 공허한 것이요 없는 것이라고 하면서 소위 일체개공(一切皆空)의 절대적 입장을 주장하면서 이런 입장에 서면 "열반(涅槃)의 절대계(絶對界)와 윤회(輪廻)의 현상계(現象界), 중생(衆生)과 불타(佛陀, Buddha), 고뇌(苦惱)와 해탈(解脫) 사이의 궁극적 구별이 없어지고 만다"라고 보았다.[26] 박윤선 목사도 "대승 불교는 '나도 공이고 법도 공이다'(我空法空)라고 하여, 모든 것(객관적 세계)을 공(空)으로 보는 것을 최고의 이상으로 생각한다"라고 설명하고 있다.[27] 그러한 "절대적 입장에 설 때에 비로소 사람은 해탈하는 것"이다.[28] 그러므로 대승불교는 그 어떤 독자적 신적 존재가 있는 것이 아니라 자신과 모든 사람들이 이 세상 전체의 이치를 깨닫고[覺] 이 세상의 원리에 따라 살면서 그것도 초월해 가는 것을 목표로 한다. 이런 점을 생각하면서 길희성 교수는 불교는 "이미 존재하는 우주의 철리(哲理)를 조용히 관조하고 순응함으로써 의미 있게 살려는 냉철하고 지성적인, 그리고 겸손한 종교"라고 말한다.[29]

이 모든 것은 타락때문에 나타나게 된 "뒤틀린 영성"(deformed spirituality)의 표현들이다. 타락에서 하나님의 형상이 뒤틀려지면서 그 한 부분인 영성에도 이와 같은 뒤틀림 현상이 일어난 것이다. 그것이 어

---

25. 이는 유동식, 『한국종교와 기독교』(서울: 대한기독교서회, 1965), 43에서 인용한 것이다.

26. 유동식, 43.

27. 박윤선, 『개혁주의 교의학』, 650. 불교에 대한 소개와 비판으로 이 책의 647–71을 보라.

28. 유동식, 44.

29. 길희성, 『보살 예수: 불교와 그리스도교의 창조적 만남』(서울: 현암사, 2004), 100.

떤 때는 매우 세속적 형태로 나타나기도 하고, 또 어떤 때는 매우 신비한 형태로, 또 어떤 때는 매우 종교적 형태로 나타나기도 하지만 그것들은 모두 다 성경이 말하는 참되신 하나님과의 건강한 관계가 아니고 바른 하나님 관계(God–relationship)의 뒤틀린 표현들(mis–relationship)이다. 소위 종교 현상학으로 이 세상의 종교를 해석하면 이와 같은 뒤틀린 영성이 때로는 매우 천박하게 표현되기도 하고, 때로는 매우 고상하게 표현되기도 한다. 몰록에게 자녀들을 제사하던 종교나, 뱀이나 용왕에게 자신들의 안전을 위하여 인신제물을 드리던 종교와 비교하면 선불교가 추구하는 것이나 이슬람교도들이 자신들의 신에게 온전히 헌신한다고 하는 것은 고상하게 보인다. 하지만 이 모든 것들이 모두 각기 다른 형태이기는 하지만 뒤틀린 영성의 다양한 표현들이라고 할 수 있다. 고상하다고 "왜곡되고 뒤틀린 영성"의 표현이 아니라고 하기는 어렵다.

타락의 흔적이 이와 같이 영성에도 나타난다. 오늘날 서양과 우리나라에서 사람들이 선불교(禪佛敎)나 인도사상의 영성적 추구에 관심을 보이거나 세속의 삶에 지쳐서 영성을 갈구하는 것도 의미 있는 일이지만 결국은 이와 같은 온전하지 못한 영성 추구가 된다는 것을 유념해야 한다.

3. 구속의 빛에서 본 영성

하나님께서는 이런 타락한 인간을 그대로 버려두지 않으시고 구원 역사(*historia salutis*)를 진행시켜 결국 십자가에서 구속을 이루셨다. 그러므로 이제 그리스도 안에서 이루어진 구속의 빛에서 사람들은 다시 하나님과의 바른 관계를 맺을 수 있게 되었다. 잃어 버렸던 존재가 제자리에 돌아와 다시 창조주요 구속주이신 하나님과의 바른 관계를 가지고 살게 된 것이다. 그렇게 그리스도 안에서 하나님과 관련하게 된 사람들은 이제 제대로 된 영성이 회복된다. 그리스도 안에서 누리는 하나님과의 바른 관계에서 나오는 모든 것들과의 긍정적인 관계를 프란시스 쉐퍼의 말처럼 "진정한 영성" "참된 영성"(true spirituality)이라고 할 수도 있고,[30] 청교도들의 말처럼 "성경적 영성"(biblical spirituality)이라고 할 수 있을 것이다.[31] 그러나 "성경적 영성"이라고 하면서도 우리가 다음에 언급할 문제점들이 나타나는 많은 책들이 출간되고 있으므로[32] 단순히 "성경적

---

30. Francis A. Schaeffer, *True Spirituality* (London: Hodder and Stoughton, 1972). 쉐퍼 외에도 이러한 의미로 "진정한 영성"이라는 말을 사용한 사람들의 책으로 다음을 열거할 수 있을 것이다: Nigel M. de S. Cameron, *Are Christians Human? An Exploration of True Spirituality* (Grand Rapids: Zondervan, 1988); Gerald R. McDermott, *Seeing God: Twelve Reliable Signs of True Spirituality* (Downers Grove, Ill.: IVP, 1995);

31. Cf. John Owen, Spiritual Mindedness, 서문강 옮김, 『존 오웬의 영적 사고방식』 (서울: 청교도 신앙사, 2003). 이 책의 축약판의 번역으로 『그리스도인의 영성』, 조호영 역 (서울: 보이스사, 1998)도 보라. 이런 전통을 따르는 논의의 대표적인 예로 다음을 보라: Peter Adam, Hearing God's Words: Exploring Biblical Spirituality (Downers Grove, Ill.: InterVarsity Press, 2004).

32. "성경적 영성"이라는 말을 가지고 있으나 우리가 생각하는 그런 성경적 영성이 아니고 다음에 언급할 천주교적 이해를 가졌거나 상당히 개방적인 이해를 가진 내용의 책들이 많이 나와 있음을 주의해야 한다.
   천주교적 이해를 담고 나온 대표적인 예로 다음을 보라: Louis John Cameli, *Ministerial Consciousness: A Biblical-Spiritual Study* (Roma: Universita Gregoriana, 1975); Carroll Stuhlmueller, *Thirsting for the Lord: Essays in Biblical Spirituality*, edited by M. Romanus Penrose (New York: Alba House, 1977); Jerome Kodell, *Responding to the Word: A Biblical Spirituality* (New York: Alba House, 1978); John Wijngaards, *Inheriting the Master's Cloak: Creative Biblical Spirituality* (Notre Dame, Ind.: Ave Maria Press, 1985); Warren Dicharry, *To Live the Word, Inspired and Incarnate: An Integral Biblical Spirituality* (New York, N.Y.: Alba House, 1985); Gilles Cusson, *Biblical Theology and the Spiritual Exercises: A Method toward a Personal Experience of God as Accomplishing within us His Plan of Salvation*, translated by Mary Angela Roduit and George E. Ganss (St. Louis: Institute of Jesuit Sources and, India: Gujarat Sahitya Prakash, 1988); Carlos G. Valles, *Models of Faith: Biblical Spirituality for Our Time* (Chicago, Ill.: Loyola University Press, 1990); Carolyn Thomas, *Gift and Response: A Biblical Spirituality for Contemporary Christians* (New York: Paulist Press, 1994); Michael D. Guinan, *To be Human before God: Insights from Biblical Spirituality* (Collegeville, Minn.: Liturgical Press, 1994).
   "성경적 영성"이라는 명칭을 가졌으나 상당히 폭넓은 이해를 담은 것으로 다음을 보라: Sara Covin Juengst, *Like A Garden: A Biblical Spirituality of Growth* (Louisville, Ky.: Westminster John Knox Press, 1996); Alexander Ryrie, *Silent Waiting: The Biblical Roots of Contemplative Spirituality* (Norwich: Canterbury Press, 1999); Frances M. Young, *Brokenness and Blessing: Towards A Biblical Spirituality* (Grand Rapids, Mich.: Baker Academic, 2007).

영성"이라고 언급한다고 성경적인 의미를 그대로 담고 있다고 말할 수는 없다. 참으로 성경적인 영성만이 왜곡되고 뒤틀려진 영성을 벗어난 것이다. 이것이 십자가 구속의 빛에서 잘못된 영성으로부터 돌아선 "변개한 영성"(converted spirituality)이다.

이것이 사실이라면 진정한 영성을 지닌 사람들은 자신들이 변개하기 이전에 왜곡된 영성을 가지고 생각하며 표현했던 바에 어떤 긍정적 의미를 부여하지 않는다.[33] 오히려 이전에 자신이 생각하고 묵상하고 행한 바 전체를 버려 버리고 그것을 부끄러워한다. 바울이 자신에 대해 말했던 것과 같은 고백을 모든 그리스도인이 하게 된다. 바울은 예수님과 관계하기 전의 자신의 모습을 "전에는 훼방자요 포행자이었으나"(딤전 1:13)라고 말한 것처럼 이전에 자신이 바리새인으로서 추구하던 바가 옳은 것이라고 전혀 생각하지 않는다. 오히려 바울은 자신이 그리스도 안에서 전적으로 새로운 존재가 되었다고 자주 언급한다. 이와 마찬가지로 진정한 그리스도인이 된 사람들은 이제 하나님과의 전적으로 새로운 관계를 가지고 살때 **비로소 진정한 영성을 회복했다고 생각하고 말하게** 될 것이다. 이것이 우리가 진정한 영성을 지니고 있는지 아닌지를 드러내는 시금석의 하나이다.

그러므로 진정한 영성을 회복한 사람들은 이전에 이교(paganism)에서 또는 다른 사상을 바탕으로 추구하던 자신들의 영성이 지금 그리스도 안에서 얻은 구원에 대한 준비가 된다고 생각하지 않는다. 이전의 영적인 추구와 지금 그리스도 안에서 얻는 것 사이에는 근본적으로 불연속성이 있다. 바울은 그리스도 안에서 이루어진 새로운 피조계를 바라보면서

---

33. 한국 초기 그리스도인들의 이런 태도에 대한 소개로 Seung-Goo Lee, "Christian Identity in the Korean Context," *Studies in Reformed Theology* 16: *Christian Identity* (Leiden and Boston: Brill, 2008): 376-84를 보라.

(고후 5:17)[34] 이제 자신도 그 안에 속해 있음에 감사를 표현하였다. 새로운 피조물이 된 사람은 이전의 모든 것을 온전히 버리게 된다. 바울은 "무엇이든지 내게 유익하던 것(들, κέρδη[← κέρδος], gains)을 내가 그리스도를 위하여 다 해(ζημίαν, "utter loss")로 여길뿐더러, 또한 모든 것을 해로 여김은…… (또한) 내가 그를 위하여 모든 것을 잊어버리고 배설물(σκύβαλα)로[35] 여김은 그리스도를 얻고 그 안에서 발견되려 함이니"라고 말할 정도였다(빌 3:7-9). 이것은 이전에 자기에게 이익으로 여겨지던 것들에 대해서 "단순히 중립적이거나 부정적 태도를 취한다는 것이 아니고 그것들을 역겨워하면서 버리고 그것을 약점이 되는 것으로 여기며 거부해야 할 것으로 여긴다는 (8절 참조) 것이다."[36] 이제는 그 모든 것들을 해가 되는 것으로 여기게 되었다는 것이다.[37] 여기서 중요한 것은 관점의 변화이다. 이제는 그리스도 안에서의 관점으로(from a perspective in Christi) 세상을 보기에[38] 그리스도인이 되기 이전의 자기의 모든 것은 새롭게 판단된다. 여기에 바울적인 "모든 가치의 전도"(*Umwertung der*

---

34. 이 구절에 대한 이런 주해의 근거와 이에 대한 논의로 이승구, "생명에 관한 종말론적 접근", 235f.와 여기 언급된 다른 저자들의 논의를 보라.

35. 이 용어의 다양한 해석 가능성을 말하면서 "foul-smelling street garbage" fit only for "dogs"(κύσι=to dogs)로 제시하는 Gordon D. Fee, *Paul's Letter to the Philippians*, NICNT, new series (Grand Rapids: Eerdmans, 1995), 319를 보라.

36. Ralph P. Martin, *Philippians*, The New Century Bible Commentary (Marshall, Morgan & Scott, 1976, reprinted, Grand Rapids: Eerdmans, 1989), 129. 또한 Martin, *Philippians*, TNTC, revised edition (Leicester: IVP and Grand Rapids: Eerdmans, 1987), 148도 보라.

37. 이것이 완료 시제로 표현된 것(ἥγημαι ← ἡγεῖσθαι)에 유의하면서 이 변화가 급격한 것임을 강조하는 Martin, *Philippians*, TNTC, 148을 보라. 그 급격한 변화는 역시 다메섹 도상에서 이루어진 것임을 김세윤 교수(*The Origin of Paul's Gospel* [Grand Rapids: Eerdmans, 1982], 56, 297-300)에게 마틴도 동의하면서 강조한다(*Philippians*, TNTC, 148). 비슷한 점을 강조하는 Homer A. Kent, Jr., "Philippians," in *The Expositor's Bible Commentary* 11 (Grand Rapids: Zondervan, 1978), 140도 보라.

38. 이 점을 강조하는 Stephen E. Fowl, *Philippians*, The Two Horizons New Testament Commentary (Grand Rapids: Eerdmans, 2005), 152를 보라. 그리고 이것과 기독교 세계관을 연결시켜 보라.

Werte)가 표현된다.[39] 이전에는 유익으로 생각되었으나 이제는 해롭고 배설물로 여긴다는 바울의 대표적인 표현인 6절과 9절에 비추어 볼 때, "율법의 의로는 흠이 없는 것"[40]이지만 이제는 그것이 의가 되지 못한다[41]고 고백한다. 그렇다면 이교 안에서 인간의 영적인 힘씀은 가치가 없을 뿐만 아니라 더 나아가 해로운 것으로 여겨져야 한다는 것이다.[42] 그러므로 이전의 영적인 추구에 무엇인가 가치 있는 것이 있었고, 그것이 오늘 우리를 하나님 앞에 바르게 세우는 데 도움이 된다는 생각은 이런 바울의 정신과 상당히 대립하는 것이라고 하지 않을 수 없다.

그러므로 그리스도 안에서 변화된 우리들은 끊임없이 성령님께 의존하여 노력하면서 우리의 모든 삶을 하나님과 바르게 연관시키는 영성의 온전함을 추구해야 한다.

4. 극치의 빛에서 본 영성

우리의 영성이 철저한 의미에서 아주 온전해지는 것은 역시 하나님 나라가 극치에 이를 때이다. 물론 우리 영혼에 관한 한(限) 우리가 죽어서 하나님과 함께 "하늘"(heaven)에 있을 때에도 우리는 모든 것을 하나님과 연관시키고 모든 시간을 하나님과 연관시키므로 우리의 영성이 온

---

39. 이를 말하는 이들로 다음을 보라: Jac. J. Müller, *The Epistle of Paul to the Philippians*, NICNT (Grand Rapids: Eerdmans, 1984), 113; Gnilka, 그리고 그를 언급하는 Gerald F. Hawthorne, *Philippians*, WBC 43 (Waco, Texas: Word, 1983), 135. 호돈은 "그 어떤 연결도 바울의 관점의 변화의 급진성을 약화시키는 기여를 할 뿐이다"라고 말할 정도로 철저한 전환을 잘 강조한다(135).

40. 이런 이해를 언급하는 Fee, 316을 보라.

41. Cf. Kent, "Philippians," 140: "They had not provided him with true righteousness at all."

42. 이 점을 강조하는 Müller, 113을 보라.

전하게 된다. 그러나 그때는 (1) 아직 하나님 나라가 극치에 이르기를 "기다리고 있는" 때라는 점에서는 이 세상에서의 우리의 상태와 비교하면 온전하지만 여전히 기다림을 한 특성으로 한다는 점에서 아직 온전함에 이르지는 못한 것이고, (2) 또한 우리의 몸은 아직도 그 극치 상태에 참여하고 있지 못하다는 점에서 하나님께서 의도하신 구원의 극치 상태는 아닌 것이다.

그러므로 우리의 몸과 영혼 전체로서의 전인이 온전한 영성을 지니는 때는 하나님 나라가 극치에 이를 우리 주님의 재림 때인 것이다. 그때는 우리의 모든 것, 우리의 모든 몸, 우리의 모든 시간, 우리의 모든 삶이 참으로 투명하게 하나님과 연관될 것이고, 우리가 그것을 매우 투명하게 의식할 것이다. 그때는 우리의 몸도 "영적인 몸"(신령한 몸, spiritual body)이 된다.[43] 이는 영으로 구성된 몸이라는 뜻이 아니고, 우리의 몸으로 하는 모든 것이 성령님께서 사용하시기에 전혀 부족함이 없는 몸이 된다는 뜻이다. 게르할더스 보스가 잘 말하고 있는 바와 같이 "이 구절이 성령님께서 몸을 지배하는 상태를 잘 드러내어주기" 때문이다.[44] 그러므로 우리의 몸도 영적이며, 그 몸으로 하는 모든 것이 영적인 것이 된다. 우리들의 모든 문화 활동도 그때는 온전히 영적인 것이 될 것이다.

우리가 영적인 것을 판단하는 기준을 여기에 둔다면 이 영성 문제와 관련된 많은 문제를 해결하는 좋은 열쇠를 갖는 것이다. 우리는 항상 하

---

43. 이 신령한 몸에 대한 좋은 논의로 Jan Adriaan Schep, *The Nature of the Resurrection Body: A Study of the Biblical Data* (Grand Rapids; W. B. Eerdmans Pub. Co., 1964); Herman Ridderbos, *Paul: An Outline of His Theology*, translated by John Richard de Witt (Grand Rapids, Mich. :W. B. Eerdmans Pub. Co., 1975), 537–51; 또한 Anthony A. Hoekema, *The Bible and the Future* (Grand Rapids: Eerdmans, 1979)을 보라.

44. Geerhardus Vos, *The Pauline Eschatology* (Princeton: Princeton University Press, 1930, reprint, Grand Rapids: Baker, 1979), 167: "Paul means to characterize the resurrection-state as the state in which the *Pneuma* rules."

나님 나라 극치 상태에서 우리가 하나님과 관련하여 그 영적인 삶을 기준으로 현재의 삶을 평가하려고 해야 한다. 따라서 현재의 우리들의 영성도 그때의 극치에 이른 온전한 영성의 빛에서 평가하려고 해야 한다.

5. 현재의 부족한 영성 표현들과 "심각하게 온전하지 못한" 영성 표현들

구속의 빛에서 사는 사람들도 원칙적으로는 바른 영성을 지녔으나 **자신들이 하나님께 온전히 헌신하지 못하는 문제로 인해** 하나님과의 관계를 제대로 표현하지 못하고 왜곡하는 경우들이 많다.

1) 부족한 표현들

사실 이 세상에서 우리들이 표현해 내는 것은 항상 한계를 지니고 있다. 우리는 항상 부족한 것만을 드러낼 뿐이다. 이사야가 표현하듯이 "무릇 우리는 다 부정한 자 같아서 우리의 의는 다 더러운 옷 같으며"라고 말하지 않을 수 없다(사 64:6). 많은 그리스도인들에게서 드러나듯이 하나님을 향한 헌신없이 온전한 영성을 표현할 수 없다. 도대체 성경과 참된 기독교는 하나님께 헌신하지 않는 그리스도인을 알지 못한다. 즉, 참된 그리스도인은 하나님께 온전히 헌신하는 사람이다.

따라서 삶의 일부분만을 하나님 앞에 온전히 드리는 것도 영성의 온전한 표현이 아니다. 예를 들어서, 우리의 영만이 하나님 앞에 온전한 것으로 여겨서 인간성의 다른 부분을 무시한다면 그것은 참된 영성의 표현이 아니다. 처음부터 강조한 바와 같이, 우리 삶의 모든 영역을 창조주와 구속주이신 주님과 연관시켜야 온전히 영적이 되고 영성을 온전히 표현한 것이다.

따라서 우리의 시간 중 일부만을 하나님께 연관시키는 것도 온전한 영성의 표현이 아니다. 예를 들어서, 기도 시간이나 찬양 시간이나 그와 같은 좁은 의미의 종교적 영역과 관련된 시간만을 영적이라고 생각할 수 없다. 이를 "이원론적 영성"(dualistic spirituality)이라고 할 수 있는데, 이런 이원론적 영성도 상당히 왜곡된 영성이라고 하지 않을 수 없다. 예배당과 관련된 것만을 영적으로 생각한다든지,[45] 좁은 의미의 영적인 시간을 따로 구별해서 다른 시간은 하나님과 관련 없는 것으로나 좀 먼 것으로 생각하는 것은 진정한 의미에서 영적인 것도 아니고 영성의 바른 표현이 아니라고 보아야 한다.

2) 심각하게 온전하지 못한 영성의 표현들

그러나 이 세상에는 진정한 성도의 부족함에서 오는 온전치 못한 영성의 표현 정도가 아니라 그리스도 안에서 우리에게 원칙적으로 회복된 영성을 무색하게 하는 심각하게 왜곡된 영성의 표현들이 많다. 비교적 온전한 영성의 표현을 생각하기 전에 기독교의 이름으로 심각하게 왜곡된 영성의 표현들에 대해 언급해 보자.

그리스도를 통하여 하나님과 바른 관계를 가지고 있다고 주장하면서도 그 관계성을 잘못 표현해 내는 모습의 하나로 천주교적 영성을 생각할 수 있다. 천주교회에서 일반적으로 제시하는 영성과 영적 훈련의 방

---

45. 그러므로 우리는 예배당과 관련해서만 그리스도인이고 기독교적이려고 하는 것을 벗어나야 한다. 이런 뜻에서 송인규, 『예배당 중심의 기독교를 탈피하라: 생활 속의 선교, 예배, 소명』 (서울: IVP, 2001)은 매우 시사적이고 진정한 영성을 제시하는 도전이라고 할 수 있다. 또한 류호준 교수의 『일상을 걷는 영성』 (서울: SFC, 2008)의 제목과 내용이 시사하는 바도 크다. 특히 이 책의 에필로그에서 소개한 개혁신학적 전통의 영성의 대표적인 예로 제시한 아브라함 카이퍼와 그의 『하나님께 가까이』 등이 보여주는 시사점을 잘 보아야 할 것이다.

법뿐만 아니라,[46] 대개 우리 스스로가 노력해서 하나님과 더 깊이 있는 관계로 나아가려고 하는 것이 모두 이에 해당된다. 이는 성경이 말하는 하나님과 우리의 관계의 기본 이해에 부합하지 않는다. 성경에 의하면 우리가 하나님과 바른 관계를 시작하거나 지속해 나갈 때에 우리가 기여하는 것은 전혀 없다는 것을 분명히 한다. 하나님께서 홀로 이루신 것을 믿고 온전히 의존해 가는 것이 우리가 할 일의 전부이다.

그러나 일반적으로 천주교회가 말하는 영성훈련(영신수련)은 (1) 정화의 길(via purificativa)을 거쳐서, (2) 조명의 길(via illuminativa)을 지나, 급기야 (3) 은혜의 주입에 의한 일치의 길(via unitiva)을 향해 나아간다고 생각한다.[47] 그 배후에 있는 것이 천주교회의 반(半)-펠라기우스주의(semi-pelagianism)적 구원 이해이다.[48] 그러므로 다시 한 번 더 강조하자면 천주교회의 영성은 건전하고 바른 영성이기보다는 왜곡된 영성이라고 해야 한다.

오늘날 어떤 천주교도들은 전통적 천주교회에서 사용한 영성 훈련과는 다른 영성 훈련 방식을 사용하여 자신들의 영성을 드러내고 계발하려고 한다. 미국 매사추세츠주 스펜서에 있는 성요셉 수도원(St. Joseph Abbey)의 트라피스트 수도자(Trappist monk)요 피정 지도자(retreat master)였던 윌리엄 메닝거(William Menninger)는[49] 수도원 도서관에서

---

46. 천주교회에서는 이를 "영신훈련"이라고 표현한다. 천주교회는 대개 이그나티우스 로욜라(Ignatius Loyola, 1491-1556)가 제시한 방법과 그 변형 형태들을 사용한다.

47. 특별히 영적인 삶의 삼 단계를 이를 제시한 대표적인 사람의 작품으로 13세기 카스투시오 회의 Hugh of Balma의 1297년 이전 작품으로 여겨지는 「시온의 애도로 향하는 길」(Via Sion Lugent)을 들 수 있다. 이에 대한 논의로 Alister E. McGrath, *Christian Spirituality: An Introduction* (Oxford: Blackwell Publishers, 1999), 김덕천 옮김, 「기독교 영성 베이직」(서울: 대한기독교서회, 2006), 281-85를 보라.

48. 이 점에 대한 논의로 이승구, "영성 개념의 문제점과 성경적 경건의 길", 217f.을 보라.

49. 윌리엄 메닝거 신부에 대한 이하의 논의 중 사실 관계와 관련된 부분은 관상기도와 메닝거에 대한 홈페이지인 http://www.contemplativeprayer.net/에서 온 것이다.

1974년에 『무지의 구름』(*The Cloud of Unknowing*)이라는 14세기 중세 영어로 쓰인 책을 읽고 그 책에 언급된 소위 관상(contemplation)을 자신의 수도원 피정에서 현대의 평범한 사람들이 하나님과 직접적으로 하나가 되는 영적 경험을 하도록 적용하는 일을 시작한다. 일 년 후 그 수도원 원장(Abbot)인 토머스 키팅(Thomas Keating)과 바실 페닝톤(M. Basil Pennington)도 젊은 천주교인들이 동방 정교회적 명상에로 나아가는 것을 막기 위해 적극 가담하여 이런 식으로 사람들을 훈련시키는 일에 헌신하게 된다.

후에 토머스 머튼(Thomas Merton)이나 바질 페닝톤(M. Basil Pennington) 등이 향심 기도(Centering Prayer)라고 부른[50] 이 관상기도는 그들에 의하면 자신을 하나님 중심으로 집중시키는 것이다. 이와 같이 어떤 사람들은 향심 기도와 관상을 동일시하기도 하고, 또 더 정확히 표현하고자 하는 어떤 사람들은 향심 기도를 관상을 위한 준비라고 하기도 한다.[51]

이들과 관련하여 영성을 강조하는 사람으로 오늘날 신구교를 막론하여 많은 사람의 이목이 집중되어 있는 사람으로 헨리 나우웬 신부를 생각할 수도 있다.[52]

이런 현대적 운동에 대해서 그것은 전통적 천주교적 영성의 표현이 아니라고 비판적으로 반응하는 천주교 학자들도 있다. 이런 비판적인 논

---

50. Thomas Merton, M. Basil Pennington, *Centering Prayer: Renewing an Ancient Christian Prayer Form* (Garden City, N.Y.: Doubleday, 1980).

51. Cf. Thomas Keating, *Intimacy with God*, : "It is not contemplation in the strict sense, which in Catholic tradition has always been regarded as a pure gift of the Spirit, but rather it is a preparation for contemplation."

52. 전통적 천주교회와 좀 다르지만 천주교 신부로서 현대적 영성 운동에 많은 영향을 미치고 있는 헨리 나우웬의 문제점에 대한 논의로는 이승구, "천주교 사제 헨리 나우웬, 그의 영성과 우리의 자세", 「빛과 소금」(2009년 10월호): 124-27을 보라.

의는 토마스 머튼 등이 동양적 명상의 방법을 끌어 들여서 그들이 말하는 관상과 동양적 명상의 유사성을 보고 그것을 결합시키려고 하는 것에[53] 대한 반감에서 나오는 경우가 많다. 토마스 머튼은 관상적 의식(contemplative consciousness)은 "초문화적이고, 초종교적이며 형태도 초월하는 의식"이라고 하며, "그것은 종교나 무종교를 망라하여 이런 저런 종교 체계 모두를 관통하여 비쳐 나오는 것이다"라고 말한다.[54] 특히 뉴에이지 운동에 몸담았다가 천주교회로 개종한 사람들의 경우에는 머튼 등이 제시하는 이런 관상이 자신들이 천주교도가 되기 전에 뉴에이지적으로 명상하던 것과 무슨 차이가 있는지 강하게 의문을 제기한다. 그러나 상당수의 천주교도들은 이런 현대적 접근을 수용해 나가는 듯하다. 그러므로 관상 기도와 같은 이런 현대적 기법에 대한 천주교회의 입장은 여전히 논의 중이라고 할 수 있다.

물론 개신교인들 가운데서도 제대로 된 영성을 잘 드러내지 못하는 사람들이 부지기수이다. 그 대표적인 예로 신사도 운동을 주도하는 사람들의 경우를 언급할 수 있을 것이다. 가장 대표적인 사람이 피터 와그너(C. Peter Wagner)이다. 그는 오랫동안 풀러 신학교에서 교회 성장을 가르치다가 그를 위해 기도하는 소위 "선지자"의 예언을 따라서 풀러 신학교를 그만 두고 콜로라도주 스프링스에서 세계 기도센터와 와그너 리더쉽 연구소를 세웠다. 사도들과 그의 사역은 1세기에만 있었다는 전통적인 입장과 달리 오늘날에도 사도적 사역은 있지만 그런 명칭은 사용되지

---

53. Cf. Thomas Merton, *Mystics and Zen Masters* (New York: Farrar, Strauss and Giroux, 1967); idem, *Zen and the Birds of Appetite* (New York: New Directions, 1968); idem, *Thomas Merton on Zen* (London: Sheldon, 1976). 또한 *The Way of Chuang-Tzu*, trans. and edited by Thomas Merton (New York: New Directions, 1965)도 보라.

54. Merton, *Thoughts on the East*, 34: "a trans-cultural, trans-religious, trans-formed consciousness … it can shine through this or that system, religious or irreligious"

말아야 한다는[55] 주장도 신사도운동가들은 비판한다. 그들은 오늘날에도 성경적 의미의 사도가 있다는 주장을 함으로써 심지어 하나님의 성회의 입장보다 더 나아가고 있다. 피터 와그너는 신사도운동을 하는 자신의 입장이 좀 더 전통적인 교회들의 이해는 물론이거니와 하나님의 성회와도 다르다는 것을 분명히 하면서 다음과 같이 강하게 주장하기도 한다.

> (교회 정관상 사도, 예언자가 있다고 언급하는 하나님의 성회는) 실천상 목사, 전도자, 박사나 교사의 명칭을 갖는 지도자들을 인정하지만, 예언자, 사도의 명칭을 갖는 지도자들을 인정하지 않는다. …… [그런] 결정은 성경적 주석에서 유래하는 것이 아니라 교권을 쥔 교회적 전통에서 유래한다.[56]

둘째로, 오늘날 예언이 있다고 하면서 예언 사역 위주로 교회를 이끌어 가는 것도 이와 비슷한 잘못된 영성의 표현으로 보아야 한다. 치유 사역 위주로 교회 사역이 진행되는 것에 대해서도 우리는 같은 말을 할 수 있다. 교회가 모여 집회하고 기도하는 중에 자연스럽게 주께서 병자들을 고쳐 주실 수 있다. 그러나 교회가 그것을 목적으로 집회를 한다든지 이것 위주로만 활동하는 것은 성경이 말하는 건전한 영성의 발로라고 보기 어렵다.[57]

---

55. 이런 주장의 대표적인 예는 다음에서 볼 수 있다: Reinhold Uloska, *World Pentecost* (Autumn 1966), 17; Felipe S. Ferrez, *World Pentecost* (Autumn 1966), 18, quoted in C. Peter Wagner, *Church Quake* (Ventura, CA: Regal Books, 1999), 홍용표 옮김, 『21세기 교회 성장의 지각 변동』(서울: 이레서원, 2000), 133.

56. Wagner, 『21세기 교회 성장의 지각 변동』, 134.

57. 와그너를 비롯하여 다양한 예언 사역의 문제점에 대한 논의로는 이승구, "다양한 예언 운동의 근본적 문제점", 「교회와 문화」 24 (2010): 251-75을 보라.

셋째로, 요즈음 천주교회에서 사용하는 영성 훈련의 방식이나 심지어 다른 종교에서 사용하던 영성 훈련의 방식을 개신교도들이 도입하는 것은 결국 이와 같은 왜곡된 영성을 본받아 하나님과 관계를 유지하려는 꼴이 된다는 점을 지적하지 않을 수 없다. 대개는 어떤 종교적 행위 배후에 있는 사상적 기조를 생각하지 않고 외적인 것만을 가지고 와서 그것을 개신교적으로 변형하여 적용하려고 할 때 이와 같은 일들이 발생한다.

그 대표적인 예로 천주교회 일부가 말하는 관상 기도(contemplative prayer)에 대해 17세기 청교도인이자 성경적 영성을 잘 대변한 존 오웬(John Owen)의 평가를 살펴보는 것이 이 문제에 대한 성경적 견해를 찾는 우리에게 큰 도움이 될 것이다. 오웬은 먼저 소위 관상기도를 강조하는 사람들은 '마음으로 하는 기도'를 다음과 같이 생각한다고 소개한다:

> "더 순결한 영적인 기도, 조용히 평안한 가운데 하는 명상(contemplation), 모든 망상을 제거하고 때때로 우리의 인식활동을 중지하는 것이며, 외적인 억압이 없이 자신들의 의지를 표현하는 것"으로 여기면서 효과가 탁월하다고 하며, 그리하기 위해서는 "전적으로 평정을 유지하며, 열정을 죽이고, 의지의 영적인 감정들을 완벽하게 순결해지도록 만들고, 모든 피조물들로부터 격리시켜야 한다."[58]

세레누스 크레시의 이런 주장은 오늘날 관상 기도를 말하는 이들의 주

---

[58] 오웬 당시 베네딕트파 작가인 Serenus Cressy, *Church History of Britain or England from the Beginning of Christianity to the Norman Conquest* (Rouen: For the author, 1668). 서문, 42, 43줄을 인용하는 John Owen, *The Work of the Holy Spirit in Prayer*, 박홍규 옮김, 『성령이 도우시는 기도』 (서울: 지평서원, 2005), 179f.

장의 토대가 된 사상에서 온 점이라는 것을 관상에 대한 글들을 읽은 사람들은 누구나 잘 알 수 있다. 이에 대해서 오웬은 다음 같이 반박한다.

> 그들은 지성이나 이성의 활동이 없이 의지나 감정만으로 기도할 수 있다고 주장합니다. 그러나 이러한 그들의 주장은 도저히 받아들일 수 없는 것입니다. …… 하나님의 선하심과 아름다우심과 은혜와 다른 탁월한 속성들에 대한 묵상 없이 예배하고 기도한다는 것은 야만적이고 비합리적이기 때문입니다. 우리의 예배는 바른 지식이 기초한 '합리적 예배'이어야 합니다. 기도에 대해 그들이 제시한 주장은 단지 환상과 상상력의 결과이지 성령의 조명과 경험에서 나온 것이 아니라는 것이 명백합니다. 그들은 복음이 세상에 전파된 뒤에, 복음을 대적하기 위해 명상가들이 만든 개념을 받아들였을 뿐입니다.[59]

그러면서 오웬은 신플라톤주의자인 플로티누스(Plotinus)의 *Ennead* 6권 9장 10절 내용인 "신에 대한 황홀경에 사로잡힌 채 조용히 안식의 상태에 들어간다. 감각에 의해 흔들림도 없다. 본질 속에서 외부 행동에 의한 반사작용도 없이 전적으로 완벽한 안식의 상태에 들어간다"라는 말을 언급하면서 이 내용이 크레시의 주장과 동일한 내용임을 누구나 쉽게 알 수 있다고 한다.[60] 그러나 참된 기도는 하나님께서 무한히 자신을 낮추어 주심으로 가능하게 되는데 "이를 통해 영혼은 황홀경이나 말로 표현할 수 없는 황상에 빠지는 것도, 이성과 의지를 넘어서서 감정에 완전히 사

---

59. Owen, 『성령이 도우시는 기도』, 181.
60. Owen, 『성령이 도우시는 기도』, 182.

로잡히는 것도 아니며" "오히려 인간의 모든 영혼의 기능들은 살아계신 하나님의 사랑과 은혜의 영의 효율적인 활동에 의해 제대로 질서가 잡히며" 하나님의 뜻을 향해 나가게 된다고 논한다.[61] 그리하여 오웬은 이들이 말하는 "영적인 기도는 성경을 통해서 전혀 지지받을 수 없는 것이며, 기도에 대해 합리적인 경험을 가지고 있는 사람들에 의해서 도저히 받아들여 질 수 없는 것입니다"라고 결론내리고 있다.[62] 오웬의 다음 같은 말로 관상 기도의 주장이 정확히 무엇인지를 성경적으로 바르게 평가하고 있다.

> 우리가 살펴보았듯이 그들은 우리의 영혼을 중지시키고, 이성의 활동을 중지시킨 채로 순전히 의지만을 집중시켜 기도하는 것이 가장 탁월한 기도라고 주장합니다. 그것이 무엇이든지 간에 그것은 기도의 본질을 가지고 있지 않기 때문에 기도로 인정될 수 없습니다. 기도가 인간의 이성을 사용하는 자연스러운 의무라는 것은 모든 사람이 상식으로 받아들이는 부분입니다. 그러므로 이에 부응하지 않거나, 이에 모순되거나 일치하지 않는 것은 기도로 인정될 수 없습니다.[63]

크레시 같은 사람들이 말하는 [관상] 기도에 대해서는 어떤 명령도, 지침도, 동기도, 예도 성경에서 찾아 볼 수 없습니다. 그러므로 이렇게 성경에도 근거가 없는, 그리고 이성이나 지성이 무시되는 기도가 다른 어떤 성도가 해야 할 의무나 어떤 특권보다 더 탁

---

61. Owen, 『성령이 도우시는 기도』, 182.
62. Owen, 『성령이 도우시는 기도』, 183.
63. Owen, 『성령이 도우시는 기도』, 189f.

월하며 고차적이라고 주장하는 사람들을 보면 놀라지 않을 수 없습니다.[64]

그러므로 그들은 '성령으로 기도한다'는 것이 무엇을 의미하는지 전혀 알 수 없습니다. 성경에는 우리가 그들이 주장하는 형태의 기도를 따라야 할 어떤 예도, 어떤 지시도 없습니다. 그들이 주장하는 것은 **전적으로 성경에 위배되는 것이며, 몇몇 미혹된 사람들이 상상으로 만들어 낸 것일 뿐입니다.**[65]

오웬만이 이런 평가를 하는 것이 아니고 성경적 사상을 가지고 있는 사람들은 관상기도를 성경적 입장에서 기독교적이지 않고 바른 기도의 방법이 아니라고 잘 논의하였다.

6. 그러면 우리는 어떻게 해야 하는가?

"이런 시대야말로 진정한 영성의 회복이 필요하다." 이와 비슷한 이야기들이 도처에서 들릴 것이다. 그러나 이는 오늘날 많은 사람들이 이야기하는 것과는 전혀 다른 이야기라는 점에 유의해야 한다. 오늘날 많은 사람들이 말하는 "수도원적 영성의 회복"을 예로 들어보자. 수도원 제도와 그것이 지향하던 것이 성경과 종교개혁적 가르침에 비추어 볼 때 온전하지 않은 기독교 이해를 가지고 있다는 점에서 유의하지 않을 수 없다. 우리가 여기서 말하는 "진정한 영성의 회복"은 그야말로 우리가

---

64. Owen, 『성령이 도우시는 기도』, 193.
65. Owen, 『성령이 도우시는 기도』, 193, 강조점은 필자가 붙인 것임.

오직 그리스도의 십자가에서 구속된 사람이라는 의식을 온전히 가지는 것을 의미한다. 이 말에 담긴 의미를 살펴 보자.

첫째로, 오직 그리스도의 사역을 통한 구속, "오직 하나님 혼자의 힘으로 이루시는 구속과 구원"(monergism)을 온전히 믿고 신뢰하는 것이[66] 바른 영성의 출발점이다. 만일 그리스도의 공로 이외에 다른 것이 덧붙여질 필요가 있다고 생각한다면 아직 온전한 영성을 갖지 못한 것이다. 따라서 오직 은혜로 말미암는 구원, 오직 믿음으로 말미암는 칭의에 대한 믿음이 바른 영성의 조건이다.

둘째로, 구속은 삶의 일부만이 아니라 삶 전체를 구속하는 것이므로 우리 삶의 모든 차원을 구속된 것으로 여기고, "이미" 구원 되었으나 "아직 아니"의 측면이 있는 구속된 자들의 삶 전반과 온 세상을 하나님과 관련시킬 때 참된 영성을 드러낼 수 있다. 그러므로 참된 영성을 드러내는 사람은 참된 기독교 세계관을 암묵리에 가지고 있을 뿐만 아니라 그것을 성령님의 조명 아래서 점진적으로 외현화해 가는 사람이다.[67] 세계 전체를 하나님과 관련시켜 보지 않는 사람은 온전한 영성을 표현하는 사람이 아니라는 말이다. 그 어떤 형태의 영육 이원론자들도 온전한 영성을 표현하지 못하는 것으로 보아야 하는 이유가 여기에 있다.

셋째로, 그렇게 삶 전반을 하나님과 연관시키면서 날마다 회개와 믿음을 가지고 살기에 그의 삶에서 지속적인 성화가 일어나는 사람이 영성을 제대로 표현해 가는 사람이다. 그리고 이런 "지속적인 회개와 믿음

---

66. 이런 단순한 말의 전포괄적 의미를 깊이 있게 잘 설명하고 있는 예로 Robert L. Reymond, *A New Systematic Theology of the Christian Faith* (Nashville, Tennessee: Thomas Nelson Publishers, 1998). xix, xxi, 1085-93, 또한 이승구, 『진정한 기독교적 위로』 (서울: 여수룬, 1998), 77-86을 보라.
67. "암묵리의 세계관"과 "외현화" 등의 개념에 대해서는 본서 16-18쪽을 보라.

의 삶으로서의 성화"의 삶은[68] 구체적인 일상(日常)을 무시하지 않고 일상 한가운데서 이루어진다. 그러므로 진정으로 성화하는 사람은 일상생활이 영적인 것임을 의식하며 삶을 살아간다. 우리는 이런 의미에서 일상생활의 영성을 강조해야 한다.[69]

넷째로, 그런 사람은 자신이 그리스도의 몸된 교회의 지체라는 것을 인정하고 그리스도의 몸된 교회를 이 땅 가운데서 신약 성경이 말하는 그런 모습으로 온전히 드러내는 일에 힘쓴다. 기독교적으로 볼 때 개인주의적 영성이란 성립할 수 없다. 항상 그리스도의 몸된 교회의 일원으로 있으면서 이 땅 가운데 그리스도의 몸된 교회가 온전히 드러나도록 하는 일에 모두 드린다. 여기에 헌상(獻上)의 참 의미가 있다.[70] 영적인 사람들은 개인과 교회 공동체가 서로 대립하는 상황을 알지 못한다. 그러므로 진정한 영성은 이 땅 가운데 신약 성경이 말하는 교회 공동체의 모습이 드러나게 하는 데 최선을 다하게 된다. 교회 공동체는 성경이 말하는 예배를 하나님께 드리는 데 힘쓰며,[71] 교회 공동체 안에서 행해지는 모든 것이 성경적 원리를 따르도록 모든 관심을 집중한다.

다섯째로, 영적인 사람들은 이 땅 가운데서 하나님께서 주신 은사에 근거해서 하나님을 섬기며 하나님의 뜻에 부합한 현실이 이 땅에 나타

---

68. 이 개념과 이에 대한 논의로 이승구,『성령의 위로와 교회』, 재개정판 (서울: 이레서원, 2009), 54–62를 보라.

69. 이런 의미에서 R. Paul Stevens, *The Other Six Days: Vocation, Work, and Ministry in Biblical Perspective* (Grand Rapids: Eerdmans, 1999)의 논의는 매우 중요하다고 여겨진다. 같은 관심을 우리 정황에서 잘 표현하고 있는 송인규,『평신도 신학 1』(서울: 홍성사, 2001), 9장, 10장("영적 생활과 일상성 1, 2")도 보라.

70. 성경적 의미의 헌상에 대한 논의로는 이승구, "헌상에 대한 성경신학적 이해",『한국 교회가 나아갈 길』(서울: SFC, 2007), 73–106을 보라.

71. 예배의 규정적 원리를 중심으로 한 성경적 공예배에 대한 논의로 이승구, "성경적 공예배를 지향하며",『한국 교회가 나아갈 길』(서울: SFC, 2007), 39–71을 보라.

나도록 하는 일에 힘쓴다. 그것이 이 세상을 하나님의 뜻대로 다스리는 것이며 하나님이 주신 통치 명령(창 1:28)을 수행하는 것이다. 그리하여 급기야 이 땅에 하나님께서 원하시는 문화가 드러나도록 하는 일을 위해 자신의 삶을 사는 것이다. 그러므로 진정한 영성의 표현은 이렇게 하나님이 원하시는 문화를 드러내도록 하기 위해 구체적인 문화적 투쟁과 변혁 노력 가운데서 드러난다.[72]

마지막으로 영적인 사람은 이 모든 것이 예수님께서 이 땅 가운데 이미 가져 오셨으나 아직 극치에 이르지 아니하여 그리스도 재림 때에 그 나라의 극치에 이를 하나님 나라와 연관되어 있다는 것을 인정하면서, 자신의 모든 것과 이 세상의 모든 것을 하나님의 통치에 기꺼이 복종시켜 나가는 사람이다. 이 땅에서 하나님 나라 백성 역할을 참되게 감당하는 사람만이 진정한 영성을 표현한다고 말할 수 있다.[73]

이런 의미의 영성을 잘 드러내는 사람은 자신의 삶을 항상 성령의 인도하심에 따라 살아간다. 진정한 그리스도인은 항상 성령의 인도하심으로 살며 모든 일을 성령으로 행한다(갈 6:25).[74]

---

[72]. Cf. Vincent E. Bacote, *The Spirit in Public Theology: Approaching the Legacy of Abraham Kuyper* (Grand Rapids: Baker, 2005); 이승구, "기독교적 문화변혁론", 『한국 교회가 나아갈 길』, 255–87.

[73]. 우리의 모든 활동, 특히 전항에서 강조란 문화적 사역을 포함한 모든 것이 모두 다 하나님 나라적 관심에서 나와야 한다는 것을 강조한 Klaas Schilder (1890–1952)의 강조를 참조하라. Cf. Klaas Schilder, *Was is de Hemel* (Kampen, 1935), translated and condensed by Marian M. Schoolland, *Heaven, what is It?* (Grand Rapids: Eerdmans, 1950); 그리고 *Christus en Cultuur* (Franeker, 1935), translated by G. van Rongen and W. Helder, *Christ and Culture* (Winnipeg: Premier, 1977); Henry R. Van Til, *The Calvinistic Concept of Culture* (Philadelphia: Presbyterian and Reformed, 1959), chapter IX (Schilder: Christ, the Key to Culture), 137–54를 보라.

[74]. 성령의 인도하시는 삶의 실재와 구체적 적용에 대한 논의로 이승구, "성령의 인도하심과 성도의 삶", 『개혁신학 탐구』 (서울: 하나, 1999), 82–97을 보라.

7. 덧붙이는 말

진정한 영성에 대해 말했지만 여전히 많은 사람들이 "왜곡된 영성"을 자신의 "영성"개념으로 받아들이고 있다. 그래서 적어도 대다수의 그리스도인들이 영성이라는 말을 "모든 것을 성경의 삼위일체 하나님과 건강하고 긍정적으로 연관시키는 것"으로 정의하여 생각하기 전까지는 "영성"이라는 말에 모라토리움(moratorium)을 선언하는 것이 좋겠다.[75]

이는 영성이라는 말을 전혀 사용하지 말아야 한다는 뜻이 아니다. 우리는 이 글에서 말한 바와 같이 영성을 바른 의미를 보급시키고 그런 식으로 사용하는 일을 계속해야 한다. 마치 종교개혁 이후에 청교도들이 그리했던 것처럼 말이다. 그들은 참된 영성의 대변인이요, 성경적 영성의 옹호자들이었다. 천주교적 영성과 청교도적 영성은 대조적인 것이기까지 했다고 말할 수 있다. 그 둘 사이에는 일종의 반립(anti-thesis)이 있었다. 그런 의미에서 우리는 한동안 우리가 말하는 "영성", "진정한 영성", "성경적 영성" 등과 같이 수식어를 붙이거나 따옴표에 넣어서 일반적으로 사람들이 말하는 영성과 구분하여 사용하는 것이 바람직하다.

모든 사람이 창조된 영성, 타락한 영성, 구속된 영성, 구속되었으나 바르게 표현되지 못한 영성, 제대로 표현된 진정한 영성 등을 제대로 이해하기 전까지는 이 세상에서 혼동되어 사용하는 "영성"이라는 말을 잠시 사용하지 말고, 전통적으로 사용하여 온 성경적 의미의 "경건"(*pietas*)이라는 말을 사용하는 것이 좋겠다. 그러므로 우리는 우리 삶의 모든 측면에서 성경적인 의미에서 **경건한 사람들이 되어야** 한다. **그것이 우리**

---

75. 이전에 이런 주장에 대해서 이승구, 『기독교 세계관으로 바라보는 21세기 한국 사회와 교회』 (서울: SFC, 2005), 92과 『한국 교회가 나아갈 길』, 235를 보라.

가 이 글에서 말한 참된 영성을 회복하는 길이다. 부디 모든 사람이 영성이라는 말을 이렇게 회복된 의미로 제대로 사용하는 날이 속히 올 수 있기 원한다.

제10장

기독교 세계관에 대한 요구와 기독교 세계관의 요구:

오늘 우리는 기독교 세계관을 치워버릴 것인가, 수정할 것인가, 아니면 더욱 발전시키고 실천할 것인가?

오늘날 이 땅에서는 기독교 세계관에 대해 다양한 요구가 있다. 먼저 이런 요구가 있는 배경을 생각해 보면 기존의 기독교 세계관 논의가 지나치게 추상적이어서 기독교 세계관과 기독교에 대해 왜곡이 생기고 보다 폭넓은 방향으로 전개되지 않아 결국은 기독교적 실천으로 이끌지 못하는 것이 아닌가 생각한다. **만일 그것이 사실이라면** 우리는 어떤 방식으로든 기독교 세계관을 **제시하는 방식**을 고쳐야 한다. 기독교 세계관에 대한 논의는 궁극적인 목적은 아무래도 우리들 가운데서 실제로 기독교 세계관이 바르게 외현화 되고 기독교 세계관에 입각한 학문과 실천적 활동이 구체화되는 것이기 때문이다. 지금까지 기독교 세계관을 분명히 말하고 그것을 실천하자고 주장한 이들의 목표는, 필자가 판단하기로는, 이 땅의 그리스도인들이 "이 세상과 이 세상의 모든 문제에 대해서 기독교적으로 생각하고 기독교적으로 살아가는 데" 있었다. 사실 이것이 우리가 말하는 "**기독교 세계관**"이다. "**이 세상과 이 세상의 모든 문제에 대해서 기독교적으로 생각하고, 그런 기독교적 생각에 따라 활동하고,**

기독교적으로 살아가는 일." 그런데 그러한 기독교 세계관이 일정한 형식을 가져야 한다는 틀에 매인 사람은 아무도 없을 것이다. 그러므로 진정한 기독교 세계관의 내면화와 외현화가 이루어지고, 그에 근거한 실천을 낳는 것이라면 기독교 세계관이 어떤 방식으로 제시되어도 별 문제는 없다고 생각된다.

Ⅰ. 기독교 세계관에 대한 다양한 요구들

만일 이 요구가 다음과 같은 방식으로 제기되는 것이라면 더 깊은 논의가 필요하고 비판적으로 다루어야 한다.

1) 기독교 세계관을 없애야(=치워버려야) 한다는 주장

기존의 기독교 세계관에 대한 논의와 진술이 문제가 있고, 일정한 사상과 연계되어 있다고 판단한 데서 나온 이야기이지만 기존의 기독교 세계관의 진술 방식을 고치자는 것 정도가 아니라, 기독교 세계관 자체를 제거해야 한다는 생각은 주의가 필요하다. 대개 이런 논의는 "세계관"(*Weltanschauung*)이라는 말을 빌헬름 딜타이(Wilhelm Dilthey)가 처음 그런 개념으로 사용한 것이므로,[1] 그런 생각 배후에는 암묵리에 계몽주

---

1. 이에 대한 좋은 설명으로는 Cf. Arthur F. Holmes, *Contours of a World View* (Grand Rapids: Eerdmans, 1983), 이승구 옮김, 『기독교 세계관』(서울: 엠마오, 1985), 56. 빌헬름 딜타이(Wilhelm Dilthey)는 생활세계(*Lebenswelt*)에서 발생하는 이런 전이론적인 수준의 것을 '세계상'(世界像, *Weltbilt*)이라고 했고, 후에 보다 공식적으로 발전한 것이 "세계관"(Weltanschauung)이라고 했다. 그러나 이 글에서 우리는 이렇게 구분하지 않고, 딜타이의 '세계상'을 '암묵리의 세계관'(implicit world-view)으로, 딜타이의 '세계관'을 '외현화된 세계관'(explicit world-view)으로 표현해 볼 것이다. 딜타이는 세 가지 근본적 세계관을 구별하여 말한다: (1) 자연주의, (2) 감정과 이상이 주도적인 곳에서 나타나는 객관적 관념론, (3) 개인의 자유나 의무 감각이 앞서는 곳에서 나타나는 자유의 관념론. 이는 홈즈가 잘 지적하는 바와 같이 "18세기 심리학이 강조했던 인간의 세 가지 기능(즉, 인간의 이성과 감정, 그리고 의지)에 각각 부합하는 것으로서

의적 사고 방식이 지배하므로 이를 버려야 한다는 식으로 전개된다.

그러나 우리는 다음과 같은 사실을 잊어서는 안 된다. 즉, 딜타이가 "세계관"이라는 말을 사용하기 전부터, 그리고 딜타이의 이 용어를 채용해서 "기독교 세계관"이라는 말을 기독교 철학자들이 사용하기 전부터 이와 비슷한 전이론적(前理論的) 사유 체계와 세상을 보는 방식에 대한 고려는 늘 있어 왔다는 사실이다. 그러므로 기독교 세계관을 말하는 이들이 강조하는 기독교 세계관의 외현화와 내면화는, "기독교 세계관"이라는 용어를 사용하기 전부터 그리스도인들에게 있었다. 그렇기에 극단적으로 말하면 "기독교 세계관"이라는 용어는 전혀 중요한 것이 아니다. 그러나 **기독교적 관점에서 세상을 보고 내용을 잘 정리하며 그에 근거한 일을 하는 것(그것이 우리가 말하는 기독교 세계관이다!)**은 매우 중요한 일이기에 이것을 포기할 수 없다. 기독교적 관점에서 이 세상 전체를 바라보고 그런 관점에서 살아가는 일은 이 땅에 진정한 기독교가 있는 한 항상 있을 것이고, 또 반드시 있어야만 한다.

기독교 세계관 용어를 버리자는 말은 있을 수 있어도, 기독교 세계관 내용을 없애라는 것은 받아들일 수 없다. "기독교 세계관"이라는 용어를 버리라는 것은 그 말의 함의가 설득되고 인정되면 기꺼이 받아들일 수 있다. 그러나 그 내용인 "기독교 신앙에 입각해서 온 세상에 대해서 생각하고 그에 근거하여 실천하는 일"을 버리자는 말은 기독교를 버리자는 말 같이 여겨진다. 그러므로 그런 주장은 전혀 받아들이기 어렵다고 판단된다. 이 땅에 진정한 기독교가 존재하고 존재해야 한다면 진정한 기독교 신앙에 근거해서 온 세상을 바라보고 그에 근거해서 생각하고 말하며 실천하는 것은 마땅한 일이기 때문이다.

세계에 대한 인간의 대표적 반응을 표현한다"(Holmes, 56).

2) 기독교 세계관을 바꾸어야 한다는 주장

용어와 표현이 아니라 기독교 세계관 내용을 바꾸어야 한다는 논의인 경우는 다음과 같이 두 가지 다른 상황으로 나누어 생각할 수 있다.

(1) 성경에 비추어 판단했을 때 기존의 기독교 세계관으로 제시되던 바가 비성경적인 부분이 있는 것으로 드러난 경우라면, 물론 그런 것은 반드시 성경적인 방향으로 바꾸어야만 한다. 그런데 사실 이는 기존의 기독교 세계관 주장자들이 강조한 것이고, 그런 노력을 늘 해왔다. 기존의 기독교 세계관이 근거하고 있는 개혁 신학의 큰 모토가 "개혁된 신학은 항상 개혁되어야 한다"가 아니었던가? 그러므로 기존의 기독교 세계관이 늘 자신을 개혁하려고 해 온 것이 사실이고,[2] 개혁 신학 내부에서는 항상 그런 작업을 해 왔고, 한국에서도 성경의 가르침에 비추어서 기존의 신학이나 세계관을 고쳐가려고 노력해 온 것을 지적하지 않을 수 없다.[3]

그 대표적인 예는 영육 이원론과 성속 이원론을 기독교 세계관에 근거해서 비판하고 수정하려고 노력한 일이다. 일부 기독교인의 생각 가운데 희랍적 사유나 신플라톤주의 그리고 우리 민족의 전통적 사상의 영향으로 인해 인간의 몸은 물질적 기원을 지닌 것이므로 악한 것이며 인간을 죄악에 빠뜨리게 하는 주된 원인이 되지만, 인간의 몸 안에 있는 영은 선하고 귀한 것이므로 우리는 몸을 괴롭게 해서라도 영을 정화하며 깨끗하게 해야 한다는 영육 이원론이 있었다. 그러나 기독교 세계관 주장자들은 성경과 전통적 개혁 신학에 따라 판단하면서 하나님께서는 몸과 영

---

2. 월터스의 "reformational"이라는 용어 사용에 이런 함의가 있음을 잘 기억하라. Cf. Albert M. Wolters, *Creation Regained: Biblical Basics for a Reformational Worldview* (Grand Rapids: Eerdmans, 1985), 양성만 옮김, 『창조, 타락, 구속』 (서울: 기독교학문연구회, 한국기독학생회출판부, 1992), 22–23.

3. 그 대표적인 예에 대한 제시로 이승구, "21세기 한국 사회 속에서의 장로교회의 의미", 장로교 신학회 제1차 논문 발표회 발제 논문 (2002. 11. 25), 특히 6–8을 보라.

의 전인을 창조하신 것이고, 따라서 그것을 전부 아름답고 귀하게 판단하셨으므로 인간의 몸과 영이 창조의 빛에서는 다 귀하고 선하며 아름다운 것이라는 점을 지적하고 강조하였다.[4] 인간의 타락도 인간의 몸에만 영향을 미친 것이 아니라, 몸과 영 모두에 영향을 미쳐 인간의 영과 몸, 그 어디에도 타락과 죄의 영향이 미치지 않은 부분이 전혀 없다는 것을 강조해 왔다. 또한 구속도 인간의 영만을 구속하시는 것이 아니라, 영육 전인의 구속을 위해 십자가에서 그리스도의 인성 전체가 수난 받으셨음을 전통적으로 강조해 왔으며, 이 점에 있어서 기독교 세계관은 영혼-기독교(soul Christianity)로부터 전인-기독교(whole-man Christianity)로의 전환을 강조해 왔다.[5] 마찬가지로 기존의 일부 기독교인들이 삶의 어떤 한 영역만이 하나님과 관련된 영역이고 다른 영역은 세상적이고 세속적인 영역이라고 생각할 때에 성경과 개혁 신학의 영향을 받은 기독교 세계관은 이 세상의 그 어떤 곳도 그리스도의 주권이 미치지 않는 부분은 없고, 따라서 우리는 이 세상의 모든 영역에서 주님께 순종하는 일을 해야 한다고 주장해 왔다.[6]

예를 들어서, 이전에 어떤 이들은 어떤 특정한 일만이 거룩한 일이라고 생각하고 말하는 데 익숙했다. 그래서 성직(聖職)과 성직자(聖職者)라는 말이 생겼다. 그리하여 성직자와 구별하여 평신도라는 용어도 등장했다. 성경에 철저하게 근거하려는 기독교 세계관은 그 어떤 일이든지 하나님께로부터 받은 사명이기에 모든 일이 거룩하다고 주장한다. 따라

---

4. 이 점과 이하의 논의에 대해서 특히 Wolters의 책과 Holmes의 책, 그리고 Brian J. Walsh and J. Richard Middleton, The Transforming Vision: Shaping a Christian World View (Downers Grove, Ill.: IVP, 1984), 황영철 옮김, 『그리스도인의 비전』(서울: 한국기독학생회출판부, 1987) 등의 책을 참조하라.

5. Cf. 이승구, 『진정한 기독교적 위로』(서울: 여수룬, 1998), 29f.

6. Cf. Abraham Kuyper, *Souvereiniteit in Eigen Kring*, 3rd edition (Kampen, 1930), 32, cited in Henry Van Til, *The Calvinistic Concept of Culture* (Philadelphia: The Presbyterian and Reformed Pub. Co., 1959), 1.

서 기독교 세계관에 충실하게 말하면 목사나 선교사만이 거룩한 직임자들 즉 성직자(聖職者)인 것이 아니라, 모든 그리스도인은 어떤 일을 하더라도 하나님의 부름을 받아 거룩한 일을 하는 사람들이다. 평신도라는 말이 폄하된 의미로 사용되어서는 안된다. (여기서도 우리 사회 속에서 기독교 세계관에 충실하게 사고하고 말하는 일이 아직까지도 얼마나 이루어지지 않고 있는지 잘 드러난다.) 이와 같이 기독교 세계관이 사라지면 부정적인 의미에서 교회와 세상의 세속화가 나타날 것이다. 이 세상에 있는 어떤 일은 거룩하지 않은 일이 되어 버리기 때문이다. 기독교 세계관 운동은 모든 것이 거룩하다는 관점을 갖게 하여 이런 잘못된 세속화를 역전시킨다.

"소명"이라는 용어도 이와 비슷하게 사용된다. 과거 천주교회에서는 주로 신부나 수녀, 수도사나 선교사 등 소위 거룩한 일에 부름 받는 것만을 소명(*vocatio*), 더 정확히 말한다면 그런 것들이 세속적인 것과는 구별되는, "더 높은 소명"(the higher calling)이라고 하였다. 그러나 루터와 칼빈에 의해서 그리스도인들은 그들의 은사를 따라서 이 세상의 다양한 일에 부름 받는다는 성경적인 소명설이 분명히 제시되었다. 그들의 견해가 보다 성경적이고 기독교 세계관적인 관점에서 소명이라는 용어를 적절하게 사용하는 것이다. 그러므로 이런 기독교 세계관에 충실하지 않을 때 어떤 특별한 일에 대해서 소명이라는 용어를 사용하는 경우가 생긴다. 기독교 세계관은 그런 잘못된 의식과 용어의 사용에 유의하면서 어떻게 우리의 의식과 용어의 사용까지도 성경적인 방식으로 변화되어야 하는지를 제시해 온 것이다.[7]

---

7. 이런 기독교 세계관적 소명 이해에 대한 근자의 진술로 Cornelius Plantinga, Jr., *Engaging God's World: A Reformed Vision of Faith, Learning, and Living* (Grand Rapids: Eerdmans, 2002), ch. 5: Vocation in the Kingdom of God: 105-36을 보라.

이와 같이 기독교 세계관은 이 세상뿐만 아니라 심지어 기독교계 내에도 있는 비성경적이고 비기독교적인 모든 요소들을 변화시키는 일에 노력해 왔다. 심지어 우리의 세계를 보는 관점과 그 결과인 기독교 세계관에도 비성경적인 요소가 있으면 그것을 고쳐 가는 일은 계속되어야만 한다. **개혁된 기독교 세계관은 성경에 비추어서 항상 개혁되는 것이다!**

(2) 이 주장의 함의가 다른 데 있어서, 우리가 기독교라고 생각해 왔던 바를 전반적으로 수정해야 한다고 하면 사정이 달라진다. 신학에서는 오늘날 이런 주장이 "수정주의"(revisionism)라는 이름으로 제시되거나 비판받고 있다.[8] 그런데 그 수정의 내용이 상당히 심각한 것이어서 때로는 삼위일체 개념을 버리는 식으로 수정해야 한다고 하거나, 때로는 부활 개념을 포기하거나 전면적으로 바꾸어야 한다고 하거나, 재림 개념을 바꾸어야 한다고 하는 경우가 많이 있다. 이제 새로운 시대에는 그렇게 수정된 형식의 신학적 진술이 있어야만 한다는 것이다.[9]

따라서 이제는 기독교 세계관도 그런 식으로 급진적인 변화를 추구해야 한다고 하는 주장이 있다면, 그것은 기독교 세계관의 내용에 대한 근

---

8. 20세기 말에 나타난 신학의 근본적 변화를 요청하는 소리로서 21세기에도 그 요구가 계속될만한 것은 (1) 기독교의 유일성과 독특성을 버리는 관점을 가져야 한다는 종교적 다원주의의 요구, (2) 신학과 성경이 늘 보유해 온 가부장적 전제를 버리고 여성주의적 입장을 기독교와 연관시키면서 기독교 신학을 새롭게 하거나, "이제 더 이상 유지될 수 없는 기독교"를 버리고 이제는 여성주의적 입장에서 신학을 하려고 해야 한다는 주장, (3) 전통적 현대주의의 자유주의 신학에 좀더 충실한 입장을 가져야 한다는 주장, (4) 해방신학적 입장에서 다양한 신학적 관심에로 확대하는 새로운 패러다임을 요구하는 입장, (5) 리요타르(Jean–François Lyotard), 데리다(Jacques Derrida), 라캉(Jacques Lacan) 등의 포스트모던주의에 근거하여 비실재론적 유신론과 비실재론적 종교를 발전시켜 주장하거나 해체 신학을 주장하는 입장, 그리고 이런 포스트모던주의를 수용하여 객관적 해석이 가능하다는 생각을 버리고 다양한 해석의 가능성을 인정하는 해석학적 다원주의의 요청들일 것이다. 이에 대한 개괄적 소개와 문헌 정보 및 논의로 이승구, "21세기 개혁신학의 새로운 패러다임", 『한국개혁신학』 8(2000) 82–105, 특히 82–84를 보라.

9. 이런 주장들에 대한 논의와 비판으로 이승구, "세계 신학계에 대한 한국 복음주의 신학의 제언 – 사도적, 성경적, 종말 신학에의 요청", 『성경과 신학』 제30권 (2001년 가을): 124–50="A Call for the Apostolic, Biblical, and Eschatological Theologies," Bible and Theology XXX, A Special Volume (2001): 184–215를 보라.

본적 수정을 요구하는 것이 된다. 만일 기독교 세계관의 수정에 대한 요구가 이런 것이라면 그것은 결국 기독교 존재 자체에 대한 위협이 될 수 있다. 이는 기독교라는 종교, 그리고 기독교 세계관이 이 세상에 존재하는 것이 중요해서 하는 말이 아니다. 그러나 그런 식의 수정으로 인해서 기독교라는 형태는 이 세상에 남아 있겠지만 진정한 기독교가 세상에서 사라진다면 어떻게 될까? 결국 하나님께서 이루시려고 하는 것을 이 땅에서 없애는 일이 되지 않을까? 하나님은 외부로부터 전혀 영향을 받지 않으니, 차라리 기독교가 없어지는 쪽이 더 낫다고 생각하는 수정주의자들이 있다. 이에 편승해서 기독교 세계관도 없어져야 할까?

3) 기독교 세계관의 표현 방식, 제시 방식을 바꾸자는 주장

이런 제안은 충분히 가능한 일이고 고려할 내용도 있다. 하지만 새롭게 시도될 기독교 세계관을 과연 어떤 형태로 제시해야 할지는 여전히 과제로 남는다. 기독교적 관점에서 온 세상을 바라보고 그런 관점에서 실천하는 기독교 세계관의 내용을 담기만 한다면 그 형태가 그렇게 문제되지는 않는다. 기독교 세계관은 처음부터 다양성을 염두에 두고 이 세상에 제시된 것이다.[10]

예를 들어서, 기독교 세계관을 좀 더 내러티브(narrative)적인 방식으로 제시하자는 주장을 어떻게 볼 것인가? 이에 대해서는 매우 긍정적으로 다음과 같이 말할 수 있다.

(1) 바르고 좋은 기독교 세계관은 성경의 내러티브적인 성격에 충실하게 제시되어야 한다.

---

10. 예를 들어서 기독교 세계관을 잘 제시하는 일에서 매우 중요한 역할을 한 홈즈는 이 점을 늘 강조하였다: 『기독교 세계관』, 60f.: "…기독교 신학은 다양하게 형성되었으므로 기독교 세계관 역시 그런 다양성을 지닌다.…… 나는 이런 다양성이 유용하다고 생각한다."

(2) 바르고 좋은 기독교 세계관은 성경적 내러티브에 참여하는 자에 의해 우리들의 기독교적인 이야기로 표현되고 드러날 수 있어야 한다. 그 계속되는 이야기 속에 우리의 참되고 기독교적인 존재 방식과 실천이 있는 것이다. 성경에서 시작된 그 내러티브와 이야기 안에 참여하여 그 이야기를 지속적으로 살아내지 않는 이들은 진정으로 기독교 세계관을 제시하거나 실천하는 이들이 아니다.

(3) 바르고 좋은 기독교 세계관은 성경적 내러티브에 가장 충실한 명제를 진술하려고 노력하는 데서 나타난다. 가장 좋은 신학과 바른 기독교 세계관은 성경의 기독교 이야기에 가장 충실한 일련의 명제들을 제공한다. 성경의 내러티브에 더 충실한 신학적 명제, 그런 기독교 세계관적인 명제가 보다 더 기독교적인 신학이고, 보다 더 기독교적인 세계관이다.

(4) 그러므로 기독교 세계관에 대한 바르고 좋은 내러티브적 접근은 바르고 좋은 명제적 접근과 함께하며 잘 조화된다고 말할 수 있다. 이에 더하여 그릇된 내러티브적 접근은 참되고 바른 명제적 접근과 반드시 대립하며, 그릇된 내러티브적 접근은 그릇된 명제적 접근과 조화될 수도 있고(그른 것끼리의 조화), 그 둘이 대립적일 수도 있다고 말할 수 있다.

이런 말을 우리는 좀더 내러티브적인 방식으로 제시할 수도 있다. 그것은 앞으로 우리가 기독교적 존재로 기독교적인 공동체 안에 속하여, 예수 그리스도 안에서 이미 우리에게 임하여 온 하나님 나라를 드러내면서 이 세상 안에서 살아가는 우리의 삶과 실천의 이야기이다. 우리의 실천과 삶으로 써내려가는 우리의 이야기는 과연 기독교적인가? 여기서 우리의 기독교 세계관이 참으로 기독교 세계관인지의 여부가 드러난다.

그러면 이제 지난 70–80년대 이후로 이 땅에서 논의된 기독교 세계관이 어떻게, 또 어떤 방향으로 더 진전되어야 하는지, 그 진전과 발전의 방향을 생각해 보고자 한다. 이것은 기독교 세계관에 대한 여러 요구들로부터 돌이켜 이제 기독교 세계관의 요구로 우리의 관심을 전환시키는 것을 의미한다. 지금 이 시대를 살아가는 그리스도인들에 대한 하나님의 요구에 관심을 맞출 때 우리는 과연 어떤 일에 힘써야 하는가?

II. 기독교 세계관의 요구: 기독교 세계관이 진전되어야 할 방향

1. 기독교 세계관 자체의 발전과 성숙의 문제

1) 기독교 세계관의 철저화

가장 시급한 일은 무엇보다 기독교 세계관이 아주 철저하게, 모든 면에서 일관성 있게 나타나는 것이다. 이것은 무엇보다 먼저 외적인 철저화(radicalization)를 의미할 수 있다. 다른 기독교 사상에서도 그렇지만 기독교 세계관에서도 철저하지 않은 모습이 여러 가지 문제를 일으킨다. 그러므로 기독교 세계관이 여러 면에서 철저하게 제시되는 일이 급선무다. 지금까지 기독교 세계관이 여러 모양과 여러 형태로 제시되기는 했지만 가장 성경적인 세계관으로, 철저한 일관성을 지닌 세계관(radical Christian world-view)으로 제시되는 일이 필요하다. 말뿐인 기독교 세계관은 기독교 세계관이 아니다. 성경적이지 않은 기독교 세계관은 기독교 세계관이 아니다. 일관성 없는 기독교 세계관도 기독교 세계관이 아니다. 진정한 기독교, 정상에 이른 기독교에 대한 그리움을 표시하던 20세기 초의 칼빈주의자들과 함께[11] 우리는 정상에 이른 기독교 세계관이 있

---

11. Cf. B. B. Warfield, *Calvin and Augustine*, ed. Samuel G. Craig (Philadelphia: Presbyterian and Reformed Pub. Co., 1956), 289, 290, 491f., 497–99.

어야 한다고 주장해야 하는 것이다.

물론 우리의 생각과 사상에 대한 정리가 그 누구에 의해서든지 이 세상에서 완벽한 형태로 나타날 수는 없다. 따라서 우리가 제시하는 기독교 세계관은 다 불완전하고 수정 가능하다. 하지만 적어도 그 기준과 방향만은 분명히 제시해야 한다.[12] 성경의 가르침이 기준(standards)이요, 하나님 나라(하나님의 다스리심)를 드러내는 일이 그 방향(direction)이다. 그러므로 우리는 모두 그 기준과 방향에 따라 성경에 가장 철저한 세계관과 일관성 있는 세계관을 제시하는 일을 위해 함께 노력해 갈 수 있다.

이와 함께 그렇게 제시되는 세계관을 철저하게 내면화하고 그에 근거한 여러 측면에서의 외현화 노력이 절실히 필요하다(내적 철저화: 내면화). 지금까지 기독교 세계관 운동에 대해 제기된 대부분 질문들의 문제점은 제시된 기독교 세계관을 철저히 내면화하고 있는 사람이 드물다는 데 있다. 그리스도인들이 모든 영역에서 철저하게 주께 순종하고자 하는 의식을 가지고 있지 않은데 어떻게 기독교 세계관 운동이 성공적으로 나타날 수 있기를 기대할 수 있는가? 진리를 생명 같이 여기며 추구하는 일이 없는데 무슨 기독교 세계관이 있을 것인가? 진정 사랑하는 마음을 끝까지 가지고 가는 이가 없는데 어떻게 기독교 세계관적 실천이 나타나 겠는가?

그러므로 기독교 세계관 운동은 개개의 그리스도인들이 기독교 세계관을 철저히 내면화할 때에라야 성공할 수 있다. 이것이 개개인의 성화와 맥을 같이 한다는 것은 두말할 나위도 없다. 한국교회 그리스도인들의 성화 수준만큼 한국 사회에서의 기독교 세계관 운동이 성장할 것이다.

---

12. Cf. Holmes, 『기독교 세계관』, 61: "결국 각각의 체계는 사람이 만든 것이다. 단지 성경 계시만이 무조건적인 하나님의 계시를 전달하는 것이다."

2) 기독교 세계관의 신국적, 교회적 토대 강화

여기서 따라나오는 기독교 세계관의 요구는 기독교 세계관의 하나님 나라적 토대와 신국적 성격이 보다 분명해져야만 한다는 것이다.[13] 신국적 토대인 신국적 성경관이 분명하지 않은 기독교 세계관은 과연 그것이 기독교 세계관인지를 물어야하지 않을까. 성경에 충실하면 할수록, 철저하게 일관성을 유지하면 할수록 기독교 세계관은 가장 신국적인 세계관으로 드러나게 된다. 그러므로 신국적 기초를 상실한 기독교 세계관은 그 자체의 성립조건을 부정하는 것이다.

이와 함께 기독교 세계관의 교회적 토대를 보다 분명히 해야 한다고 강조하고 싶다. 하나님 나라를 이 세상에서 가장 강력한 형태로 드러내는 기관이 바로 교회이고, 그것이 하나님의 뜻이기 때문이다. 따라서 교회야말로 기독교 세계관에 가장 충실해야 한다. 오늘날 한국 사회 속에서 교회가 신국적 성격을 잘 드러내지 않아서 사회의 비판을 받는 일이 많은 것은 기독교와 기독교 세계관의 큰 위기가 아닐 수 없다. 이럴 때 일차적인 작업은 다른 모든 일을 접고서 우리가 속해 있는 교회를 신약성경이 말하는 교회답게 하는 것이다.[14]

교회 밖에서 교회를 돕는 기관들은 그런 성격을 분명히 하면서 교회와 함께 하나님 나라를 섬겨가도록 해야 한다. 기독교학문연구소나 기독교윤리실천운동, 교회개혁연대, 여러 선교기관 등의 교회를 돕는 성격이 분명할수록 하나님께서 교회를 통해 하시는 일들을 더욱 분명해진다. 이런 과정을 통해 여러 교회에 속한 그리스도인들이 더욱 분명한 기독교 세계관에 관련된 일들을 함께 할 수 있게 된다.

---

13. 이 점에 대한 논의로 이 책, 제3장을 보라.
14. 이것이 80년대에 기독교학문연구소에서 기독교 세계관 공부를 인도하던 김헌수 목사와 양성만 교수가 이제 주로 교회를 섬기는 사역에 헌신하고 있는 이유라고 여겨진다.

2. 기독교 세계관에 근거한 실천들

1) 기독교 학문적 활동

기독교 세계관의 이런 철저화와 내면화를 통해 신국적 교회적 토대가 분명해지는 것과 함께 우리 사이에서는 진정한 기독교 세계관적 실천이 나온다. 일차적으로 각 학문 분과 내에서 그리스도인들이 기독교 세계관에 철저한 기독교 학문적 활동을 하는 일을 강조하지 않을 수 없다.[15]

과연 기독교 학문이 가능한가를 묻는 이들에게 신학에서의 예를 제시하여 우리가 나아가야 하는 방향을 생각해 보고자 한다. 여러 번 언급한 일이 있거니와 신학은 모두 기독교 학문일 것이라는 일반인들의 생각에 반하여, 성경과 기독교적 세계관에 충실한 신학적 사유와 활동이 있을 수 있고, 성경의 가르침으로부터 멀어져 간다고 판단되는 신학적 사유와 활동이 있을 수 있다. 기독교적 신학에 대한 최소한의 기준을 설정하여 말한다면, (1) 그 학문을 하는 동기와 목적이 하나님의 영광을 위한 것일 때, (2) 그 생각과 내용이 성경의 가르침에 충실한 것일 때, (3) 그 내용 제시에 내적인 모순(비일관성)이 없을 때 우리는 그런 신학을 기독교적인 신학이라고 할 수 있을 것이다. (1)은 동기와 목적의 문제이고, (2)는 내용의 문제이며, (3)은 논리성과 형식의 문제이다.

이 원칙을 다른 모든 학문에도 적용하면 우리는 기독교 학문의 성격을 보다 쉽게 일반화할 수 있을 것이다. "그 학문을 하는 동기와 목적이 과연 하나님의 영광을 위한 것인가?"를 가장 먼저 물어야 한다. 이는 매우 사적(私的)이며 내면적인 것이므로 이를 계량화하기는 어렵다. 그러

---

15. 이 문제를 가장 심각하게 역사적으로 고찰한 것은 역시 George M. Marsden, *The Outrageous Idea of Christian Scholarship* (1997), 조호연 역, 『기독교적 학문 연구@현대 학문 세계』(서울: IVP, 2000)이다. 또한 본서, 제1장, 각주 25에 인용된 문헌들도 보라.

나 적어도 그 학문의 내용을 진술하는 과정에서 최소한의 힌트는 제시될 것이다.

두 번째는 그 학문의 내용과 전제와 방법론이 (1) 일차적으로는 성경의 가르침을 **간접적으로라도** 잘 반영하고 있는가, 또는 **성경의 가르침과 대립하는 것은 없는가** 하는 것과 (2) 이렇게 성경적 관점에서 해석된 이 세상의 실재[일반 계시]를 잘 반영하고 있는가를 묻는 것이다. 적어도 그 전제와 방법론, 그리고 내용이 성경의 분명한 가르침과 대립하는 학문적 작업은 기독교 학문적이라고 할 수는 없기 때문이다. 예를 들어서, 철저하게 마르크스주의적인 전제를 지닌 학문적 활동을, 그래서 철저히 유물 변증법적인 사유에 가득한 학문적 내용을 기독교 학문이라고 할 수는 없으며, 철저히 프로이드적 인간 이해에 기초한 심리학이나 상담학을 기독교 학문이라고 할 수 없고, 철저히 인간 중심적인(humanist) 태도를 가진 학문도 기독교적 학문이라고 할 수는 없다.

(3)에 대해서는 그 적용 기준이 다른 방식의 학문에 대해 어느 정도는 일치한다고 할 수 있다. 어떤 이가 자신의 전제에서 말한 바와는 다른 사유를 진행시킬 때 우리는 그런 학문적 작업을 학문적 일관성이 없다고 하고, 그것이 지나칠 때는 그것은 비학문적이라고 판단한다. 기독교 학문에서도 마찬가지이다. 내적 일관성을 유지하고 있는지 질문해야 한다. 여기서 말하는 내적 일관성은 학문적 활동에 일반적으로 요구되는 모든 측면을 모두 포함한다. 예를 들어, 어떤 주장을 할 때 충분한 근거를 가지고 말하는가, 자연과학이나 응용과학의 경우에는 충분히 실험적 검증을 거쳐서 주장하는가 하는 질문들이 포함되어 있다고 하겠다.

이런 기준이 있으면 과연 기독교 경제학이 가능한가 하는 질문에 대해서도 어느 정도 답할 수 있다.[16] 그 학문을 하는 기본적 동기와 방향이 과연 하나님께 영광을 돌리려고 하는가 하는 동기적 수준에서 상당히 많은 학문 활동은 비기독교적인 것이 된다. 그리고 그렇게 진행되고 제시된 학문적 노력이 내적 일관성을 지니는가 하는 것도 비교적 쉽게 판단할 수 있다고 여겨진다. 기독교 학문으로 제시된 것이 내적 일관성을 지니지 못하고 있다면 그것도 엄밀한 의미의 기독교 학문적인 것은 아니기 때문이다. 그런 것은 내적 일관성을 지니도록 요구받고, 그런 노력의 결과로서 그렇게 되었을 때 그것은 기독교 학문적인 것이라고 할 수 있다. 그러므로 상당히 많은 우리의 학문적 노력은 기독교 학문이 되어 가는 과정에 있다.

그러나 문제는 그런 동기를 가진 경제학이나 정치학의 전제나 방법이 명확히 비성경적인 것이라면 그것도 비기독교적인 것으로 판단될 수밖에 없다. 이때 일단 쉬운 작업은 기존의 여러 방법론과 여러 이론들에 대해서 (1) 일관성 기준을 적용하여 그 내적 일관성을 묻는 작업을 하는 소위 내적 비판을 시도하는 것이다. 또한 (2) 기독교적 관점에서 이 사회의 실재를 파악한 것에 부합하는 설명을 제시하고 있는지를 묻는 일을 할 수 있다. 물론 이때 꼭 자신의 사회의 실재에 대한 이해가 얼마나 기독교적인지를 제시하면서 논의할 필요는 없다. 그저 이 세상의 실재에 대해 주어진 이론이 얼마나 충실한지를 논의하면 된다. 우리가 그리스도인인 한 그 논의 과정에서 우리는 그 사회적 실재를 기독교적으로 해석하는 것이지만 말이다.

---

16. 이 주제에 대한 우리나라에서의 전문가들의 성찰과 논의로 김승욱, "경제학 분야에서 기독교 학문을 어떻게 해야 하는가?", 『신앙과 학문』 제6권 2호 (2001년 겨울호): 73-106; 이우성, "기독교 경제학에 대한 역사적 소고", 『신앙과 학문』 제6권 2호: 107-58과 그곳에서 언급되고 논의된 다른 논문들을 보라.

그러므로 여러 이론들에 대한 비판적 성찰로서의 기독교 학문적 활동은 가능하고 비교적 쉽게 진행시킬 수 있다. 문제는 철저히 기독교적 관점에 근거한 대안을 제시하고 그에 대한 방법론을 연구하는 보다 적극적인 부분이다. 이것이 어려운 이유는 어떤 전제를 가지고 학문을 하든지 가장 어려운 영역이기 때문이며, 이런 일의 시도에 대해 기존 학계의 강한 반발이 있을 수 있기 때문이다. 그러나 다른 전제와 방법을 가진 이들도 부단히 노력해서 이런 시도를 하는 것을 보면서 기독교인들도 나름의 노력이 필요하다. 그것이 항상 기존 학계의 환영을 받으리라고 생각할 이유는 없다. 카이퍼가 잘 지적한 것처럼 이 세상에는 늘 두 종류의 학문이 있고, 그 둘 사이에는 반립이 있을 수밖에 없기 때문이다.[17]

자연과학이나 공학에 대해서도 같은 기준을 적용하며 말할 수 있을 것이다. 그 학문적 작업을 하는 기본 동기와 목적이 과연 하나님의 영광을 위한 것인가, 그리고 그 학문적 논의와 주장에 내적 일관성이 있는가를 물음으로써 일단 기독교적 공학과 기독교적 자연과학이 있을 수 있는 가능성을 말할 수 있다. 내용에 있어서는 기존의 이론들이 명백히 성경의 가르침이나 성경의 관점에서 제대로 해석된 실재에 부합하지 않는 측면들을 잘 드러내는 작업을 수행하는 것도 기독교적 공학, 기독교 자연과학을 하는 것이다. 자연과학과 공학에서는 이 정도에서 멈추는 경우가 많으므로 그다음 단계의 질문, 즉 기독교적 전제를 지닌 포괄적 이론 체계의 형성과 제시의 문제가 그리 크게 다가오지 않을 수도 있다. 그러나 일부 뛰어난 공학자들과 자연과학자들이 그런 포괄적 이론을 제시하는 것을 볼 수 있는데, 이런 작업을 해낼 수 있는 그리스도인들도 있을 수 있으므로, 그 책임을 부인할 수는 없다.

---

17. Cf. Kuyper, *Principles of Sacred Theology* (1898; Grand Rapids: Baker, 1980), 155–76.

2) 기독교적 활동: 기독교 기업 활동, 경제 활동

기독교 세계관적 실천의 예로 기독교 학문적 활동을 첫 번째로 꼽은 이유는 학문 활동을 더 중요시해서가 아니라, 비교적 명확한 기독교적 활동의 한 예이기 때문이다. 그러므로 학문 활동을 하지 않는 대다수의 그리스도인들은 자신들의 삶의 영역에서 기독교적 관점에서 활동할 필요가 있다. 기독교인 학자가 기독교적 관점에서 학문 활동을 하지 않는 것이 이 세상을 따라 가는 것이라면, 다른 분야에서 활동하면서 기독교적 관점에서 활동하지 않는다면 그것도 이 세상을 따라 가는 것이다. 그러므로 모든 그리스도인들은 **자신의 전문 영역에서 기독교적 관점에서 명확하게 활동해야 한다.**

여기 어떤 그리스도인 기업가가 있다고 하자. 그가 좋은 그리스도인이고 성공적으로 기업을 운영한다고 해도 그가 기업을 운영하는 일에서 기독교적 관점이 작용하지 않는다면, 그는 기독교적 관점에서 기업을 운영하는 것이 아니며, 기독교 세계관에 충실한 것이 아니다. 기독교적 관점에서 기업을 운영한다는 것은 그가 열심히 기도하면서 기업을 운영하고, 사업체 내에서 예배하는 일을 주도하거나 허용하고, 주일이면 반드시 쉬고, 수익금의 일정 금액을 선교 사업이나 기독교적인 사업을 위해 내어놓는 식이 아니다. 그가 기업을 운영하는 태도, 자세, 방향과 철학, 그리고 그 구체적인 운영 방법이 기독교적 원리와 기독교 세계관에 일치해야 하는 것이다.

가장 중요한 예를 들어서 말하자면, 그가 기업을 운영하는 궁극적 목적이 실제로 하나님께 영광을 돌리는 데 있어야 한다. 그리고 그 중간 단계가 자신들의 기업이 섬기는 고객들과 함께 일하는 직원들과 그 가족들을 진정으로 섬기는 데 있어야 한다. 그것을 위해 좋은 제품을 만들어 내려고 하며, 그 제품을 가장 효과적으로 홍보하고 보급하려고 하고,

직원들 간의 관계가 가장 정상적인 인간관계로 이루어질 수 있게끔 운영해야 하는 것이다. 이런 방식으로 기독교 기업으로서의 내외적 이미지가 분명하도록 해야 한다. 그런 일이 이루어지기까지는 기독교 기업임을 너무 강조하는 것은 별로 효과적이지 않은 것 같다. 이 세상에서 고객들을 진심으로 위하면서 수익도 창출하여 고객과 직원들 그리고 이 사회와 피조계를 위하는 모습을 잘 드러내어야 한다. 심지어 비기독교 기업들도 적어도 그런 이미지를 강조하기 위해 여러가지 방법으로 홍보하고 있지 않은가? 하물며 기독교적인 정신으로 사업체를 운영한다고 하면서 그렇게 하지 않는다면 어찌 기독교 세계관에 근거한 활동을 하고 있다고 하겠는가?

이와 마찬가지로 기업체나 일반 기업체에 고용되어서 일하는 그리스도인들도 그저 이 세상 사람들과 비슷하게 그들을 따라 가면서 기독교적 관점에서 활동하는 것이 아니다. 우리의 직장을 선택하는 것이나 직장 생활을 하는 동기도 기독교 세계관에 일치하는 것이 되어야 한다. 여러 번 지적한 바와 같이, 그 판단의 우선 순위가 (1) 이 일을 함으로써 하나님을 섬기며, (2) 자신과 가족을 부양할 수 있고, (3) 이웃을 섬기며, (4) 자아 실현을 할 수 있고, (5) 피조계를 잘 섬기면서, (6) 여유를 얻을 수 있는 것이 되어야 한다.[18] 그리고 그 일을 하는 동기나 목적도 하나님과 이웃을 잘 섬기면서 자신에게 주어진 사명을 잘 감당하는 것이 되어야 한다. 또한 같은 일을 하는 여러 사람들도 그렇게 서로 섬기기 위해 일을 하는 것이 되어야만 그것이 진정 기독교 세계관적 관점에서 직업에 관여하는 것이 된다. 왜냐하면 홈즈가 잘 지적한 바와 같이, "노동은 다른 사람들을 섬기며, 삶의 질을 풍요하게 하며, 건설적인 사회관계를 개

---

18. 이점에 대한 논의로 이승구, "그리스도인의 직업관", 본서, 제8장 참조.

발하고, 하나님을 섬기는 일에서 창의적으로 활동할 수 있는 기회를 제공"하기 때문이다.[19]

우리의 소비 생활에서도 기독교적 관점에서의 소비 양태가 나타나도록 해야 한다. 기본적으로 기독교회 내에서는 검소하게 사는 일, 소박하게 사는 일이 강조되어서, 절약이 미덕으로 강조되어 왔다. 이것에 대해 일부 기독교인 경제학자들은 이것이 항상 무시간적으로 진리(眞理)일 수만은 없음을 강조하고 나아가는 일이 있다. 그러나 소비 사회인 현대 사회에서는 소비와 구제를 연관시키는 방향으로 나아가면 산업 발전을 위한 적당한 소비와 검소한 삶과 구제의 실천을 다 도모할 수 있을 것이다. 우리 자신을 위한 소비, 우리 자신의 유익을 위한 소비는 결국 우리의 이기심을 암묵리에 더 증폭시키는 결과를 내고 말 것이기 때문이다. 이기적인 소비행태는 빈익빈 부익부를 더 조장하고, 우리 사회가 그런 차이를 더 의식하게 하는 방향으로 나아가게 한다. 이런 소비 사회 속에서 그리스도인이 앞장서서 구제를 위한 소비를 주도해 가야 한다. 부의 재분배와 사랑과 구제를 실천할 수 있는 건전한 인격의 형성이 필요하다.

3) 기독교적 정치 참여와 기독교 시민운동의 전개

우리는 이 땅에서 어떤 직업을 수행해 가는 일만 하는 것이 아니라, 또 다른 측면에서도 이 사회의 일원으로서의 구실을 해야 한다. 사회의 구성원 역할을 할 때에도 우리는 기독교적 관점에서 그 일을 해야 한다. 기독교 세계관의 사회적 의미와 적용이 여기서 발생한다. 특히 현대 사회는 정치적인 것이 매우 중요한 요인으로 작용하여 "모든 것이 정치적이다"는 말이 일반화된 시대이므로, 우리는 정치적인 것의 중요성을 잘

---

19. Holmes, 『기독교 세계관』, 312.

의식하면서 "그러나 정치적인 것이 모든 것은 아니다"라는 주장과 함께[20] 정치 문제에 대해서 기독교적 관점으로 참여해야 한다.[21]

오늘날 한국 기독교계에서 가장 기독교적인 활동, 즉 기독교 세계관적 참여가 이루어지지 않는 영역이 바로 정치 영역이라고 할 수 있다. 식민 통치와 독재 통치 아래서 의식적 무의식적으로 그렇게 의식화되고 비정치화 되어진 결과로 정치에 무관심한 그리스도인이 아직도 많고, 혹시 관심을 가지고 참여한다고 해도 우리 사회 속에서 비그리스도인들의 정치 문화적 양상을 그대로 가지고 있는 이들도 많다.

두 가지 예를 들어보기로 하자. (1) 우리 정치 문화의 문제점으로 지적되는 지역색 문제가 한국 그리스도인의 정치 의식과 활동에도 그대로 나타나는 것을 우리는 비교적 최근까지도 경험하고 있다. 또한 (2) 미국과의 관계에 대한 국민들 사이에서 드러나는 세대 간의 갈등은 그리스도인들 안에서도 그대로 나타난다. 3·1절에 상호 대조적인 기독교 집회들이 있었고, 미국의 대 이라크 전쟁에 대한 대립 양상이 기독교인들에게서도 그대로 나타났다.

물론, 이는 어떤 사안에 대해서 그리스도인들 사이에 서로 다른 의견이 일체 있어서는 안 된다는 말이 아니다. 우리는 늘 불완전하므로 그리

---

20. Cf. H. M. Kuitert, *Everything Is Politics But Politics Is Not Everything: A Theological Perspective on Faith and Politics* (Grand Rapids: Eerdmans, 1986).

21. 그런 대로 기독교 세계관에 입각해서 기독교적 정치 참여의 문제를 잘 정리해 준 대표적인 책으로 Paul Marshall, *Just Politics: A Christian Framework for Getting Behind the Issues* (Ontario, Canada: ICS, 1997), 진웅희 옮김, 『정의로운 정치: 기독교 정치 현실과 현실 정치』(서울: IVP, 1997)을 들 수 있을 것이다. 또한 쟈크 엘룰, 『하나님의 정치, 사람의 정치』, 김희건 역 (서울: 두란노서원, 1987); 제임스 스킬렌, 『성서적 정치』, 채은하 역 (서울: 도서출판 무실, 1992); 하웃즈바르트, 『그리스도인의 정치적 선택』, 박준제 역 (서울: 학생신앙운동(SFC) 출판부, 1995); 그리고 통합연구학회편, 『통합연구』 제6권 2호(기독교와 정치) 통권 19호 (1993년 10월) (대구: 기독교대학설립 동역회, 1993)에 실린 논문들과 『한국개혁신학』 13: 한국 정치문화와 기독교 (2003 봄), 특히 성기문, "구약성경은 한국 정치에 긍정적 기여를 할 수 있는가?": 28–57도 보라.

스도인들끼리도 기독교 세계관에 근거해서 서로 다른 의견을 제시할 수 있고, 그 둘 사이의 흥미로운 토론이 있을 수 있다. 그러나 위에 언급한 두 가지 예들, 즉 지역에 따른 대립과 세대에 따른 대립은 이 세상의 대립 양상을 그대로 옮겨 놓은 것으로 보이기에 문제가 있다. 그것이 과연 기독교적인 관점에 따라 판단한 것인지 물어야 할 것이다.

그러므로 우리는 정치적 영역에 기독교적 관점으로 참여해야 한다. 자신의 신분과 지위, 세대와 출신 지역, 학력 등에 따라 판단하지 않고 기독교 세계관에 따라 판단하는 일이 정치 영역에서 이루어지지 않는 한, 우리의 기독교 세계관 실천은 요원한 일이 될 수밖에 없다.

이와 함께 공적인 문제에 대해서 그리스도인들은 직접 정치적인 것을 통하지 않은 일반 시민운동에 기독교적 관점으로 열심히 참여하고 환경 문제나 인권문제 등에 대해서는 비그리스도인들과 연대하여 상대적으로 옳은 것을 주장할 수도 있고, 특수하게 기독교적인 주장을 하는 시민운동도 필요하다. 단지 그 동기와 방법이 선해야 하며 그러면서도 효과적인 방법을 찾아 그런 방식으로 일을 해야만 한다. 우리의 실천을 바라보는 비그리스도인들이 우리의 기독교적 세계관의 일부를 볼 수 있도록 하는 그런 활동이어야 한다. 문제는 이런 단체나 활동이 기독교적 관점을 얼마나 일관성 있게 드러내느냐 하는 것이고, 또 하나는 얼마나 많은 이들이 헌신적으로 참여하느냐이다.

4) 기독교 학교 운동과 기독교 교육 운동

위에 언급한 모든 일이 성공하려면 우리 가운데서 다음 세대를 위해 철저한 기독교 세계관에 근거하여 활동하는 이들을 기독교적으로 교육하는 기독교 교육 운동이 필요하다. 교육 문제 전반에 대해 기독교적인

관점으로 접근하여 그 문제를 해결하려는 노력과 활동이 요구된다.[22]

그런 일의 한 방도로 기독교 학교를 세우는 운동, 기독교 대안 교육 기관을 세우는 일들, 진정한 기독교 대학을 세우는 일들에 대해서도 관심을 가져야 한다. 기독교 학교는 기독교 세계관에 근거한 학문 공동체이기에 이는 우리의 기독교 세계관 실천의 매우 주요한 한 방법일 수 있다.[23]

그렇다고 사회 속에서 우리의 모든 노력을 기독교 학교에만 집중해서는 안 되고, 일반 학교와 그 제도 속에서 기독교적 관점으로 그것들을 변화시켜 가는 노력에도 상당한 신경을 써야 한다. 어쩌면 그것도 효과적인 방안이 될 수 있기 때문이다. 그러므로 어떤 방도를 취하든지 진정한 기독교 교사와 교수를 키우는 일에 우리의 우선적인 노력을 쏟을 필요가 있다. 이를 위해 이 일을 할 수 있는 기독교학 대학원(Gruduate School of Christian Studies)이나 기독교 교육 대학원 등의 설립도 고려해야 한다.

5) 현대의 다양한 문제에 대한 기독교 세계관적 논의

이 모든 것이 효과적으로 작용하려면 결국 우리 사회 속의 다양한 문제에 대해 공적인 영역에서 기독교적인 관점으로 논의하는 일이 증가해야만 한다. 이런 공적 영역의 토론에서 기독교적 관점을 제시하려면 먼

---

22. 기독교 세계관적 관점에서의 교육 이해에 대한 좋은 논의로 Norman E. Harper, *Making Disciples*, 『현대기독교교육』(서울: 엠마오, 1984; 개정판, 서울: 토라, 2005); George R. Knight, *Philosophy & Education: An Introduction in Christian Perspective* (Berrien Springs, Michigan: Andrews University Press, 1980), 특히, 179-228을 보라.

23. 이런 노력들로 박은조 편, 『하나님이 기뻐하시는 학교』(서울: 예영 커뮤니케이션, 1999), 특히 제3장 "기독교 학교의 정신"과 기독교학교 연구회 공저, 『우리가 꿈꾸는 기독교 학교』(서울: 예영 커뮤니케이션, 1999)을 보라.

저 기독교회 내에서 철저한 기독교 세계관에 근거한 논의 과정이 필수적이다. 그리고 그런 기독교적 입장을 모든 이들 앞에 가장 효과적으로 제시할 수 있어야 한다.

그러나 이때 기독교 이기주의에 빠지지 않도록 조심해야 한다. 우리 자신을 과시한다든지 많은 인원을 이용하여 압박을 하는 방식이어서는 안 된다. 그런 방법으로 감동 받거나 기독교 세계관의 진정한 의미를 느끼게 된다고 생각한다면 큰 오산이다. 오히려 우리는 하나님의 힘에만 의존하면서 하나님의 뜻을 공적인 영역에서도 분명히 전달하는 일에 힘써야 한다.

생명 존중과 관련된 일, 생명 복제, 배아 복제와 관련된 일,[24] 그리고 환경문제와 통일문제 등에서 분명한 기독교적 시각을 제시해야 하고, 그런 관점을 지닌 자답게 행동하고 활동해야 한다.[25] 이 시대의 진정한 환경 지킴이, 생명 지킴이는 창조와 구속의 빛에서 온 세상과 생명을 바라볼 수 있는 그리스도인이기 때문이다.

6) 기독교 세계관적 문화 활동

이 모든 것은 이 사회 속에서 기독교 문화적 활동을 하며, 이 세상의 문화를 변혁시키는 활동으로 나아가야 한다. 기독교 세계관은 결국 기독교 세계관적 문화 활동의 문제에 기여해야만 한다. 기독교 문화적 활동을 낳지 않는 기독교 세계관은 그것이 기독교 세계관이라는 이름에 과연 부합한 것인지를 자문해야 한다. 좁은 의미의 문화 사역이라는 말은 기독교 문화 운동의 참뜻을 해칠 수 있다. 기독교 세계관에 근거한 폭넓은

---

24. Cf. 이승구, 『인간 복제: 그 위험한 도전』 (서울: 예영 커뮤니케이션, 2003).
25. Cf. 이승구, 『기독교 세계관으로 바라보는 21세기 한국사회와 교회』 (서울: SFC, 2005).

문화 활동의 길이 모색되어야만 한다.

마치는 말

이 글에서 "기독교적 관점에서 이 세상 전체를 바라보고, 그에 근거하여 살아가는 일"을 "기독교 세계관"이라고 규정하고, 이런 의미의 기독교 세계관은 없어지거나 수정되어서도 안 된다고 주장하였다. 오히려 철저한 방식으로 기독교적 관점에서 이 세상 전체를 바라보고 그런 관점에서 사는 일이 더 철저하고 폭넓게 나타나야만 한다고 주장하였다. 그것이 창조의 하나님을 창조주로 인정하는 것이다. 하나님께서는 우리의 전인과 온 세상을 선하고 아름답고 고귀하게 지으셨기 때문이다. 그것이 인간의 죄악과 타락을 성경적으로 온전히 이해하는 것이다. 타락과 죄는 인간 존재 전체와 그로부터 나오는 모든 것을 죄의 오염과 부패로 물들게 하고 있다. 이런 의미에서는 전인과 온 세상이 다 죄의 부패와 오염 아래 있으며, 따라서 하나님의 진노 아래 있다. 그러므로 인간이 자신의 능력으로 이 세상을 바르게 이해하고 고쳐 보려고 하는 노력은 부분적으로는 옳지만 그 전체 구조 아래서는 옳지 않은 시도가 된다. 여기서 우리가 구속의 하나님을 바르게 인정하고 예수 그리스도를 우리의 유일한 구원자로 받아들이는지의 문제가 나타난다. 인간과 온 세상의 타락때문에 영원하신 하나님께서 친히 인성(human nature)을 당신님에게로 취하시고 죄에 대한 형벌을 받으셔서 대리 속죄[代贖, vicarious atonement]를 이룩하시고, 그 대속하신 인간들을 회복시키셔서 하나님이 선하다고 보시는 일에 힘쓰는 친 백성이 되게 하셨다. 여기에 하나님 나라의 출현과 그 나라 백성의 존재의 근거가 있다. 하나님 나라 백성은 이 땅에서 모든 것을 하나님 나라의 관점에서 바라보며, 하나님 나라 백성다운 실천을 한다. 하나님 나라 백성이 학문을 하든지 기업을 하든지, 기업의 일원으로 활동하든지, 시민 사회의 일원으로 있든지, 정치 문제에 대해서든지, 경제 문제에 대해서든지, 문화적 활동에서든지 그리스도인들은 그 모든 일들을 하나님 나라 관점에서 수행해 가야만 한다. 여기에 우리의 기독교 세계관적 실천이 있다.

우리 주위의 다양한 문제들이 나타나는 현상과 관련해서 우리가 기독교 세계관적 관점에서 지금 당장 힘써야 할 몇 가지 문제를 언급하고자 한다.

1) 우리 자신의 의식이 철저하게 성경적이고 하나님 나라의 의식이 되도록 노력해야 한다. 그런 의식이 없이는 이 세상에서 기독교 세계관이 있을 수 없다. 그런 의식을 가진 이는 온 세상을 하나님 나라의 관점에서 보며, 진정으로 하나님의 사랑을 전달하려고 애쓰는 사람이다.

2) 그런 개개인은 하나님 나라의 공동체인 교회를 세우는 일에 최선을 다해야 한다.

3) 하나님 나라의 개인과 공동체(교회)는 이 세상에서 하나님의 통치하심을 그들의 삶 그리고 존재와 활동으로 드러내어야만 한다.

4) 동시에 하나님 나라 복음[天國福音]을 전하여 이 세상 사람들이 하나님 나라와 그 나라를 중시하는 교회의 일원이 되게 하며, 그렇게 교회 공동체 안에 들어온 이들이 온 세상을 보는 관점이 진정한 기독교적 관점이 되고, 그에 근거해서 살아가도록 애써야 한다. (전도된 이가 1), 2), 3), 4), 5), 6)의 수준에 이르러야 함을 뜻한다.)

5) 그렇게 기독교화된 이들이 학문을 하는 일, 기업하는 일, 사는 일에서 하나님의 통치하심, 즉 성령님의 인도하심을 받는 실재를 드러내어야 한다. (이는 1)이 구체적인 삶의 영역에서 나타난다고 할 수 있다. 그

러므로 1)과 5)는 분리될 수 없다).

6) 하나님 나라의 의식에 근거한 문화적 활동을 드러내도록 해야 한다. (이것도 1), 5)와 분리된 것이 아니고 그것이 가장 현저하게 외현화된 경우라고 보아야 한다.)

마치는 말

기독교 세계관은 무엇이고, 어떻게 되어야 하는가?

    기독교 세계관은 (1) 그리스도인이 이 세상을 보는 관점과 (2) 그 관점에 근거해서 이 세상을 파악한 모든 결과물을 뜻하는 말이다. 그리고 이는 그저 과거나 현재의 그리스도인들이 어떤 세계관을 가져 왔고, 또 가지고 있는 지를 묘사하는 기술적(記述的) 작업일 수도 있고, 그 모든 작업 후에 보다 성경적인 관점에서 기독교 세계관은 마땅히 어떤 것이어야 한다는 규정적(規定的)인 성격의 작업일 수도 있다. 이런 성격이 전혀 없다고 하거나, 있어서는 안 된다고 하거나, 또는 굳이 드러낼 필요가 없다는 주장은 아무리 포스트모던적 정황에서 나오는 주장이라고 하더라도 좀처럼 받아들이기 힘들다. 혹시 굳이 외현화할 필요가 없다고 하더라도 그리스도인이 이 세상을 보는 독특한 관점이 있고 그로부터 이 세상을 본 결과(즉, 암묵리의 세계관)가 그의 사유 가운데 있다는 점은, 사람이 의식을 가지고 있는 한, 부인할 수는 없다. 그러므로 그리스도인이 세계를 보는 관점을 갖는 것과 그 결과물을 표현하려는 것은 어떤 의미에서 불가피하다(inevitable). 그런데 문제는 이 두 가지 작업 모두에 대해 그리스도인이라는 말을 어떤 의미로 이해하느냐에 따라, 즉 그리스도인 됨의 의미에 대한 구분선을 어디에 두느냐에 따라 그 의미가 상당히 달라진다는 데에 있다.

만일에 그리스도인을 그저 폭넓은 의미에서 그리스도를 시인하는 사람이 가진 세계관이라는 뜻에서 보면 기독교 세계관도 그 폭이 상당히 넓어진다. 예를 들어서, 구원에 대한 이해의 차이를 중심으로 분류해 보자면 (1) 인간이 스스로의 능력으로 구원받을 수 있다고 생각하는 소위 펠라기우스적인 구원 이해를 가진 이들과 (2) 인간이 죄악 가운데 있기는 하지만 그래도 어느 정도 하나님의 뜻을 행할 능력도 있고, 특히 십자가의 구속을 믿은 후에는 하나님의 은혜에 근거해서 자신이 이룬 선한 행위에 근거해서 구원을 얻을 것이라는 반(半)-펠라기우스적인 구원 이해를 가진 이들과 (3) 인간은 타락하여 스스로의 힘으로는 구원을 받을 수는 없지만, 적어도 복음 사실이 선포될 때에 잘 생각해 보고서 그것을 받아들일 수 있는 소위 복음적 순종의 능력은 가지고 있다고 생각하는 알미니안주의자들과 (4) 인간은 에베소서가 잘 표현하고 있듯이 허물과 죄로 죽은 이들이어서 스스로는 구원받을 일을 행할 수도 없고, 복음을 제대로 받아들일 수도 없다고 주장하는 개혁파적 이해를 가진 이들 가운데서 과연 어디를 그리스도인의 구분선으로 삼는가에 따라서 '기독교 세계관'이라는 말도 그 의미가 달라진다.

또한 20세기 초반의 논쟁을 중심으로 말하자면, (1) 성경은 그 자체가 모두 하나님의 말씀은 아니며 그 안에 하나님의 말씀이 내포되어 있다고 생각하는 이들(고전적인 자유주의자들)과, (2) 성경은 그 자체가 모두 인간들의 말이지만 성령께서 역사하실 때 하나님의 말씀이 된다고 생각하는 이들(고전적인 신정통주의자들), 그리고 (3) 성경은 각각의 개성을 지닌 사람들이 작성한 것이지만 결국 성령님께서 유기적으로 영감하여 작성하게 하신 것이므로 그 안에 성경이 전달하려고 하는 의미에 대하여 모든 인간적인 오류가 스며들지 않도록 하신 것이라는 입장을 지닌 이들(유기적 영감과 무오성을 주장하는 이들) 중 과연 어디에 그리스도인됨의 구분선을 둘 것이냐에 따라서 '기독교 세계관'의 의미도 상당히 달라질 것이다.

또한 오늘날의 커다란 논쟁 중 하나를 중심으로 말하자면, (1) 그리스도를 믿는 이들만이 아니라 다른 종교를 믿는 이들이나 다른 식으로 참된 해방을 지향하는 모든 이들에게 구원이 있다고 믿는 이들(다원주의적 보편구원론자)과, (2) 그리스도를 통한 구원이 유일한 구원의 방법이지만 그 안에는 그리스도를 인지적으로 시인하는 이들만이 아니라 존재론적으로 이미 그리스도 안에 있는 많은 이들이 있을 것이라고 하는 이들(내포주의자들), (3) 오직 그리스도 안에서만 구원이 있으나 그리스도 안에서는 모든 것을 다 심판(부정)했고, 또한 다 긍정했다고 믿는 이들(바르트주의적 보편구원론자들), 또는 오직 그리스도 안에서만 구원이 있으나 그리스도 안에서는 모든 것이 다 심판(부정)받았고, 또한 다 긍정했으나, 오직 자기 스스로를 그 은혜로부터 스스로 차단하는 이들만은 구원에서 제외되리라고 믿는 이들(바르트주의적 알미니안주의자들), (4) 오직 그리스도를 통해서만 구원이 주어지나 그리스도께서는 모든 이들을 위한 구속을 이루셨고, 그 구원이 유효하기 위해서는 스스로 가진 능력으로 그리스도를 믿는 이들만이 구원되리라고 믿는 이들(알미니안주의자들), 그리고 (5) 오직 그리스도를 통해서만 구원이 있으니 그리스도는 궁극적으로 구원받는 이들, 즉 택자들, 하나님의 백성들만을 위해 속죄를 이루셨고 그 속죄는 반드시 효과를 내어 그들은 반드시 예수를 믿어 구원받게 되리라고 믿는 이들(칼빈주의적 제한 속죄론자들) 가운데서 그리스도인의 구분선을 어디에 두느냐에 따라서 기독교 세계관의 의미가 또 달라진다.

　문제가 이렇게 복잡하기 때문에 오늘날에는 이런 구별을 하지 않거나, 최소한 이런 복잡한 문제를 회피하는 방식으로 기독교 세계관을 구성하기 위해 기독교 세계관의 **구성의 틀을 바꾸자는 논의**가 여러 곳에서 나타나고 있다. 이제는 이 모든 분리를 낳는 명제적 사유를 버리고, 기독교의 내러티브(narrative) 중심으로 기독교 세계관을 구성해 보자는 것이다.

　이는 여러 면에서 흥미로운 시도이나 이것도 상당히 폭넓은 함의를 지닌 시도라는 점 먼저 지적해야 한다. 기독교적 내러티브나 기독교의 이야기를 중심으로 기독교 세계관을 논의하려는 이들 가운데서 (1) 그 내러티브나 이야기 자체의 사실성과 역사성을 긍정적으로 인정하면서 이야기적[내러티브적] 접근을 하는 이들도 있고, (2) 결국 그 이야기나 내러티브의 최소한의 것을 생각하면서 그 내러티브나 이야기의 구조와 그 틀 자체, 그 이야기의 전개, 그 이야기에 사용된 담화의 구조와 의미를 중시하고 분석하여 결국 그 의미만을 찾아내는 식으로 접근하는 이들도 있고, (3) 그 사이의 다양한 스펙트럼에 따라 다양하게 접근하는 이들이 있다.

　이런 경우는 (1)은 우리가 정말 심각하게 고려할 수 있는 대안이 된다. 그러나 이런 접근은 이런 내러티브적으로 접근하는 이들 대부분으로부터 사실 이런 접근을 회피해 보려고 하는 명제적 함의를 온전히 제거하지 않았거나 역사성과 사실성에 지나치게 집착한다는 비판을 받는 것이므로 충분히 내러티브적이지 않다는 비난을 받는다. 사실 가장 온건한 형태의 내러티브적 접근은 고전적 기독교가 그 자체를 이해하고 그로부터 기독교 세계관을 이끌어낸 형식이다. 창조, 타락, 구속, 극치의 역사적인 틀이 이미 내러티브적이다. 그러므로 우리는 온건한 의미의 내러티브적인 접근을 환영한다. 그것은 사실 내러티브 신학의 출발점에서 의식한 바와 같이 **처음의 성경 독자들이 성경을 읽는 방식을 회복하자는 것**이기 때문이다.(그러나 여기서 내러티브 신학을 처음 시작한 이들에 대한 우리의 불안과 불편함을 표현하는 것이 유익할 것이다. 그들은 성경을 서술된 그대로를 받아들일 수는 없다는 입장을 나타낸다. 성경은 근본적으로 현대적인 의미에서 비평적으로 보아야 하지만 그 비평을 하면서도 또는 그 비평 이후에는 그것의 최종 본문의 내러티브적 형태를 매우 중요시하면서 그로부터 의미를 찾아내야 한다고 하는 비평을 수용하면서 사유하며, 우리는 이제 더 이상 초기 성경 독자들이나 16세기 개혁자들의 비평 이전의 태도(pre-critical attitude)를 가질 수 없다고 하는 것이다. 그러므로 그들은 이전 독자들과 자신들의 비연속성을 전제하면서 내러티브에 유의하는 접근을 시도한다.)

그러므로 내러티브 신학의 초기 제안자들의 견해에 대해서 많은 우려를 표하면서 그보다 좀더 근원적인 내러티브적 접근을 시도하는 것에 대해서는 그것이 사실 기독교 세계관의 성격에 좀더 충실하려는 의도에서 나온 것임을 인정할 수 있다. 전통적인 명제적 접근은 사실 그것이 기독교 세계관에 충실한 것이었다면 풍성한 기독교의 이야기 내에 있는 명제적 진리를 부인할 수 없다는 인식에서 온 것이기 때문이다. 그러므로 명제적 접근이 강조하는 기독교적 명제들을 내러티브적 풍성함이 없는 무미건조한 것으로만 여기거나, 그런 태도로 명제들을 다루는 것은 사실 전통적 의미의 명제 중심적 세계관 이해에도 충실한 것이 아니다. 우리는 그 명제들을 성경의 이야기에 근거한 풍성한 것으로 여겨야 한다.

논점을 분명히 하기 위해서 한 가지 예를 들어서 생각해 보기로 하자. 이야기와 내러티브적 접근을 강조하는 이들 가운데서, 예를 들어서 "하나님께서 태초에 천지를 창조하셨다"는 명제를 시인하거나 부인하는 것에 따라 그의 내러티브적 접근의 성격이 드러난다고 할 수 있다. 이를 명제로 받아들이지 않고 그저 인격적 진리로나 내러티브적 서술로만 받아들인다면 이때 그로부터 이끌어내는 세계관이 기독교의 이야기를 사용하고 있다고 해도 과연 기독교 세계관적인지를 심각하게 질문해야 한다.

오늘날 한국에서 논쟁되는 문제들 가운데서 중요하게 생각할 문제는 오직 개혁주의적 세계관만을 기독교 세계관으로 여겨야 하느냐는 질문일 수 있다. 이는 어떤 의미에서 정당한 질문이다. 개혁 신학적 기독교 이해를 가지지 않은 어떤 그리스도인은 자신이 분명히 자신의 기독교적 관점에서 세계를 볼 것인데, 그것이 개혁주의자들의 세계관과 다른 것을 발견하게 되었기에, 개혁주의자들의 세계관과 다른 자신의 기독교적 세계관이 과연 기독교 세계관이 아니라고 할 수 있느냐를 질문할 것이기 때문이다. 예를 들어서, "어느 루터파 그리스도인이 가진 세계관이 기독교 세계관이 아니라고 할 수 있는가? 어느 신실한 웨슬리주의자의 세계관이 과연 기독교 세계관이 아니라고 할 수 있는가?" 하는 것이다. 그러므로 이 질문은 정당하고, 또 아주 긍정적인 질문이라고 생각된다. 이 땅에 개혁주의 그리스도인이 아닌 이들이 또한 분명한 자의식을 가지고 이 세상과 그 과정을 기독교적으로 보려고 하고, 그 점을 강조하려고 한다는 점을 말해주기 때문이다. 결론부터 말한다면, 개혁주의적 세계관이 아닌 기독교 세계관이 있을 수 있다.

사실 이 질문은 과거에 우리 나라에서나 서구에서나 기독교 세계관을 강조하고 그 중요성을 드러낸 이들이 주로 개혁파 그리스도인들이었다는 역사적 사실에서 나오는 비본질적인 질문이라고 할 수 있다. 과거에 기독교 세계관이라는 말을 강조했던 아브라함 카이퍼, B. B. 월필드, 제임스 오르, 도이베르트, 볼렌호벤, 스파이어, 깔스베이끄 등이 모두 개혁파 학자들이었다. 그리고 비교적 근자에 아더 홈즈, 알버트 월터스, 스파이크맨, 브라이언 왈쉬, 리처드 마우, 폴 마샬, 그리고 그들을 우리나라에 소개한 손봉호, 강영안, 황영철, 김헌수, 양성만, 신국원 모두 개혁파 그리스도인들이다. 따라서 이들이 자연스럽게 기독교 세계관을 설명하거나 말할 때 개혁파적으로 말하는 것이 자연스러웠다. 이들이 믿기에는 기독교 세계관이 가장 정합적인 형태로, 가장 성경적인 형태로 제시되려면 그것이 역사적 개혁 신학의 이해를 잘 반영하게 될 것이라고 믿고 생각했기 때문이다.

그러나 근자에는 독자적으로, 또는 이들의 책과 사상과 대화하면서 자신들의 세계관을 의식적으로 표현해 보려고 하는 이들 가운데 개혁파 그리스도인이 아닌 이들이 있을 것이고, 그런 이들이 점점 더 많아질 것이다. 따라서 자연스럽게 과연 개혁파 세계관만이 기독교 세계관인가 하는 질문이 나오는 것이다. 이는 아주 좋은 현상이라고 할 수 있다. 이것은 다양한 전통을 가진 그리스도인들이 기독교 세계관의 중요성을 의식하면서 그것을 강조하기 시작하고 있다는 것을 의미하기 때문이다. 그리고 이는 어떤 의미에서는 카이퍼 등의 주장의 간접적인 영향을 드러내 주는 것이기도 하다.

따라서 기독교 세계관에 대한 이러한 의문들이 앞으로 세계관 운동의 일치성을 해칠 것이라고 우려할 필요는 없다. 오히려 모든 그리스도인들이 깊이 있게 자신들의 입장에서 자신들의 전통과 대화하면서 의식적으로 기독교 세계관을 제시해 줄 것을 요청해야 한다. 사실 이것이 지금까지 기독교 세계관 운동이 추구해 온 바라고 할 수 있다. 우리는 모든 종류의 그리스도인들이 기독교 세계관을 의식적으로 외면화하기를 요구했던 것이고, 또 지금도 그것을 요구한다.

이때 우리 모두는 **두 가지 점에 유의할 필요**가 있다. 그 하나는 그 노력에 의해서 기독교를 이 땅 위에서 사라지게 하거나 그 본질이 변화되지 않도록 해야 할 것이라는 점이다. 이런 말을 하는 이유는 과거에 많은 이들이 그런 식으로 기독교를 훼손한 예가 있었기 때문이다. 그런 시도들 가운데 오래된 예가 영지주의(Gnosticism)다. 어떤 의미에서 기독교 영지주의는 넓은 의미에서는 기독교의 이야기와 그 내러티브(narrative)를 사용하면서, 또 한편으로는 그 이야기나 내러티브를 바꾸거나 그 명제적 의미를 바꾸어 기독교를 변질시키는 일을 했다. 오늘날 어떤 이가 기독교 세계관이라는 이름으로 이와 비슷한 21세기적 작업을 한다면, 우리는 초대 교회의 교부들처럼 그것은 기독교를 손상시키고 이 땅에서 참된 기독교에 해를 끼치는 것이라고 그 문제점을 드러내야 한다. 사실 상당히 많은 이단들이 기독교의 이야기를 사용하면서, 그 명제적 의미를 부인하거나 변경시킴으로 기독교를 변질시키고 있는 것을 보지 않는가? 소위 기독교 세계관 운동을 한다고 하는 이들이 그런 일을 시도해서야 되겠는가?

그러므로 두 번째 유의점은 다양한 전통의 그리스도인들 모두가 **각각 좀더 성경에 충실하고, 성경에 철저해 보려고 노력해야 한다**. 루터파 그리스도인이 자신의 기독교 세계관을 진술하고 구체화할 때 이전의 루터파 전통의 사상에서 보다 더 성경에 충실해져야 할 것이다. 개혁파 그리스도인도 반드시 그렇게 해야 한다. 성경과 일치하여 보다 더 성경과 일관성을 지니는 쪽으로 나아가야만 한다. 그래야만 진정한 의미에서 개혁파 그리스도인이 된다. 또한 웨슬리주의적 그리스도인, 나사렛 전통의 그리스도인, 재세례파 전통을 지닌 그리스도인도 과거 전통보다 훨씬 더 성경에 충실해 보려고 노력해야 한다. 그것이 진정으로 그리스도인다운 것이고, 기독교 세계관을 제대로 외현화하려고 하는 태도일 것이다. 물론 이와 함께 자신들의 전통을 정확히 이해하고 그 의미를 드러내는 일도 해야 할 것이다.

그리고 이렇게 노력하는 과정 가운데서 서로 다른 기독교 세계관들을 제시해야 할 것이다. 사실 기독교 세계관 운동을 하는 이들은 이 세상에 있는 그리스도인 수만큼 다양한 기독교 세계관이 있을 수 있다고도 말했다. 그렇게 다양한 기독교 세계관이 각기 성경에 충실하려고 한다면, 다음 단계로 각각 다른 기독교 세계관들을 성경에 근거해서 서로를 비교하는 일이 필요할 것이다. 그러면서 가장 성경적인 것이라고 여기는 부분들을 조금씩 서로 수용하면서 자신의 세계관을 고쳐 가는 일을 해야 한다. 성경을 최종적 판단 근거로 두면서 서로 영향을 주고받으면서 성경적인 세계관을 형성하고 그것을 표현해 내는 일을 할 수 있다. 참된 성경적 세계관은 완결된 것이 아니라, 성경과 성경의 의미에 대한 바른 발견에 근거해서 항상 개혁되어 가는 것이기 때문이다. 바로 그것이 처음 기독교 세계관을 제시해 오던 이들이 말하고 있는 바이기도 하다.

그러므로 궁극적인 문제는 얼마나 성경에 충실하려고 하는가에 달려 있다. 그리고 성경에 충실한 것이 무엇이냐 하는 것도 성경관에 달려 있다. 부디 바른 성경관을 가지고 성경의 가르침에 근거한 바른 신앙의 내용을 가지고 세계관의 외현화를 이론과 실천의 영역에서 감당할 수 있기를 바란다.

참고 문헌

Aalders, G. Ch. *Genesis*. Trans. W. Heynen. 2 vols. Grand Rapids: Zondervan, 1981.

Albright, W. F. and C. S. Mann. *Matthew*. Garden City: Doubleday, 1971.

Allen, Willoughby C. *A Critical and Exegetical Commentary on the Gospel According to S. Matthew*. Edinburgh: T. & T. Clark, 1907.

Ayer, A. J. "On the Analysis of Moral Judgement." *Horizon* 20 (1949). Reprinted in *Philosophical Essays*. London: Macmillan, 1954: 246ff.

Barclay, William. *The Gospel of John*. 2 vols. Edinburgh, 1956.

Barr, James. "The Image of God in the Book of Genesis – A Study of Terminology." *Bulletin of the John Rylands Library*. Vol. 51 (1968–69): 11ff.

Barrett, C. K. *The Gospel According to John*. London, 1955.

_____. *A Commentary on the First Epistle to the Corinthians* (1968). Peabody: Mass.: Hendrickson Publishers, 1987.

_____. *A Commentary on the Second Epistle to the Corinthians*. Peabody, MA: Hendrickson, 1973.

Barth, Karl. *Church Dogmatics*. III/1. Trans. J. W. Edwards, O. Bussey and Harold Knight. Edinburgh: T. & T. Clark, 1958. 『교회 교의학』(대한기독교서회, 2012).

Beare, Francis W. *The Gospel According to Matthew, Translation, Introduction and Commentary*. Peabody, Mass.: Hendrickson Publishers, 1981.

Beasley–Murray, George R. *Jesus and the Kingdom of God*. Exeter: Paternoster Press, 1986.

_____. *John*. Word Biblical Commentary 36. Waco, Texas: Word Books, 1987.

Berkhof, Louis. *Introduction to Systematic Theology*. Grand Rapids: Eerdmans, 1932; Reprinted. Grand Rapids: Baker, 1979. 『벌코프 조직신학 개론』, 서울: 크리스챤다이제스트, 2001.

_____. *Systematic Theology*. Grand Rapids: Eerdmans, 1939. 『조직신학』(크리스챤다이제스트, 2005).

Bernard, J. H. *The Gospel According to St. John*. Vol. 1. Edinburgh: T & T. Clark, 1928.

Blocher, Henri. *In the Beginning: The Opening Chapter of Genesis*. Trans. David G. Preston. Leicester: IVP, 1984.

Blomberg, Craig L. *The New American Commentary*. Vol. 22: Matthew. Nashville, Tennessee: Broadman Press, 1992.

Broomall, Wick. "II Corinthians." In *WBC*, 1272.

Brown, Colin. *Philosophy & The Christian Faith*. Downers Grove, Ill.: IVP, 1968. 『철학과 기독교 신앙』(CLC, 2010).

Brown, R. *The Gospel According to John*. vol. 2. New York: Doubleday 1971.

Brueggemann, Walter. *Genesis, Interpretation*. Atlanta: John Knox Press, 1982.

Brunner, Emil. *The Christian Doctrine of Creation and Redemption. Dogmatics*. Vol. II. Trans. Olive Wyon. London: Lutterworth Press, 1952.

_____. *Man in Revolt*. Trans. Olive Wyon. London: Nisbet, 1931.

Bultmann, R. *The Gospel of John*. Oxford: Blackwell, 1971.

Buttrick, George A. "Exposition of Matthew." In *The Interpreter's Bible*. Vol. 7. Nashville: Abingdon Press, 1951.

Calvin, John. *The Institutes of the Christian Religion*. 『기독교 강요』(크리스챤다이제스트, 2003).

_____. *Commentaries on Genesis*. Trans. John King. Edinburgh: Calvin Translation Society, 1843; Grand Rapids: Baker, 1933.

_____. *Calvin's New Testament Commentaries*. Vol. III. New Translation by A. W. Morrison. Edinburgh: The Saint Andrew Press, 1972; Reprinted, Grand Rapids: Eerdmans, 1978.

_____. *The Gospel According to St. John*. Part One 1–10. Trans. T. H. L. Parker,. Calvin's New Testament Commentaries. A New Translation. London: Oliver and Boyd, 1961; Reprinted. Grand Rapids: Eerdmans, 1978.

_____. *The First Epistle of Paul the Apostle to the Corinthians*. Trans. John W. Fraser. Edinburgh: Oliver and Boyd, 1960; Grand Rapids: Eerdmans, 1976.

Cameron, P. S. *Violence and the Kingdom: The Interpretation of Matthew 11:12*. Frankfurt: Peter Lang, 1984.

Carson, D. A. "Matthew." In *The Expositor's Bible Commentary*. Vol. 8. Grand Rapids: Zondervan, 1984.

_____. *The Gospel According to John*. Leicester: IVP; Grand Rapids: Eerdmans, 1991.

Chamblin, J. Knox. "Matthew." In *Evangelical Commentary on the Bible*. Ed. Walter A. Elwell. Grand Rapids: Baker, 1989.

Childs, Brevard S. *Biblical Theology of the Old and New Testaments*. Minneapolis: Fortress Press, 1993.

Chilton, Bruce D. *God in Strength: Jesus' Announcement of the Kingdom*. Freistadt: F. Loechl, 1977.

Chisholm, Roderick. *Theory of Knowledge*. Second Edition. Englewood Cliffs, New Jersey: Prentice-Hall, 1977.

Cobb, Jr., John B. and David Ray Griffin. *Process Theology: An Introductory Exposition*. Philadelphia: Westminster, 1976. 『캅과 그리핀의 과정신학』(이문출판사, 2012).

Copleston, F. C. *A History of Medieval Philosophy*. New York: Haper & Row, 1972. 『중세철학사』(서광사, 1989).

Craig, Clarence Tucker. "Exegesis of I Corinthians." In *The Interpreter's Bible Commentary*. Vol. 10. Nashville: Abingdon Press, 1953.

Cullmann, Oscar. *Christ and Time*. Philadelphia: Westminster Press, 1950. 『그리스도와 시간』(나단, 1987).

_____. *The Early Church*. Philadelphia: Westminster Press, 1956.

Delitzsch, Franz. *A New Commentary on Genesis*. Trans. Sophia Taylor. Edinburgh: T. & T. Clark, 1888.

Dewey, John. *The Quest for Certainty*. New York: Dover Publication, 1929. 『확실성의 탐구』(백록, 1992).

_____. *Reconstruction in Philosophy*. Boston: Beacon Press, 1948. 『철학의 재구성』(아카넷, 2010).

Dockery, David S. (Ed.) *The Challenge of Postmodernism: An Evangelical Engagement*. Grand Rapids: Eerdmans, 1995.

Dodd, C. H. *The Parables of the Kingdom*. London: Nisbet, 1935.

_____. "The Kingdom of God Has Come." *Expository Times 48* (1936/37): 138ff.

Earle, Ralph. "2 Timothy." In *The Expositor's Bible Commentary*. Vol. 11. Grand Rapids: Zondervan, 1978.

_____. "Colossians." In WBC: 1338.

Erickson, Millard J. *Christian Theology*. Grand Rapids: Baker, 1985.

_____. *Truth or Consequences: The Promise & Peril of Postmodernism*. Downers Grove, Ill.: IVP, 2001.

Evans, Donald. *The Logic of Self-Involvement*. London: SCM Press, 1963.

Foucault, Michel. *Madness and Civilization: A History of Insanity in the Age of Reason* (1961). Trans. Richard Howard. New York: Pantheon, 1965.

_____. *Discipline and Punishment* (1975). Trans. A Sheridan. New York: Vintage, 1977.

_____. *Power/Knowledge: Selected Interviews and Other Writings*. Trans. C. Gordon, et al. New York: Pantheon Books, 1977. 『감시와 처벌』(나남, 2003).

Fergusson, Sinclair B. "Image of God." In *New Dictionary of Theology*. Downers Grove, Illinois: IVP; Leicester: IVP, 1988: 328.

Foot, Philippa. Ed. *Theories of Ethics*. Oxford: Oxford University Press, 1967.

Frankena, William K. *Ethics*. 2nd edition. Englewood Cliffs, New Jersey: Prentice-Hall, 1973.

Garrett, James Leo. *Systematic Theology*. Vol. 1. Grand Rapids: Eerdmans, 1990.

Gilkey, Langdon B. *Maker of Heaven and Earth: A Study of the Christian Doctrine of Creation*. Garden City, N. Y.: Doubleday, 1959.

Grenz, Stanley. *A Primer on Postmodernism*. Grand Rapids: Eerdmans, 1996. 『포스트모더니즘의 이해』(WPA, 2010).

Grosheide, F. W. *The First Epistle to the Corinthians*. NICNT. Grand Rapids: Eerdmans, 1953.

Grudem, Wayne. *Systematic Theology: An Introduction to Biblical Doctrine*. Leicester: IVP, 1994; Grand Rapids: Zondervan, 1994. 『웨인 그루뎀의 조직신학: 성경적 교리학 입문서』(은성, 2009).

Gunkel, Herman. *Genesis* (1901). Trans. Mark E. Biddle. Macon, Georgia: Mercer University Press, 1997.

Guthrie, Donald. "John." In *New Bible Commentary*. Leicester: IVP, 1970.

Guthrie, Donald. *New Testament Theology*. Leicester: IVP, 1981.

Habermas, J gen. *The Theory of Communicative Action*, Vol. 1: *Reason and the Rationalization of Society*. Trans. Thomas McCarthy. Boston: Beacon Press, 1984. 『의사소통이론1』(나남, 2006).

_____. *The Theory of Communicative Action*. Vol. 2: *Life-world and System: A Critique of Functionlist Reason*. Trans. McCarthy. Boston: Beacon Press, 1987. 『의사소통이론2』(나남, 2006).

_____. "Modernity: An Unfinished Project." In *Habermas and The Unifinished Project of Modernity: Critical Essays on the Philosophical Discourse of Modernity*. Eds. Maurizio Passerin d'Entreves Sesla Benhabib. Cambridge, Mass.: The Mit Press, 1997: 38–55.

Haenchen, Ernst John. *Hermenia*. Vol. 1. Philadelphia: Fortress Press, 1984.

Hamilton, Victor P. "Genesis." In *Evangelical Commentary on the Bible*. Edited by Walter A. Elwell. Grand Rapids: Baker Book House, 1989.

_____. *The Book of Genesis. Chapters 1–17*. NICOT. Grand Rapids: Eerdmans, 1990.

Harrelson, Walter. *Interpreting the Old Testament*. New York: Holt, Reinhart & Weston, 1964.

Harris, Murray J. "2 Corinthians." In *The Expositor's Bible Commentary*. Vol. 10. Grand Rapids: Zondervan, 1976.

Heidt, William G. OSB. *The Book of Genesis, Chapters 1–11*. Old Testament Reading Guide. No. 9. Collegeville, Minn.: Liturgical Press, 1967.

Heie, Harold and David L. Wolff. Eds. *The Reality of Christian Learning: Strategies for Faith–Discipline Integration*. Grand Rapids: Eerdmans, 1987.

Hendricken, William. *New Testament Commentary: Exposition of the Gospel according to Matthew*. Grand Rapids, Baker, 1973.

Hill, David. *The Gospel of Matthew. The New Century Bible Commentary*. London: Marshall, Morgan and Scott, 1972; Grand Rapids: Eerdmans, 1990.

Hillyer, Norman. "2 Corinthians." In NBC: 1080

Hoekema, Anthony A. *The Bible and the Future*. Grand Rapids: Eerdmans, 1979. 『개혁주의 종말론』(부흥과개혁사, 2012).

_____. *Created in God's Image*. Grand Rapids: Eerdmans, 1986. 『개혁주의 인간론』(부흥과개혁사, 2012).

Hoffecker, W. Andrew and Gary Scott Smith. Eds. *Building a Christian World View*. Vol. 1: *God, Man, and Knowledge*. Phillipsburg, New Jersey: Presbyterian and Reformed Publishing Co., 1986.

Holmes, Arthur F. *Contours of A World View*. Grand Rapids: Eerdmans, 1983. 『기독교 세계관』(엠마오, 1985).

Hoskyns, E. C. *The Fourth Gospel*. Ed. F. N. Davey. London: Faber & Faber, 1947.

Houston, James M. *I Believe in the Creator*. London: Hodder and Stoughton, 1979; Grand Rapids: Eerdmans, 1980.

Hughes, Philip E. *The Second Epistle to the Corinthians*. NICNT. Grand Rapids: Eerdmans, 1962.

_____. *The True Image*. Grand Rapids: Eerdmans, 1989.

James, William. *Pragmatism*. New York: Longmans, 1910. 『실용주의』(아카넷, 2008).

Johnson, Sherman E. "Exegesis of Matthew." In *The Interpreter's Bible*. Vol. 7. Nashville: Abingdon Press,

1951.

Jeremias, Joachim. *New Testament Theology* 1: The Proclamation of Jesus. London: SCM, 1971.

Kaiser, Jr., Walter C. *Toward An Old Testament Theology*. Grand Rapids: Zondervan, 1978. 『구약성경신학』(생명의말씀사, 1982).

Kavanaugh, J. F. *Following Christ in a Consumer Society: The Spirituality of Cultural Resistance*. Maryknoll, NY: Orbis, 1981.

Keil, C. F. Genesis. In *Keil–Delitzsch Commentary on the Old Testament*. Vol. 1. Trans. James Martin. Grand Rapids: Eerdmans, 1976.

Kelly, J. N. D. *A Commentary on the Pastoral Epistles*. Harper and Row, 1960; Peabody, MA: Hendrickson, 1987.

Kerner, George C. *The Revolution in Ethical Theory*. New York and Oxford: Oxford University Press, 1966.

Kidner, Derek. *Genesis, An Introduction & Commentary*. In Tyndale Old Testament Commentaries. Leicester: IVP, 1967.

Kline, Meredith G. "Genesis." In *The New Bible Commentary*. Edited by D. Guthrie and J. A. Motyer. Revised edition. Leicester: IVP; Grand Rapids: Eerdmans, 1970.

König, Adrio. *The Eclipse of Christ in Eschatology*. Grand Rapids: Eerdmans, 1989.

Kuyper, Abraham. *Principles of Sacred Theology*. Trans. J. Hendrik De Vries. 1898; Reprinted. Grand Rapids: Baker, 1980.

Kümmel, W. G. *Promise and Fulfillment*. 2nd Edition. London, 1961.

Kümmel, W. G. *Introduction to the New Testament*. Trans. H. C. Kee. London: SCM Press; Nashville: Abingdon, 1975.

Ladd, G. E. *Presence of the Future*. Grand Rapids: Eerdmans, 1974. 『예수와 하나님의 나라』(엠마오, 1985).

Lee, Francis Nigel. *The Origin and Destiny of Man*. Memphis, Tennessee: Christian Studies Center, 1974. Reprinted. Presbyterian and Reformed Pub. Co., 1977. 『성경에서 본 인간』(엠마오, 1984).

Lee, Seung-Goo. "Karl Barth's Understanding of Revelation to That of Søren Kierkegaard." M. Phil. Dissertation. St. Andrews: The University of St. Andrews, 1985. Reprinted. *Barth and Kierkegaard*. Seoul: Westminster Theological Press, 1996.

Leithart, Peter J. *The Kingdom and the Power*. Phillipsburg, New Jersey: Presbyterian and Reformed Publishing Co., 1993. 『하나님 나라와 능력』(P&R, 2014).

Lincoln, Andrew T. *Ephesians*. Word Biblical Commentary 42. Dallas, Texas: Word Books, 1990.

Lindars, Barnabas. *The Gospel of John*. The New Century Bible Commentary. London: Marshall, Morgan & Scott, 1972. Reprinted by Grand Rapids: Eerdmans, 1987.

MacIntyre, Alasdair. *A Short History of Ethics*. London: Routledge & Kegan Paul, 1967. 『윤리의 역사, 도덕의 이론』(철학과현실사, 2004).

_____. *Whose Justice? Which Rationality?* Notre Dame, Indiana: University of Notre Dame Press, 1988.

_____. *Three Rival Versions of Moral Enquiry: Encyclopedia, Genealogy, and Tradition*. Notre Dame, Indiana: University of Notre Dame Press, 1990.

Mare, W. Harold. "I Corinthians." In *The Expositor's Bible Commentary*. Vol. 10. Grand Rapids: Zondervan, 1976.

Marshall, I. Howard. "Kingdom of God, of Heaven." In *The Zondervan Pictorial Encyclopedia of the Bible*. vol. 3. Grand Rapids: Zondervan, 1976.

Martin, Ralph P. *2 Corinthians*. Word Biblical Commentary 40. Waco, Texas: Word Books, 1986. 『고린도후서: WBC성경주석60』(솔로몬, 2007).

McDonald, H. D. *The Christian View of Man*. London: Marshall Morgan & Scott; Westchester, Ill.: Crossway Books, 1981.

_____. *Kerygma and Didache*. Cambridge: Cambridge University Press, 1980.

Middleton, J. Richard and Brian J. Walsh. *Truth is Stranger than It used to Be: Biblical Faith in a Postmodern Age*. Downers Grove: IVP, 1995. 『포스트모더니즘 시대의 기독교 세계관』(살림, 2007).

Milton, C. Leslie. *Ephesians*. The New Century Bible Commentary. London: Marshall, Morgan & Scott; Grand Rapids: Eerdmans, 1973.

Morris, Leon. *The Gospel according to John*. NICNT. Grand Rapids: Eerdmans, 1971.

_____. *Expository Reflections on the Gospel of John*. Grand Rapids: Baker, 1990.

_____. *The Gospel According to Matthew*. Leicester: IVP, 1992; Grand Rapids: Eerdmans, 1992.

Murray, John. *Principles of Conduct*. Grand Rapids: Eerdmans, 1957.

_____. *Calvin on Scripture and Divine Scripture*. Grand Rapids: Baker, 1960. 『칼빈의 성경관과 주권 사상』(기독교문서선교회, 1976).

_____. "The Origin of Man." In *Collected Writings of John Murray*. Vol. 2: *Systematic Theology*. Edinburgh: The Banner of Truth Trust, 1977.

Newman, Robert C. and Herman J. Eckelmann, Jr. *Genesis One and the Origin of the Earth*. Downers Grove, Ill.: IVP, 1977.

Nixon, R. E. "Matthew." In NBC.

North, Gary. Ed. *Foundations of Christian Scholarship: Essays in the Van Til Perspective*. Vallecito, California: Ross House Books, 1979.

Patzia, Arthur G. *Colossians, Philemon, Ephesians*. A Good News Commentary. San Francisco: Harper & Row, 1984.

Payne, J. Barton. *The Theology of the Older Testament*. Grand Rapids: Zondervan, 1962.

Polanyi, Michael. *Personal Knowledge: Towards a Post–Critical Philosophy*. Chicago: University of Chicago Press, 1958. 『개인적 지식』(아카넷, 2001).

Poythress, Vern S. *Philosophy, Science and the Sovereignty of God*. Phillipsburg, New Jersey: Presbyterian and Reformed Publishing Co., 1976.

Putnam, Hilary. *Reason, Truth and History*. Cambridge: Cambridge University Press, 1981.

Ramm, Bernard. *The Christian View of Science and Scripture*. Grand Rapids: Eerdmans, 1954.

Reymond, Robert L. *The Justification of Knowledge*. Phillipsburg, New Jersey: Presbyterian and Reformed Publishing Co., 1979. 『개혁주의 변증학』(CLC, 1989).

Ridderbos, Herman. *The Coming of the Kingdom*. Trans. H. de Jongste. Ed. Raymond O. Zorn. Philadelphia: Presbyterian and Reformed, 1962. 『하나님 나라』(솔로몬, 2008).

_____. 『마태복음 주석』(여수룬, 1990).

Rust, Eric C. *Nature and Man in Biblical Thought*. London: Lutterworth Press, 1953.

Sailhamer, John H. "Genesis." In *The Expositor's Bible Commentary*. Vol. 2. Grand Rapids: Zondervan, 1990.

Schnackenburg, R. *The Gospel according to St. John*. Vol. 1. London: Burns & Oates, 1968.

Short, John. "Exposition of I Corinthians." *The Interpreter's Bible Commentary*. Vol. 10. Nashville: Abingdon Press, 1953.

Sire, James W. *The Universe Next Door: A Basic Worldview Catalog*. 2nd Edition. Downers Grove, IL.: IVP, 1988. 『기독교 세계관과 현대 사상』(IVP, 2007).

_____. 『포스트모더니즘』(IVP, 1998).

Speiser, E. A. *Genesis: Introduction, Translation, and Notes*. Garden City, N.Y.: Doubleday, 1964.

Stigers, Harold G. *A Commentary on Genesis*. Grand Rapids: Zondervan, 1976.

Stott, John. *God's New Society: The Message of Ephesians*. 『성도들이 만드는 새로운 사회』(기독지혜사, 1986).

Swift, C. E. Graham. "Mark." In *New Bible Commentary*. Ed. Donald Guthrie and J. A. Motyer. Leicester: IVP, 1970.

Thompson, J. A. "Creation, II. The Genesis Account." In *New Bible Dictionary*. 2nd edition. Leicester: IVP, 1982: 246–47.

Through the Eyes of Faith. San Francisco: Harper San Francisco, 1989–1990. 『경영』. 『심리학』. 『역사』. 『문학』. 『사회학』. 『생물학』(IVP, 1995).

Traub, Helmut. "οὐρανος". In *Theological Dictionary of the New Testament*. Ed. Gerhard Kittel and Gerhard Friedrich. Trans. Geoffrey W. Bromiley. 10 Vols.. Grand Rapids: Eerdmans, 1964–1976. Vol. 5: 521–22.

Van Til, Cornelius. *The Defense of the Faith*. 1955; Phillipsburg, New Jersey: Presbyterian and Reformed Publishing Co., 1979.

_____. *A Christian Theory of Knowledge*. Phillipsburg, New Jersey: Presbyterian and Reformed Publishing Co., 1959.

_____. *A Survey of Christian Epistemology*. Phillipsburg, New Jersey: Presbyterian and Reformed Publishing Co., 1969.

_____. *Christian Theistic Ethics*. Phillipsburg, New Jersey: Presbyterian and Reformed Publishing Co., 1970.

_____. *Introduction to Systematic Theology*. Philipsburg, New Jersey: Presbyterian and Reformed Publishing Co., 1978. 『개혁주의 신학 서론』(CLC, 1995).

Van Til, Howard J., Robert E. Snow, John H. Stek, and David A. Young. *Portraits of Creation: Biblical and Scientific Perspectives on the World's Formation*. Grand Rapids: Eerdmans, 1990.

Vaughan, Curtis. "Colossians." In *The Expositor's Bible Commentary*. Vol. 11. Grand Rapids: Zondervan, 1978.

Veith, Gene Edward. *Postmodern Times, A Christian Guide to Contemporary Thought and Culture*. Wheaton: Crossway Books, 1994.

Verduin, Leonard. *Somewhat Less than God: The Biblical View of Man*. Grand Rapids: Eerdmans, 1970.

Von Rad, Gerhard. *Genesis, A Commentary* (1972). Trans. John H. Marks. Revised by John Bowden. London: SCM Press, 1972.

Vos, Geerhardus. *The Pauline Eschatology* (1930). Grand Rapids: Baker, 1979. 『바울의 종말론』(엠마오, 1989).

_____. *Biblical Theology*. Grand Rapids: Eerdmans, 1948. 이승구 역. 『성경신학』 서울: 기독교문서선교회, 1985.

Walsh, Brian J. and J. Richard Middleton. *The Transforming Vision: Shaping a Christian World View*. Downers Grove, Ill.: IVP, 1984. 『그리스도인의 비전』(IVP, 2012).

Wansbrough, Henry. *Genesis*. Doubleday Bible Commentary. New York: Doubleday. 1998.

Warfield, B. B. "Christian Supernaturalism." In *Biblical and Theological Studies*. Philadelphia: Presbyterian and Reformed Pub. Co., 1968.

_____. *Calvin and Augustine*. ed. by Samuel G. Craig. Philadelphia: Presbyterian and Reformed Pub. Co., 1956.

_____. "The Spirit of God in the Old Testament." *Biblical and Theological Studies*. Ed. Samuel G. Craig (1968): 127–56. 『구약신학 논문집(3)』(성광문화사, 1985).

Weaver, Gilbert B. *The Philosophy of Gordon H. Clark*. ed. Ronald H. Nash. Philadelphia: Presbyterian and Reformed, 1968.

_____. "Man: Analogue of God." *In Jerusalem and Athens*. Ed. E. R. Geehan (1971): 321–27.

Wenham, Gordon J. *Genesis 1–15*. Word Biblical Commentary 1. Waco, Texas: Word Books Publisher, 1987. 『창세기: WBC주석1』(솔로몬, 2007).

Westcott, B. F. *The Gospel According to St. John*. 2 Vols. London: Murray, 1908.

Westermann, Claus. *Creation*. Trans. John J. Scullion, S. J. Philadelphia: Fortress Press, 1974.

White, Lynn. Jr. "The Historical Roots of Our Ecological Crisis." *Science*. Vol. 155 (March 10, 1967): 1203–1207.

_____. "Continuing the Conversation." In Ian G. Barbour, ed. *Western Man and Environment Ethics*. Reading, Mass.: Addison–Wesley, 1973.

Wiseman, P. J. *Creation Revealed in Six Days*. London: Marshall, Morgan & Scott, 1948.

_____. *Clues to Creation in Genesis*. Edited by Donald J. Wiseman. London: Marshall, Morgan & Scott, 1977.

Wolters, Albert M. *Creation Regained: Biblical Basics for a Reformational Worldview.* Grand Rapids: Eerdmans, 1985. 『창조, 타락, 구속』(IVP, 2007).

Wood, A Skevington. "Ephesians." In *The Expositor's Bible Commentary.* Vol. 11. Grand Rapids: Zondervan, 1978.

Yates, Kyle M. "Genesis." In *The Wycliffe Bible Commentary.* Chicago: Moody Press, 1962.

Young, Davis A. *Creation and the Flood.* Grand Rapids: Baker, 1977.

_____. *Christianity and the Age of the Earth.* Grand Rapids: Zondervan, 1982.
Young, Edward J. Thy Word is Truth. Grand Rapids: Eerdmans, 1957.

_____. *Studies in Genesis One.* Nutley, N. J.: Presbyterian and Reformed Publishing House, 1964. 『창세기 1장 연구』(성광문화사, 1982).

Youngblood, Ronald. *How It All Began.* Vantura, Calif.: Regal, 1980.

Zimmerli, Walter. *Old Testament Theology in Outline.* Trans. David E. Green. Atlanta: John Knox Press, 1978.

강영안. 『주체는 죽었는가?』. 서울: 문예출판사, 1996.

김균진. 『생태계의 위기와 신학』. 서울: 대한기독교서회, 1991, 19977.

김영한. 『21세기와 개혁신학, II: 포스트모더니즘과 개혁신학』 서울: 한국장로교출판사, 1998.

김태길. 『윤리학』. 서울: 박영사, 1963, 증보판, 1980.

김홍전. 『중생자의 생활』. 서울: 도서출판 성약, 1985.

로버트 P. 마이어. "경이에의 초대: 자연의 신학에 관하여". In *Tending the Garden.* Ed. Wesley Granberg-Michaelson. 정충하 옮김. 『구속과 땅의 회복』. 서울: 엘림, 1991.

알렌 맥크레이. "The Principle of Interpreting Genesis 1 and 2." *Evangelical Theological Society.* Vol. 2, No. 4 (Fall 1959): 1–9. 윤영탁 역편. 『구약신학 논문집 (1)』. 서울: 총신대학출판부, 1979: 10–11.

헤르만 바빙크. 『개혁주의 교의학』. 서울: 크리스챤다이제스트, 1996.

신국원. 『포스트모더니즘』. 서울: IVP, 1999.

윤평중. 『포스트모더니즘의 철학과 포스트마르크스주의』. 서울: 서광사, 1992.

이승구. "일상 언어학파 윤리설의 가치 교육적 의미". 미술관 석사 학위 논문. 서울대학교 대학원, 1984.

_____. "하나님 나라". 이승구. 『개혁신학에의 한 탐구』. 서울: 웨스트민스터출판부, 1995: 51–65.

_____. "Cornelius Van Til의 합리성 개념에 대한 연구". 『개혁신학에의 한 탐구』. 서울: 웨스트민스터출판부, 1995: 217–56.

_____. 『진정한 기독교적 위로』. 서울: 여수룬, 1998.

_____. "종말 신학의 프롤레고메나 – 하나님 나라 신학을 지향하여". 『개혁신학탐구』. 서울: 도서출판 하나, 1999: 13–39.

_____. 『성령의 위로와 교회』. 서울: 이레서원, 2001.

_____. 『기독교 세계관으로 바라보는 21세기 한국사회와 교회』. 서울: SFC, 2005.